도, 상상하는 힘

도, 상상하는 힘

지은이 / 이용주
펴낸이 / 강동권
펴낸곳 / (주)이학사

1판 1쇄 발행 / 2003년 9월 5일

등록 / 1996년 2월 2일 (등록번호 제03-948호)
주소 / 서울시 종로구 안국동 17-1 우 110-240
전화 / 720-4572 · 팩스 / 720-4573

값 / 15,000원

ⓒ 이용주, 2003. Printed in Seoul, Korea.
ISBN 89-87350-61-4 03240

이 책의 저작권은 저자가 가지고 있습니다.
저작권법에 의해 보호를 받는 저작물이므로 이 책 내용의 일부 또는 전부를
재사용하려면 저작권자와 (주)이학사 양측의 동의를 얻어야 합니다.

도, 상상하는 힘

불사를 꿈꾸는 정신과 생명 ── 이용주 지음

이학사

일러두기

1. 본문에 나오는 외국 인명은 현행 외래어 표기법을 따르되, 현대 중국인명의 경우 원지음으로 표기하는 것을 원칙으로 하였다.

2. 인명, 도서명, 주요 용어 등은 본문에 나올 경우 원어 병기를 하고, 주석에 나올 경우 원어를 그대로 사용하는 것을 원칙으로 하였다.

3. 지은이의 강조는 고딕으로, 본문 내의 부연 설명은 ( )로, 인용문 내의 부연 설명은 〔 〕로 표기하였다.

4. 『도덕경』, 『장자』 등 동양 고전의 원문은 우리말 뒤에 〔 〕로 밝히거나 주석에서 밝혔다.

도교道教는

심오한 철학과 불사不死를 향한 원색적인 욕망이 동거하는

위대한 일상인의 종교 세계이다.

머리말

 오랜 역사를 지닌 모든 종교가 그렇듯 도교 역시 한마디로 규정할 수 없는 복잡하고 풍부한 내용을 가지고 있다. 원대의 마단임馬端臨은 도교의 그런 복잡·풍부함을 한마디로 '잡이다단雜而多端'이라고 표현한 바 있다. 도교에 담긴 풍부함과 다양함을 긍정적으로 평가하기 위해 그가 그 표현을 사용한 것은 아니었다. 유교적 정통주의의 영향 아래 있었던 지식인은 거의 예외 없이 유교 이외의 사상, 종교를 부정적으로 바라보고 있었다. 더구나 도덕적 엄격주의와 강한 계몽적 교화 의식을 태생적으로 가지고 있었던 신유학적 지식인의 관점에서 볼 때, 도교는 민중적·미신적 잡동사니를 끌어안고 뒹굴고 있는 혼란과 미혹의 도가니 그 자체였을 것이다.
 역사문헌학자이자 뛰어난 편집자editor였던 마단임은 문화를 해명하는 유교적 틀거지를 수립하고자 하는 목표를 가지고 있었다. 신유학적 질서 관념을 바탕에 깔고, 문화를 총체적으로 정리하고 재

분류하고자 하는 거대한 지적 포부를 가지고 있었던 그는 상당히 개방적인 지식의 소유자였다. 그럼에도 불구하고, 도교는 그의 사유의 틀 속에 제자리를 잡기 어려운, 그가 새롭게 구축하고자 했던 유교적 문화 범주 속으로 선뜻 들어오지 않는 기이한 현상의 집합이었다. 따라서 마단임은 도교를 '잡다'하다고 평가할 수밖에 없었다. 하지만 도교에 대한 그의 평가는 그의 지적 무능력을 보여주기보다는 오히려 그의 지적 통찰력과 정직함을 보여주는 증거라고 이해할 수 있다.

마단임이 활동하던 시대(13~14세기)에 있어서, 도교는 아직 완성태에 도달하지 않았다. 너무도 다양한 존재 형태를 지니고 있어서, 그 누구라도 그 전모를 파악하기 어려운 생성 중에 있던 종교 운동이었다. 장자의 우화를 빌려 말하자면, 신화 속의 신 혼돈과 마찬가지로, 도교는 명확한 질서를 부여하는 순간 죽어버리는 무정형의 거대한 민중적-생명적 종교현상이었다. 중국의 모든 왕조의 지배자들은 그 거대한 민중의 생명적 종교 운동에 대해 어떤 두려움을 느끼고 있었다. 두려움은 알지 못하는 존재에 대한 불안감이다. 대상의 명확한 실체를 알지 못하기 때문에 두려움이 생긴다. 도교는 민중의 억눌린 에너지를 담지한 공포를 주는 그런 존재였던 것이다. (파룬궁法輪功에 대한 중국 정부의 반응도 그와 비슷한 것이라고 본다.) 역대 제왕들은 도교에 대해 일정한 패턴의 반응을 보여왔다. 그것에 매혹되어 그 무형의 엄청난 힘을 자기화하려 하거나, 그 알 수 없는 에너지를 제거하여 유교적 질서, 즉 현재적 질서의 일부로 재편하는 것이다. 중국의 역사에서 특히 도교와 깊은 관련을 가진 몇 사람의 황제, 당 현종, 송 휘종, 명 태조 또는 신종은 위에서 말한 도교에 대한 두 가지 반응을 일체화하여, 그것의 에너지를 자기화하는 한편, 그것을 공식화하여 유교적 지배 질서와 공존하는 것으로 만들고자 하는 노력을 경주했던 제왕들이었다. 그 노력의 결과, 유교 질서의 주변적 영역에서이긴 하지만, 도교는 15세기 이후에 방대한 경전 문헌의 전통을 보유한 공식적 사상·종교로서 중국 문화의 지형도에서 분명한 자리를 차지한다.

하지만 도교의 공식화는 지식인들의 내적 요구에 의해 한켜 한켜 쌓아올려진 결과물이 아니었다. 정치적 요청에 의해 급조된 전통은 삐걱거림을 필연적으로 내포한다. 2000년 이상 전 중국적 범위에 걸쳐 발생하였고, 민중의 생명적 에너지와 함께 부침하면서 증식하는 도교의 전모를 담는 모든 문헌적, 실천적 전통을 복원하는 것은 거의 불가능에 가까운 과제였다. 수백 년에 걸친 도교 문헌의 수집과 편찬에도 불구하고, 도교의 전체상을 보여주는 문헌의 수집은 오늘날에도 아직 완성되어 있지 않다. 문헌화되지 않은 전통에 대한 조사와 연구는 이미 그 시기를 놓치고 말았다. 문헌적으로 정리된 것이라 해도, 그것이 담고 있는 내용을 체계적 관점에서 정리하여 분류하고 범주화하는 작업은 아직 요원한 학문적 과제로 남아 있다. 그런 현재의 상황을 고려한다면, 마단임이 도교의 전모를 이해하는 것을 포기하고 '잡다'라는 말로 그것의 복잡함과 풍부함을 표현하는 데 그친 것은, 불충분한 증거에 근거하여 서둘러 결론을 내리는 단순무식형 지식인의 태도를 부정하고, 모르는 것을 모른다고 한 양심적인 학자적 태도의 발현이라고 생각한다.

이 책은, 도교의 전모나 체계를 보여주어야 한다는 강박관념에서 벗어나 완전히 자유롭게, 가벼운 마음으로 쓴 글들을 엮은 것이다.

이 책을 구성하는 열 편의 글은 잡다하다. (두 번째 글은 반드시 도교와 연관된 것은 아니다. 유교와 도교는 엄연히 다른 체계를 지향한다. 하지만 나는 유교 역시 '상상하는 도'의 또 다른 자기 현현의 가능성이라는 면에서, 그 두 체계 사이에는 근원적 일치점이 있다고 생각한다.) 거기에서 나는 도교의 잡다함을 있는 그대로 간직하면서, 도교의 전체상을 간접적으로나마 보이고자 했다. 도道와 법法과 술術이라는, 병행적인 동시에 층차적 구성을 가진 세 개의 개념을 통해 도교에 일정한 체계를 부여하고자 했다. 그러한 시도는 이 글의 서두에서 말한 것처럼 도교의 생명을 죽이는 우를 범하는 꼴이 되고 말 수도 있다. 하지만 단순한 관념의 체계가 아니라, 살아 숨쉬는 운동체였던 도교를 이해하기 위해서는 도라는 근원적 이념의 차원과, 그 이념을 사회적으로 실천하는 방법으로서 법(의례), 그리고 도를 내면화하면서 사회적 실천으로 전환하는 매개적 고리인 술(술수, 수행적 기법)이라는 세 차원(층차)에서 도교를 살펴보는 것이 필요하다고 생각했다.

첫째 차원은 흔히 도가 철학이라는 학문적 영역과 일정 부분 겹치는 것으로 볼 수도 있다. 하지만 법과 술을 예상하지 않는 도의 탐구는 부분을 전체와 유리시키는 공허한 논의를 양산하는 데 그치고 말 위험이 있다. 도교의 법과 술은 그것의 외형적 잡박성雜駁性으로 인해, 도교의 저급함을 드러내는 증거로 제시되어왔던 영역이다. 일반인의 예상과 달리 법(의례)은 도교의 본령이라 할 수 있는 영역이다.

법은 풍부한 의례 전통으로서의 도교를 형성하는 몸체이며, 술은 의례를 실천하는 세부적 기법으로 또한 도를 수행하는 수행법으로, 우리의 삶에 활기를 주는 중요한 요소로 전승되고 있다.

이 책의 중심 주제를 담고 있는 그 글에서 나는 종교가 궁극적으로는 초월(완성, 완전, 절대)과 불가능을 꿈꾸는 상상의 체계, 상상의 산물이라는 관점을 반복해서 펼치고 있다. 신적 존재의 절대적 현존과 이미 이루어진 구원을 주장하는 종교인이나, 일상의 순간에서의 깨달음과 완성을 강조하는 또 다른 이념을 가진 종교인들은 이러한 나의 종교관을, 허무주의적 인본주의에 물든 나약한 사고라고 꾸짖을 수도 있을 것이다. 그러나 상상이라든가, 불가능이라는 말은 실상 그렇게 나약한 것이 아닐 수도 있다. 종교적 완성이란 한번 도달하면 더 이상 움직이지 않는 정태적인 것은 아닐 터이다. 나의 개인적 욕망의 충족이 아니라, 나의 행복과 우리의 행복, 그들의 행복이 동시에 이루어지는 그 순간을 위해, 마지막까지 반성하고 회의하고 욕망하고 거듭되는 수행과 실천으로 세계의 완전한 치유를 꿈꾸는 것이 종교의 정의로운 사명이라고 한다면, 모든 종교는 불가능을 사유하는 상상의 체계일 수밖에 없다. 그리고 그런 불가능을 상상하고 뒤좇음으로써, 인간은 인간다울 수 있다. 그것은 비단 종교의 목표일 뿐 아니라, 학문의 목표이고, 정치의 목표이고, 궁극적으로는 일상의 목표여야 한다.

마지막에 '사족'으로 실은 글은 도올 선생에 대한 후학의 어리광과 기대를 피력해본 것이다. 선생의 학문적 재능을 낭비하게 만드는 풍토는 개탄할 만한 것이다. 하지만 삶의 방식을 선택하는 주체의 결단 역시 중요하다. 봉황의 큰 뜻을 헤아리지 못하는 학구學鳩의 무례함을 용서해주시길.

지식에 대한 열정, 완성을 향한 노력이 비웃음의 대상이 되고 있는 이 시대. 대학에서 학문이 실종되고, 지식 탐구를 권력의 도구로 이용하고, 종교인이 수행과 구원의 소망을 포기하고, 정치가 닭싸움으로 변하고 만 이 현실에서, 불가능을 꿈꾸어온 도道의 전통과 상상하는 힘을 되씹어보는 것은 사실 무용無用한 일이 될 가능성이 높다. 무용한 원고를 다듬어서 한 권의 책으로 엮어주신 이학사의 여러분께 깊은 감사를 드린다. 어려운 시절에도, 일상을 수행의 장으로 여기며 열심히 정진하는 분들에게 경의를 표한다. 학문은 고독한 수행이라는 것을 실천으로 보여주신 금장태 선생님께 이 글을 바친다.

2003년 8월

이 용 주

도, 상상하는 힘 ─ 차례

머리말 7

하나...도와 기, 동양 종교의 정신과 생명 15
둘......귀신, '타자'의 억눌린 욕망 25
셋......비껴가기 혹은 꿈꾸기 44

넷......말할 수 없는 것을 말하기 62
다섯...소요와 자유 80
여섯...내성외왕, 혼돈 그리고 허무 111

일곱...배움에 의해 신선이 될 수 있다 136
여덟...불사 수행의 이론적 기초 171
아홉...도는 생명을 살리는 힘 207
열......유기체적 상상력과 종교 238

사족...김용옥과 동양학─도올 김용옥은 우리에게 무엇인가? 273

 하나 도와 기, 동양 종교의 정신과 생명
― 도교란 무엇인가?

도교란 무엇인가

'도교道敎'라는 단어를 접했을 때 우리나라 사람들이 가장 먼저 떠올리는 이미지는 무엇일까? 불교나 기독교 혹은 이슬람교 등 '소위' 세계 3대 종교에 익숙한 우리나라 사람들이 도교에 대해 가지는 이미지는 대단히 막연하다. 그것은 무엇보다도 우리에게 도교의 모습을 구체적으로 보여줄 만한 도교 사원이나 건축물 혹은 종교라고 판정하는 지표가 되는 엄격한 교리나 확립된 경전 등이 존재하지 않기 때문이다. 철저한 근대화 교육에 의해 종교와 미신의 이분법이 강고하게 영향력을 행사하고 있는 우리나라에서, 사람들이 지니고 있는 종교의 개념은 대단히 편협하다. 무엇이 종교이고 무엇이 미신인지 설득력 있게 설명해줄 수 있는 기준이 존재하지 않음에도 불구하고, 그 이분법은 일상생활 속에 대단히 널리 터를 잡고 있다. 종교를 전문적으로 연구하는 종교학은 이미 오래전에 종교와 미신이라는 이분법을 포기했다. 따라서 학문적으로 그 이분법은 그다지 의미를 가지지 못한다.

한편 종교와 미신의 이분법을 고집하지 않는 사람의 경우라 할지라도, 기독교를 기준으로 해서 종교를 생각하는 것이 거의 상식화되어 있다. 종교는 인간의 능력을 초월하는 신 내지 신적 존재에 대한 신앙이 전제되어야 하고, 그 신앙을 통합하고 유지하는 교회 조직이 있어야 하고, 신앙과 이념을 체계화한 경전이 있어야 한다고 일반인들은 생각한다. 또 그들은 기독교의 기준에 의해 종교의 우열을 결정짓는 데에 대단히 익숙해 있다. 그런 관점에 따르면, 여러 신을 신앙하는 다신교는 기독교적 일신교에 비해 열등하고, 교회 조직을 갖추지 않은 종교는 열등하거나 미신일 가능성이 높다. 그런 기준에서 본다면 도교는 적어도 우리의 상식적인 종교 개념의 그물에 걸리지 않는, 종교 아닌 종교, 미신 혹은 사이비 종교로 자리매김될 가능성이 아주 높다.

도교란 무엇인가? 거대한 이 질문에 자세하게 답하는 것은 쉽지 않다. 그럼에도 불구하고 도교란 무엇인가를 물어온다면, 우리는 이렇게 대답하지 않을 수 없다. 도교는 도道와 기氣의 종교라고. 도는 중국인, 나아가 동아시아인의 정신세계를 뒷받침하는 우주적 진리의 다른 이름이다. 도 개념 그 자체는 도교의 전유물이 아니다. 유교의 가르침 역시 도에서 출발하고 도를 궁극적 귀결점으로 삼는다. 공자는 말하지 않았는가? "아침에 도道를 들으면 저녁에 죽어도 좋다"(『논어論語』「이인里仁」)라는 공자의 말은 그 사실을 잘 보여준다. 도교 역시 도에서 시작하고 도를 귀결점으로 삼는다는 점에서 유교와 같은 진리를 공유하고 있다고 말할 수 있다.

그러나 도교의 도는 유교의 도에 비해 훨씬 우주적이고 자연적이다. 그리고 유교의 도와 달리 도교의 도는 규정 불가능성, 신비성을 더욱 강조한다. '도를 도라고 말할 수 있으면 이미 도가 아니다'라고 천명하는 『노자老子』제1장의 선언을 상기해보라. 노자의 정신을 계승하는 위대한 도교 사상가 갈홍葛洪은 도 대신 현玄이라는 개념을 사용하여 도교의 궁극적 진리와 그것의 신비를 표현하고자 했다. 그가 제시하는 도(=현)는 만물의 근원이고 만물 창조의 뿌리로 너무도 크고 위대하여 삼라만상을 빠짐없이 다 담을 수 있고, 동시에 너무도 섬세하고 작아서, 오묘하며 측정할 수 없는 어떤 것이다. 한마디로 도교의 도는 신비 중의 신비다. 다시 노자의 표현을 빌자면 도는 '현지우현玄之又玄'이다.

도는 도교의 궁극적인 진리이다. 그렇기 때문에 그것은 도교의 최고신으로 신격화되기도 한다. 도교에서는 인간의 영역을 뛰어넘는 위대한 이념이나 존재를 신격화시킨다. 도교의 궁극 진리인 도를 설파한 고대 중국의 철인 노자老子는 노군老君 혹은 태상노군太上老君으로 신격화되었고, 태상노군이 가르친 도는 태상도군太上道君으로 신격화되었다. 6세기 이후 중국 도교의 최고신인 원시천존元始天尊 역시 도의 신격화이다. 그리고 도를 주제로 삼고 있는 노자의 책은 '도덕경道德經'이라는 이름을 얻고 신성한 경전으로 승화된다.

도의 사상에 뿌리를 내리고 있는 도교는 심오한 철학을 중심에 가지고 있다. 그러나 한편 도는 너무도 심오한 내용을 가지고 있기 때문에 구체적인 현실성이 결여될 가능성이 높다. 도교의 가르침이 그 심오함에 머무른다면, 종교로서 도교는 대중과 함께 호흡할 수 없는 지식인의 고상한 사유에 머물고 말 위험이 크다. 하지만 도교는 민중의 세계로 파고들었다. 심오한 우주적 진리인 도는 구체적인 종교적 실천을 통해 인간의 진리로서 민중의 삶으로 내려온 것이다.

도교의 종교적 실천은 기의 매개를 통해 실현된다. 기는 세계를 구성하는 원질原質이다. 그렇다고 해서 그것을 단순한 물질의 원질에 그치는 것이라고 받아들여서는 곤란하다. 기는 물질의 근원이고 사유와 감정의 근원이기도 하다. 그런 점에서 기는 물질과 정신의 이분법을 넘어서 있다. 기 개념 역시 도교의 전유물은 아니다. 그러나 기의 사유는 도교의 체계에 의해 가장 잘 발전되었고, 중국적 사유의 보편 개념으로 확산되었다. 도교적 사유에 의하면, 모든 사물은 천지에 충만해 있는 일종의 에너지인 기로 이루어져 있다. 인간의 생명 에너지도 결국은 기의 흐름이며, 물질적 형태를 띤 온갖 자연 현상, 밤하늘을 수놓는 별까지도 기가 아닌 것은 없다. 산천초목, 비바람, 번개, 해와 달, 인체도 기로 이루어져 있다. 하늘, 땅, 인간. 중국인이 삼재三才라고 부른 삼라만상은 기라는 동일한 원질로 구성된다. 자연은 물론 신적 존재들도 기로 이루어져 있다. 이러한 '기일원론氣一元論'이 도교적 세계 인식의 근본이다.

기와 생명의 수련

도교에서는 우주의 이법理法이자 생명의 원리인 도가 기라고 하는 구체적인 원질을 통해 구현되고 있다고 생각한다. 도가 신성한 힘, 우주적 원리 또는 최고신으로 간주된다면 기는 보다 구체적인 생명과 연결되는 것으로 이해되었다. 그러나 인간의 신체와 생명을 구성하는 기는 우주적이고 신적인 완전 상태에 있지 않다는 것이 문제다.

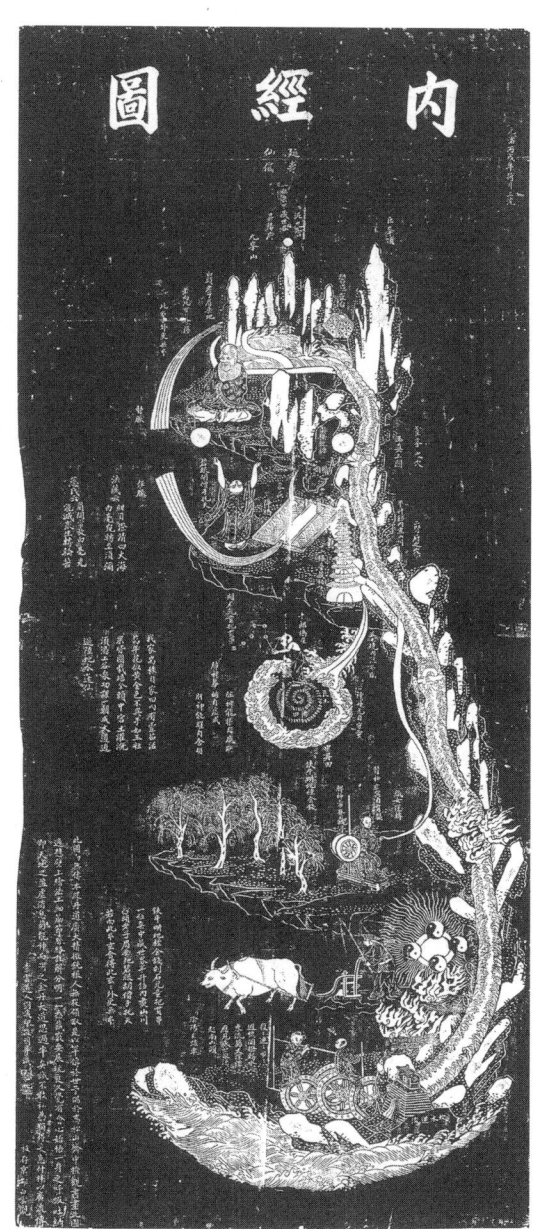

내경도
정기신과 기의 순환을 의미한다.
나무 형상을 한 이 그림은
척추를 중심으로 한
인간의 좌상을
토대로 한 것이기도 하다.
(미국 매사추세츠주 뉴턴센터 소장)

인간의 현실이 불완전하다는 인식에서 종교는 출발한다. 특히 질병과 재난, 전쟁과 폭정의 고난이 일상화된 삶을 사는 민중들은 그런 현실의 불완전함을 누구보다도 강렬하게 인식하고 있었다. 민중들은 사실 누구보다도 평화와 안정된 일상의 삶을 꿈꾸는 사람들이다. 도교는 그런 민중의 소박한 꿈을 실현시키기 위한 종교로서 조직화되어 역사 속에서 힘을 발휘하였다. 그렇게 등장한 최초의 도교 조직이 '태평도太平道'였다. '태평도'는 도의 진리가 구현되는 이 세상을 '태평', 즉 평화의 시대라고 규정하였다. 현실의 불완전함은 도가 실현되지 않은 데서, 즉 태평이 달성되지 않은 데서 기인한다.

도교는 완전한 도의 실현을 두 가지 방향에서 추구한다. 하나는 도를 종교 의례의 차원에서 이 현실 속에 구현하는 방향이며, 다른 하나는 개개인의 몸의 차원에서 실현하는 방향이다. 첫 번째 방향은 전형적으로 종교적인 실천, 공동체 차원의 종교적 실천과 연결된다. 두 번째 방향은 개인의 신체적 수련에서 출발하여 소위 한의학이라는 인간 신체에 관한 과학으로 발전하였다. 그러나 실제로 도교의 전체 체계에서 그 두 방향은 결코 동떨어져 있지 않다.

도교의 모든 신체적 수련은 몸을 구성하는 생명의 에너지인 기를 완전한 상태로 회복하는 것을 목표로 삼는다. 생명의 궁극적인 원리인 도와 현실적인 생명을 구성하는 기 사이에는 어쩔 수 없는 단절이 있다. 종교는 우주적 진리와 단절된 인간의 현실을 질병이라는 은유로 표현하기를 좋아한다. 도교 역시 예외가 아니다. 도교는 인간의 생명과 신체가 기로 이루어져 있다고 본다. 도교적 인간관에 의하면 인간의 육체와 정신은 이원적이지 않다. 생명이 곧 정신이고, 정신과 육체는 단절되지 않는다. 기의 수련이라는 관점에서 볼 때 인간의 신체와 생명은 정精과 기氣와 신神의 복합체이다. 정기신은 몸을 구성하는 근본적인 기의 세 가지 양상이다. 구체적으로 설명하자면, 정은 생명을 구성하는 근거다. 우리가 남성의 생명액을 정액이라고 부르는 것은 정이 그만큼 생명의 근거로서 중요하다는 것을 보여준다. 그러나 정액이 곧 정은 아니다. 굳이 설명한다면, 정은 우리 인체 내부에 존재하는 기의 한 양상으로서 상징적인 생명 에너지라고 말할 수 있을 것이다. 정액은 상징적인 생명 에너지인 정을 가장 순수하게 담고 있는 체액일 뿐이다. 기는 그 정이 순화되어 고차적인 단계로 접어든 상태를 가리킨다. 정기신의 신 역시 근원적인 기의 한 양상으로서, 상징적 생명력인 정이 승화된 상태이다.

도교에서 인간은 현실적 불완전함에 사로잡힌 생명체이지만, 그럼에도 불구하고 그 한계를 주체적으로 뛰어넘을 수 있는 특별한 능력을 가지고 있는 존재이다. 인간은 자기 생명을 구성하는 정과 기를 수련하여, 내면적 생명력 그 자체를 도의 차원으로 끌어올려야 한다. 인간의 생명력이 최고의 경지에 도달했을 때의 기를 신이라고 부른다. 즉 도와 거의 같은 수준으로 고양된 인간의 생명력을 신神이라고 부르는 것이다. 정기신의 신은 인간의 생명력이 우주적 이법을 체득한 존재의 상태, 신적 상태를 가리키는 도교적 술어이다. 도교의 신은 우주적 원리인 도의 현현顯現manifestation이면서 동시에 인간의 내면적 생명력이 최고의 수준에 도달했을 때의 상태이다. 도교에서는 우주의 원리를 신격화시켜 신이라고 부르고, 인간의 내면적 생명력의 정수essence도 신이라고 부른다. 여기서 도교 특유의 체내신體內神coporeal gods 개념이 도출된다. 인간의 몸은 우주적 힘이 발현되는 장소이다. 그리고 그것은 우주적 신들과 상응 관계에 있는 신체의 신들이 머무는 장소이기도 하다. 도교에서 말하는 건강은 단순한 질병이 없는 상태에서 그치는 것이 아니라, 우주적 신과 상응 관계에 있는 체내의 신들이 온전하게 신체 내부에 머무르는 상태를 의미한다. 도교의 도와 기는 이처럼 성스러움의 상상 체계와 연결되어 있다. 오늘날 우리 사회에서 널리 유행하는 단학丹學 수련은 근본적으로 도교적 신체(=생명관)에 뿌리에 두고 있는 수련법이다. 그러나 그 수련법이 고전적 도교의 종교적 신념을 얼마나 간직하고 있는지는 별개의 문제이다.

도교의 신, 인간 욕망의 상징

도교의 종교적 신념은 개인적 차원에서의 기의 수련, 생명력의 수련에 머물지 않고 보다 더 사회적이고 우주적인 차원으로 그 범주를 확장한다. 개인적인 차원의 질병과 고난을 넘어서 사회적인 차원의 질병과 고난에 연민과 관심을 기울이는 것이다. 도교의 종교 전문가인 도사道士는 고난에 헐떡이는 민중의 고통을 구원하는 임무를 달성하기 위해 우선 내면적 생명력의 수련에 힘을 쏟는다. 그는 성직자로서 우선 자기의 내적 힘을 고양시키는 노력을 기울인다. 그 생명력을 근거로 도사는 우주적 힘을 구현한 존재인 신들의 능력을 이용한다. 훈련받은 도사가 신들의 힘을 이용하는 모든 도교적 실천 행위를 도교에서는 법法이라고 부른다. 현대식으로 풀이하자면, 법은 도교의 종교 의례다. 법(의례)을 실행한다는 것은 우주적 원리, 그리고 거기에서 비롯되는 당위적 명령을 있는 그대로 어김없이 실천한다는 의미를

뇌신도
뇌신은 천신의 사자로서 지상의 악을 무찌르는 벽사exorcism의 직능을 가지고 있다. 뇌신을 의례적으로 이용하는 도교 의례가 '뇌법'이며 송대 이후의 민중 도교에서 보편화되었다. 도교의 뇌신 신앙과 뇌법은 우리나라 무속에도 큰 영향을 미치고 있다. (런던 영국도서관 소장)

지닌다. 도교의 의례는 신들의 권능을 이용하여 민중의 질병과 고난을 해소하는 치료적 의의를 담고 있다. 신은 우주적 원리인 도의 현현이며, 도가 현현된 완전성의 정도에 따라 신 체계 내부의 위계가 설정된다. 도의 권능을 완전하게 표현하고 있는 신이 최고신high gods이며, 그 표현의 정도가 낮은 신이 하위 신lesser gods이다. 초기 도교는 태상노군, 태상도군, 원시천존 등의 최고신을 정점으로 삼는 다신 숭배의 신 계보pantheon를 가지고 있었지만, 송대 이후에 와서는 민중들이 숭배하던 옥황상제를 도교의 최고신으로 흡수하였다. 그 이후 옥황상제는 민중 종교는 물론 도교의 최고신으로 일반화되었다.

어떤 면에서 보자면, 민중의 총체적 고난에 응답하는 도교의 신은 민중의 현실적 욕망이 투영된 존재다. 도교의 신들은 도의 현현이기 때문에, 무한히 변화하는 도의 속성상 그 신격의 수도 무한하며, 오늘날도 중국인이 사는 곳이면 어디나 그 수많은 도교의 신들을 만날 수 있다. 중국인이 있는 곳이면 반드시 도교는 살아 있다. 도교의 신령 세계는 모든 것을 삼키는 거대한 심연이다. 도교 신의 세계는 세계에서 가장 많은 수의 신들이 살아 숨쉬는 온갖 신의 박람회장이다. 그 신들의 수가 얼마나 많은지는 아무도 모른다. 그리스도는 물론 마호메트조차도 도교의 신 계보 속에 흡수되어 민중의 숭배를 받는다. 관음보살은 물론이고 마리아나 석가불도 지극히 자연스럽게 도교적 풍경의 일부를 이루고 있다. 도교의 신은 인간 욕망의 대상물이기 때문에, 인간이 이루고자 하는 기원의 종류만큼이나 많은 신들이 존재할 수 있는 가능성이 있다. 자식을 얻고자 하는 욕망을 충족시키는 신, 연애를 이루고자 하는 욕망을 충족시키는 신 등등 국가의 대사에서부터 지극히 개인적인 인간사에 이르기까지 온갖 종류의 인간 욕망에는 그에 대응하는 신이 존재한다. 도교의 신은 인간사의 모든 차원까지 침투해 들어가 복록수福祿壽를 기원하는 가장 원초적인 인간의 욕망에 응답한다. 그리하여 도교의 신은 오늘날도 계속해서 만들어진다. 서양의 과학자들이 그토록 높이 평가하는 유기적 우주 철학인 도교의 심오한 사유는 이러한 민중의 지극히 세속적인 욕망 속에 혼재한다. 그러나 일견 저급해 보이는 그것이 바로 도교의 참모습이다. 도교에는 고급과 저급의 이분법이 작용할 여지가 없다. 도교는 인간이라는 미궁을 비추는 거울일 따름이다.

귀신, '타자'의 억눌린 욕망
— 동양 종교와 이계異界의 구성적 상상

귀신, 타자의 귀환

사람은 죽는다. 그러나 사람은 불사와 재생, 또는 산 사람의 세계와 근원적으로 구별되는 신의 세계, 죽은 자의 세계, 한마디로 초월 세계를 '상상'한다. 초월적 세계를 상상한다는 사실에 의해 인간은 동물과 근본적으로 구별된다. 불사와 재생 그리고 초월 세계에 대한 상상력은 종교를 형성하는 유일한 근원은 아닐지라도, 가장 중요한 근원인 것은 틀림없다. 종교는 모든 문화 현상 중에서 죽음과 그것의 초월을 가장 진지하게 고려하는 문화 현상이다. 따라서 우리는 종교가 죽음의 문제에 관해 무엇인가를 말해줄 것이라고 기대한다. 하지만 죽음과 초월에 대한 여러 종교의 이해 방식과 대응 방식의 차이를 일목요연하게 제시하는 것은 불가능하다. 다만 여기서 확인해야 할 점은, 동서양의 종교는 죽음과 초월을 인간의 존재 의미가 가장 치열하게 드러나는 장으로 바라본다는 사실이다.

죽음이라는 움직일 수 없는 진리 앞에서 인간은 상상을 통해 불사와 초월을 꿈꾸는 문화를 창조한다. 그것은 '물리적 사실'은 아닐지 모르지만, 문화적으로 구성되어 믿어지고 전승되어온 '문화적 사실'로서 인간의 삶을 형성하는 하나의 중요한 축을 이루어왔다. 인간은 특유의 구성적 상상력[1]을 동원하여 불사 혹은 초월을 문화적 진실의 일부분으로 믿어왔다. 그러나 역사의 어느 시점, 대충 우리가 '근대'라고 부르는 어느 시점에서부터, 인간은 죽는다는 사실 외에는 죽음과 관련한 어떤 상상력의 진실성도 부정하는 확고한 신념을 고수하기 시작한다. 합리성이라고 부를 수 있는 그 신념 앞에서 인간은 불사와 초월을 상상할 수 있는 인간의 특권을 포기해야 했다. 그리고 세상은 단조로워졌다. 이제는 죽는다는 사실만이 인간 앞에 가로놓인 진실이 되었다. 죽음과 더불어 인간에게는 다른 어떤 가능성도, 미래도 사라진다. 죽음 이외의 다른 출구를 인정하지 않는 '진실'은 우리에게 '폭력'으로 다가온다.

죽는다, 그리고 그것으로 끝이다. 그 사실만이 유일한 폭력적 진실로 강요되면서 죽음은 어떤 일이 있어도 회피해야 할 세상의 끝으로 단죄되었다. 죽음을 삶의 세계, 생명의 세계에서 배제해버린 뒤로 우리는 평면적 삶의 영역에 갇혀 지내왔다. 그 답답함이여! 그러나 갑

---

[1] 프랑스의 역사학자 폴 벤느는 『그리스인들은 신화를 믿었는가?』(김운비 옮김, 이학사, 2002)라는 신화학과 상상력에 관한 훌륭한 책에서 '구성적 상상력 imagination constituante'이라는 개념을 사용하여 신화를 형성하고 그 신화를 믿었던 그리스인들의 정신 종교 세계를 설명한다. 죽지 않음과 다시 태어남의 상상력은 전형적으로 신화적인 상상력의 연장선에 위치하며, 그 상상력의 성질을 벤느를 따라 '구성적 상상력'이라고 이름 붙일 수 있을 것이다.

자기 세상이 달라지고 있는 것일까? 근대와 근대의 축복으로 여기던 합리성의 신념이 한 발짝 물러나는 것일까? 우리는 어느덧 죽는다는 사실 이외의 다른 진실에 대해 다시 생각하기 시작한다. 죽는다는 인간의 운명을 다른 방식으로 바라보기 시작한다. 죽음과 죽지 않음, 그리고 초월에 대해 자유로운 상상이 허용된다. 사이버 혁명은 인간의 삶에 대한 인식을 송두리째 뒤흔들어놓는다. 특히 삶의 공간에 대한 인식은 걷잡을 수 없이 뒤죽박죽이 된다. 그 '뒤죽박죽'의 틈새를 뚫고 죽음과 죽지 않음, 있음과 없음, 사라짐과 다시 태어남의 경계가 허물어지기 시작한다.

동아시아의 죽음 이해

인간의 삶을 초월한 '이계異界'의 존재에 대한 믿음은 단순히 터무니없는 환상이 아니라 지극히 현실적인 삶과 사유의 일부로서 동아시아인의 생활과 자연스럽게 공존해왔다. 그런데 동아시아인의 삶을 지배해온 유교는 무신론적 가르침이고, 유교가 지배했던 동아시아 사회에는 초월 세계와 신령적 존재에 대한 신앙과 실천이 큰 중요성을 지니고 있지 않았다는 근거 없는 확신이 의외로 널리 퍼져 있다. 근대 중국을 대표하는 지식인 학자 후스胡適(1891~1962)는 "중국인은 현세적이기 때문에 신의 길을 명상할 시간적 여유를 갖지 못한다"고 주장한 바 있다. 후스의 주장은 서구적 근대를 도입함으로써 동아시아의 곤경을 극복할 수 있다고 생각했던 근대주의자들의 전형적인 편견이며, 그러한 근대주의적 편견은 유교 및 동아시아 문화를 가늠하는 중요한 잣대 역할을 수행해온 것이 사실이다. 그러나 이제 우리는 그러한 근대

종규야행도
종규鍾馗는 악귀를 물리치는 민중 종교 및 도교의 신이다. (베이징 고궁박물관 소장)

주의적 유교 이해의 한계에 대해서도 서서히 눈을 떠가고 있다.

하지만 실제로 동아시아인의 삶은 후스가 말한 것과 정반대였다. 일반 민중은 말할 것도 없고 지식인들조차 신령을 신앙하고, 그들에게 제물을 바치는 제사 행위를 당연한 생활의 일부로 여기는 삶을 살아왔다. 도처에 신령에게 제사 지내는 사묘祠廟가 널려 있었고, 집에는 집안의 신령에게 제사 지내는 제단이나 의식의 장소를 준비해두고 있었다. 초월적 신령과 그들의 세계에 대한 그 믿음은 '구성적 상상력'의 힘을 빌어, 지극히 진실한 삶의 일부로서 생활의 역사 속에 현존해왔다. 이 장의 주제인 '귀신'을 포함하는 신령에 대한 신앙과 실천은 동아시아적 종교 문화의 핵심과 맞닿아 있는 중요한 문제이다. (귀신에 대한 이해는 유교와 도교가 공유하는 부분이 많다.)

동아시아인의 종교적 상상력에서 귀신은 일반적으로 죽은 자의 영혼을 가리키는 것이었다. 죽은 자는 이 세상을 떠나 그들만의 세계에 머물러야 한다. 저세상에 존재해야 마땅한 죽은 자의 영혼이 다시 이 세상, 삶의 세상으로 복귀하는 때에 이 세상을 사는 인간의 질서는 심각한 위기에 처한다. 산 자와 죽은 자는 서로 다른 질서를 살아야 한다. 유교적 이념은 일단 죽은 자와 산 자의 세계를 분리시키고, 그 분리를 유지하는 데서 이 세상과 저세상의 균형과 질서의 단초가 열린다고 생각한다. 지상에서 자기에게 부여된 유한한 시간을 살고 죽은 자는 지상적 삶을 마감하고 다른 세계, 저세상으로 이전한다. 저세상은 인간의 삶과 다른 질서를 살아가는 '죽은 자'들과 신령의 영역이다. 유교의 핵심에 자리하고 있는 예禮는 그 두 질서가 다름을 전제하고, 그 질서를 흐트러뜨리지 않는 데서 인간의 문화가 출발한다고 믿는다. 그리고 모든 예의 형식 중에서 가장 세련된 표현 방식인 제사祭祀는 그 다른 두 세계를 연결하는 통로이며, 지식인과 국가의 임무는 그 제사의 예절을 가다듬고 실천하여 초월적 질서와 연결된 인간의 질서를 유지하는 데 있다고 믿었다. 예의 본질은 그 두 세계의 분리와 연결을 슬기롭게 유지하는 역설을 사는 지혜를 습득하는 것이었다.

동아시아의 종교 전통에서 죽음은 가장 단순하게 말하자면 영혼과 육체가 분리되는 현상이라고 설명된다. 육체에 깃들어 생명의 원동력으로 작용하던 영혼이 육체를 벗어나면서, 생명의 기운도 함께 빠져나간다는 것이다. 육체를 벗어난 영혼은 혼魂과 백魄으로 나뉜다. 음과 양이라는 독특한 이원론적 세계 분류의 원리를 적용하여, 혼과 백을 양과 음으로 분류하는 이론도 널리 받아들여진다. 영혼을 단일한 무엇이라고 이해하는 서양적 영혼 관념과 달리, 동아시아의 종교 전통에서는 영혼을 성질이 다른 두 영혼의 결합체라고 이해한다는 사실이 중요하다. 대지적 속성을 지니며 육체와 연관된 영혼(음혼陰魄)과 하늘의 속성을 지니며 정신과 연관된 영혼(양혼陽魂)으로 나누어보는 것이다. 생명 유지를 담당하고 있던 두 영혼이 분리되어 각자의 고향으로 되돌아가는 것이 죽음이다. 죽음과 함께, 혼은 하늘로 올라가고 백은 땅으로 내려간다. 그리고 일정한 시간이 지나면서 영혼은 본래적 구성 원질인 기의 일부로 흩어져 대기나 대지의 일부분으로 귀속되고 만다. 그때 음혼은 시간이 경과하면서 쉽게 흩어져버리는 것에 비해 양혼은 상당히 오랜 기간 동안 소멸하지 않는다고 믿었다.[2]

---

[2] 인간의 영혼이 죽은 후에 소멸하는가 영원히 소멸되지 않는가에 대한 논쟁적 토론은 중국 역사에서 반복되어왔다. 가장 유명한 것이 불교의 유입과 함께 벌어졌던 논쟁이고, 다른 하나는 성리학적인 이기론의 관점에서의 논쟁, 그리고 마지막으로는 천주교의 유입과 함께 있었던 논쟁이다. 여기서 나의 논의는 철학적 토론과는 별개로, 유교적 예 질서의 핵심이었던 제사라는 종교 실천과 연관된 유교적 영혼 이해에 초점을 둔다. 이 주제에 대해서는 섣부른 단정이 불가능하며, 따라서 앞으로 많은 연구가 요청되는 영역이다.

이처럼 완전히 기의 원질 세계로 귀속되기 이전의 중간 상태의 존재, 소멸되지 않는 죽은 자의 혼령이 곧 귀신이다. 삶과 완전한 사라짐의 중간 단계에 머물러 있는 '귀신'은 다시 삶의 세계로 되돌아올 수 있는 가능성이 있다. 유교에서 지극히 중요하게 여기는 상례와 제사의 의례는 죽은 자의 혼백이 점차 삶의 세계에서 멀어져 완전히 저 세상으로 사라지는 과정을 시간적으로 분절하여, 각 단위에 어울리는 몸짓을 통해 세상과의 분리를 확인한다. 그런 의미에서 상례와 제사는 통과의례의 일종이며 이 세상과 저세상을 매개하는, 분리하는 동시에 연결하는 의식儀式이다.

'이계'에 대한 상상력

죽은 후 인간(영혼)의 운명, 즉 귀신의 행방에 대한 원론적인 이해를 전제로 하면서, 귀신의 존재에 대한 민중 차원의 신앙에 대해 조금 더 살펴보자.[3] 유교의 공식적인 죽음 이해에 따르면, 죽은 자(의 영혼)는 일단 귀신이라고 불린다. 그러나 구체적인 일상적 종교 신앙과 실천의 영역에서 '귀신'은 보다 세분화되어 세 가지 양태로 존재한다. 다시 말해 유교적 종교 세계에서 죽은 자는 신(령), 조상, 귀신이라는 세

---

[3] 동아시아 종교의 귀신 이해, 그리고 그 개념과 연관된 죽음 이해를 간단하게 정리하는 것은 쉽지 않다. 너무도 다양한 입장과 해석이 있기 때문이다. 중국의 종교사에서 불교가 들어오기 이전의 고대 중국인의 죽음 이해와 귀신 이해에 대해서는 Yu Ying-shi, "O, Soul Come Back!"(Harvard Journal of Asiatic Studies, 1985), 성리학을 대표하는 주희의 귀신 이해에 대해서는 이용주, 『주희의 문화 이데올로기』(이학사, 2003), 6장 참조. 여기에서는 공식적인 유교의 입장을 전제하면서도 민중의 일상적 종교적 입장을 중심으로 서술하고자 한다.

양태로 '이계'의 일원이 되는 것이다. 일상적인 언어 용법에서 귀신은 세 번째 범주에 속하는 존재이다. 첫 번째 범주인 신령도 두 가지로 구분이 가능하다. 본래부터 초월 존재인 신령과 사후에 국가와 민중의 제사의 대상이 되는 신령으로 승격되는 경우가 그것이다. 죽은 자가 생전에 혹은 사후에 공덕을 쌓아 많은 사람들에게 도움을 주는 존재로 인정받고, 대중의 숭배 대상으로 승격하여 어두운 음간陰間(죽음의 세계)을 벗어나 어느 특정한 지역을 관할하거나 천상의 일정한 영역에 속하는 존재로 인정되는 경우, 그는 인간으로서는 죽었지만 사후에 신(령)이 되는 것이다. 이 경우에는 죽은 자의 영혼이라 하여도 더 이상 귀신이라고 불리지 않는다. 그는 신계神界의 일원이 되어 배척과 배제의 대상이 아니라 숭배의 대상으로 격이 높아지고, 신앙의 표지로서 그의 신상神像이 만들어진다. 민중들은 구체적인 신상 앞에서 그들의 소망을 기원한다. 현실적 종교 생활에서 귀신과 신령의 차이는 신상의 존재 여부에 따라 생긴다고 말할 수 있다. 그리고 그 신령들의 세계는 인간의 사회 구성을 반영하는 엄격한 위계질서에 의해 구성된 세계라고 상상된다.

　다음으로 죽은 자는 조상(신)이라는 형태로, 후손들의 숭배와 제사의 대상이 된다. 조상신은 죽은 자의 영혼이라는 의미에서 귀신이지만, 일반적인 귀신과 분명한 획을 긋는 초월 세계의 일원으로 여겨진다. 조상은 반드시 그들의 후손에게만 의미를 가진 초월 존재이다. 조상에 공물을 바치며 드리는 제사는 동아시아인, 특히 유교적 인간에게 가장 중요한 종교 행위의 하나이지만, 모든 조상이 제사의 대상이 되는 것은 아니다. 후손은 특히 강력하고 중요한 조상에게만 제사

중국 민간 신앙 속의 지옥도

를 드린다. 예를 들어 시조라든가 현재에서 가까운 조상들 또는 고위의 관직에 올랐던 조상들이 제상의 대상이 되며, 혈연적으로 거리가 있는 먼 조상들은 시간이 지나면서 제사의 대상 목록에서 사라진다. 제사의 목록에서 제외되는 조상은 그를 나타내는 상징적 몸인 상像(신주神主라고 부른다)이 사당에서 제거된다. 상이 없는 신은 숭배의 대상이 되지 않는다는 민중 종교의 원리가 적용되는 것이다. 그렇게 대기 속으로 사라지는 조상들의 혼령은 굶주린 귀신이 되어 이 세상에 다시 나타나는 일이 없다고 여겨진다.

마지막으로 초월계의 일원으로 귀신이 있다. 귀신은, 죽었지만 산 자의 세계를 떠나지 못하는 애처로운 영혼이다. 죽은 자는 음간에 소속되어 다시금 사람 사는 세상으로 출몰하지 않아야 한다. 사람의 영역과 귀신의 영역은 분명하게 분리되어 있는 것이다. 그러나 실제로 사람들은 귀신이 완전히 저세상에 머물지 못하고 사람의 세상으로 되돌아오는 현상이 존재한다고 믿었다. 유교의 이상적 사회 형성 원칙에 따르면, 인간은 누구나 가족의 일원이어야 한다. 가족의 일원으로 죽은 자는 남겨진 가족, 후손의 제사를 받으면서 조상신이 되어야 한다. 그러나 실제로는 그렇지 못하다. 가족 중심의 이상적 사회는 현실에서 완전하게 실현되지 못한다. 그 결과 죽어서 제사를 받지 못하는 애처로운 영혼이 생긴다. 그 애처로운 영혼이 일반적인 의미의 귀신이다.

이계(저세상)의 일원인 신(령), 조상, 귀신은 민중이 공물을 드려 제사를 드리는 대상이기도 하다. 그러나 그 세 종류의 초월 존재에 대한 제사는 형식과 내용에 있어 명확하게 구별되어야 한다. 그중에서도 조상에 대한 제사는 가장 인간미 넘치는 형식을 지니는 것이다. 조상신에게는 먹기 좋게 적당한 크기로 잘라진 고기와 적당히 간이 들어간 음식, 따뜻한 온기가 감도는 국을 드린다. 왜냐하면 조상은 제사의 목록에서 제외되기 이전까지는 거의 가족의 일원으로 여겨지기 때문이다. 그러나 가족의 조상신을 대하는 이러한 친밀함과 익숙함이 신에게는 적절하지 않다. 신령은 일반적인 가족과 달리 숭고한 존재이기 때문이다. 초월 세계의 구조가 사회의 구조를 반영한다는 원리에서 보자면, 신령은 마치 지방 정부의 지현知縣이나 중앙부서의 관리들처럼 고귀하기 때문에, 가족을 대하는 것과 같은 친밀함은 오히려 무례함으로 여겨질 수도 있다. 신에게 드리는 공물은 통상 셋 혹은 다섯 가지 종류의 살짝 익힌 고기를 칼금을 대지 않고 덩어리째 바친다. 고사 지내는 장소에서 돼지 머리를 통째로 올려놓는 것을 연상하면 좋을 것이다. 그리고 여기에는 간을 하지 않는다. 공물의 형태와 크기, 종류는 신의 지위 여하에 따라 별도로 결정된다.

귀신은 이계의 일원이지만 가장 지위가 낮은 존재이다. 따라서 더운 음식이나 찬 음식, 육류 혹은 채소류를 가리지 않고 무엇이든 먹을 것을 나누어주기만 하면 족하다. 귀신에게 드리는 공물에는 아무런 형식적 제약이 따르지 않는다. 귀신에게 바치는 공물은 대개 민가나 사묘의 영역 밖에 둔다. 귀신은 집안 혹은 성스러운 신령의 영역에 초대할 수 없는 비천한 존재로 여겨지는 것이다. 귀신은 불결한 존재이기 때문에, 가급적 귀신과의 접촉을 피하기 위해서도 귀신을 집안에 들이는 일을 꺼리는 것이 통례였다. 이처럼 귀신은 숭배의 대상이라기보다는 배제의 대상으로서 제사 의식에 끼어들었다고 할 수 있다. 그리고 앞에서 언급한 것처럼, 귀신은 숭배의 대상이 아니기 때문에 그 귀신에 대한 신상은 만들어지지 않는다.

귀신, 억눌린 욕망

죽은 자가 귀신이 되어 이 세상으로 되돌아오는 현상은 영혼이 완전히 기로 해소되기 이전의 중간 단계에서 발생하는 사건이다. 여기서 주목해야 할 사실은 귀신, 즉 죽은 자의 영혼도 욕망을 가지고 있

당나라 때의 귀신도
귀신의 욕망은 인간의 뒤틀린 욕망의 또 다른 모습이다. (런던 영국박물관 소장)

다는 아이디어다. 귀신은 죽은 자의 영혼이지만, 욕망을 벗어난 존재가 아니다. 인간이 욕망에 사로잡힌 존재이듯이 초월 세계에 속하는 귀신 역시 욕망을 지닌 존재이다. 귀신들은 인간들과 마찬가지로 수많은 종류의 욕망에 얽혀 있는 존재라는 점에서 절대적 초월자는 아니다. 귀신의 욕망은 인간의 뒤틀린 욕망의 다른 모습이다. 초월 세계의 존재인 귀신이 욕망을 가지고 있다는 믿음, 그 믿음은 귀신 세계에 대한 인간의 상상력을 풍부하게 만들고, 귀신의 존재를 인간의 존재와 얽어매는 계기를 만들어낸다.

민중의 생활 세계에서 귀신은 일상인의 삶과 떼놓을 수 없는 풍성한 상상의 영역을 형성하고 있었다. 그 상상의 영역에서 귀신은 공포의 대상이면서 기묘한 즐거움을 주는 존재였다. 현실의 삶을 떠난 그 귀신은 우리가 알지 못하는 존재의 새로운 영역에서 우리를 바라본다. 그들은 이미 살아본 이 세상을 한 걸음 벗어나 바라보는 예지를 가진 존재로 그려지기도 한다. 그러나 그들은 인간이 알지 못하는 영역에 속하기 때문에, 여전히 두려운 존재로 상상된다. 따라서 귀신은 어둠의 영역에 속한다. 귀신은 행복과 욕망의 원천임과 동시에 저주받은 몸을 벗어버린 존재이다. 하지만 귀신은 살아 있는 사람과 마찬가지로 음식을 필요로 하고, 사랑의 온기를 필요로 하고, 대화를 필요로 하고, 억울한 마음을 달래야 안정을 얻을 수 있다. 죽은 자의 영혼이 귀신으로 다시금 이 세상으로 귀환하는 이유는 이 세상을 떠나고 싶지 않은 강한 욕망, 자기의 의지를 드러내고자 하는 강한 욕망이 존속하기 때문이다. 귀신은, 간단하게 말하자면 억울한 영혼이다. 욕망의 노예가 되어버린 죽은 자의 영혼, 그것이 귀신이다. 귀신의 충족되지 않는 욕망은 그를 저세상에 안식할 수 없게 만든다. 인간의 삶에서 완성해야 할 욕망의 극복에 아직 이르지 못한 존재인 귀신은 그렇기 때문에 부정적인 존재로 규정된다. 죽은 자라는 사실은 같지만, 산 자의 제사를 받는 신령적 존재와 귀신의 차이는 그의 욕망의 방향과 크기에 의해 결정된다. 죽어서도 남을 위해 봉사하기를 꿈꾸는 존재와 죽어서까지 자기의 욕망에 집착하는 존재의 차이가 바로 그것이다.

  그러나 한편으로 귀신의 욕망은 억울함에서 나오는 것이라는 점에서 단순히 왜곡된 욕망이라고 단정해서 말할 수 없다. 억울함이 일상화된 삶을 살았던 민중들이 귀신의 존재를 상상하지 않았다면, 그들의 억울함은 얼마나 큰 분노로 폭발하였을까? 억울함은 불공평하다는 느낌에서 비롯된다. 산 자의 불공평이 죽음 이후까지 이어지는 결핍감이 귀신을 만들어낸다. 대개 귀신은 후손 없이 죽은 자들의 영혼이라고 한다. 그들은 가뜩이나 어둡고 음침한 저세상에 있으면서, 그나마 후손들이 정기적으로 바치는 공물의 혜택을 받지 못해 그 외로움과 억울함이 배가된 존재이다. 또는 정상적인 죽음을 맞지 못해 이승에서의 삶이 채 완성되지 못한 안타까운 영혼들이 귀신이 되기도 한다. 세상을 채 살아보지도 못하고 죽은 아이의 영혼 역시 귀신이 된다고 상상된다. 결혼하지 못하고 죽은 젊은 여성의 고통은 그를 귀신으로 만들기에 충분한 욕망의 결핍이 된다. 그 외에도 자식을 얻지 못하고 죽은 요절자, 전쟁에서 죽은 전몰자, 자살이나 수해 혹은 사고를 당해 죽은 억울한 귀신……. 귀신이 되는 연유를 여기서 모두 열거하는 것은 불가능하지만, 간단히 말하자면 귀신은 억울한 욕망, 억눌린 욕망의 존재들이다.

  귀신의 출현과 욕망의 호소. 그것은 어찌 보면 이 세상에 결여된 공정과 평등을 갈구하는 요청으로 이해될 수도 있다. 억울한 영혼은 이 세상으로 복귀하여 자기에게 무리한 손실을 요구했던 무도한 자를 단죄한다. 살아서 아무런 힘이 없었던 그 영혼은 죽어서나마 공정과 정의가 실현될 것을 요구한다. 모든 욕망의 완전한 충족은 불가능하다. 그래서 예와 법이라는 규범을 설정하여, 그 신분과 계층의 한계 안에서 각자의 욕망이 충족될 수 있는 원칙을 마련한다. 그리고 그 원칙이 타당성을 가지기 위해서는 공동체 구성원의 일정한 합의가 전제되어야 한다. 그러나 귀신은 인간으로서 충족시켜야 할 최소

한의 욕망마저도 박탈당한 억울한 존재들이며, 공동체적 합의를 파괴하는 세력에 의해 희생된 자들이다. 그들의 왜곡되고 억눌린 욕망은 결국 사회적 차원의 무질서로 이어질 가능성을 가지고 있다고 믿어졌다. 결국 귀신의 회귀를 승인하는 상상력은 사람답게 살 수 있는 권리를 확보하기 위한 정의와 공정에의 요구와 일정한 연관이 있다고 이해할 수 있다.

서양에서도 유령spectre 혹은 귀신ghost은 죽은 자의 영혼이다. 그리고 죽어서도 안식을 얻지 못한 영혼이 이 세상으로 되돌아온다고 믿었다. 안식을 얻지 못한 죽은 자의 영혼은 다시금 삶의 세계로 되돌아오려는 강한 욕망에 사로잡혀 있다. 셰익스피어의 『햄릿』에서 밤마다 출몰하는 유령은 서양인의 귀신 관념을 단적으로 표현하는 좋은 예다. 햄릿의 죽은 부왕은 밤에 햄릿 앞에 유령으로 나타난다. 그 유령의 욕망은 억울한 죽음에 대해 보복하는 것이다.

한편 기독교적 의미에서의 귀신은 하느님의 섭리가 지배하는 질서에 편입되지 못한 자들의 떠도는 영혼이다. 하느님의 섭리에 의한 질서는 죽은 자를 지옥이나 연옥으로 이끌어간다. 그리고 그곳에서 충분한 영혼의 정화를 거친 후에 그 영혼은 천국으로 이행할 준비를 갖추게 된다. 죽음과 함께 이 지상에 남겨진 육신은 정화된 영혼과 결합하여 영원한 지복bliss의 땅에서 평화롭게 새로운 생명을 얻을 수 있다. 그러나 귀신은 영혼의 정화 과정으로서의 죽음 이후의 세계를 인정하지 않는다. 그들은 하느님의 질서에 편입되는 것을 스스로 거부한 영적 존재이다. 그들은 하느님이 창조한 광명의 세계에 편입되기를 거부하며 어둠의 세계에 속하는 존재이다. 그 어둠의 세계는 사탄이 다스리는 영역이다. 그 사탄의 질서에 편입된 귀신은 신적 질서를 전복시키기 위해 광명의 이 세상으로 복귀하고자 하는 왜곡된 욕망에 사로잡힌 존재들이다.[4]

환상의 의미론

저세상을 상상하면서, 인간은 이 세상에 대한 사랑을 더 깊이 간직할 수 있었다. 저세상을 상상하는 문화 현상인 종교가, 거의 예외 없이 이 세상에서의 생명을 소중하게 여길 것을 가르치고, 이 세상에서의 올바른 삶이 저세상으로 이어지는 새로운 삶의 전제 조건임을 가르치는 이유가 바로 여기에 있다. 하지만 저세상은 여전히 낯선 타자의 세계이다. 우리의 삶의 방식과 근본적으로 달라서 우리가 감히 꿈꾸기조차 곤란한, 그래서 두려운 세계이다. 두려움은 알지 못하기 때문에 생긴다. 우리는 익숙한 것에 대해 두려움을 느끼지 않는다. 깊이를 알 수 없는 심연 앞에서 인간은 공포를 느낀다. 인간은 그 두려움을 어둠의 이미지로 표현한다. 그중에서도 귀신이나 괴물이 사는 저세상은 검고 어둡고 축축한 공간, 인간이 살 수 없는, 그야말로 '유령'이나 살아낼 수 있을 법한 그런 '다른' 세계이다.

그 어둠의 공간은 이 세상 '너머'에 존재한다. 그러나 자세히 살펴보면 그 '너머'는 굳이 우주 공간 바깥이라는 구체적인 장소 개념은

---

[4] 기독교가 공식적으로 귀신의 존재를 승인하고 귀신에 관한 체계적인 이론을 발전시키지는 않았다. 기독교 신학의 체계를 정리한 조직신학組織神學systematic theology 책에서 귀신의 항목을 발견할 수 없다. 하지만 공식적인 침묵에도 불구하고 귀신의 실재에 관한 민중적 신앙은 널리 존재한다.

아니다. 그곳은 인간이 살 수 없는 공간, 살아서도 안 되는 공간, 삶의 질서를 벗어난 공간, 하느님의 창조의 생명력이 무력해지는 공간, 즉 우리의 의미 세계 바깥에 존재하는 영역을 은유적으로 표현한 것에 불과하다. 그 '너머'는 사실 도처에 존재할 수 있다. 그 '너머'는 우리가 사는 이 세상 안에 존재할 수도 있고, 심지어 우리의 마음속에 존재할 수도 있다. 여러 종교에서는 어둠이 지배하는 그 공간은 대체로 지하에 존재한다고 상상한다. 지하는 따뜻한 햇빛이 비치는 광명의 반대쪽에 자리 잡고 있는, 빛이 없는 영역이다. 광명이 질서 잡힌 의미 세계의 상징이라면 지하는 혼돈과 혼란, 즉 무의미 세계의 상징이다. 어두운 그 세상은 의미 세계의 저편으로 밀려난 배제된 공간이다.

배제된 공간으로서 저세상(이계)의 상상은 사실상 이 세상을 바라보는 총체적인 인식과 분리되지 않는다. 어두운 저세상을 지하 세계에 설정하는 상상적 관념은 신성한 신령의 세계를 하늘에 두는 상상적 믿음과 짝을 이루고 있다. 어두운 저세상을 지배하는 악령은 또 다른 저세상인 하늘 세계를 지배하는 신령 존재에 대한 믿음과 멀리 있지 않다. 마찬가지로 저세상에 살고 있는 생명 없는 귀신(역설이다)은 인간의 영혼과 불사, 시간관념과 분리되어 존재하지 않는다. 그런 점에서 저세상은 이 세상과 단절되지 않고 어떤 의미에서건 연결되어 있다. 그러나 우리가 근대라고 부른 역사의 어느 시기부터 이 세상과 저세상은 단절되어 상호 작용의 끈을 놓쳐버렸다.

하지만 최근 들어 기묘하게도 귀신 이야기들이 마치 새로운 귀신 시대의 회귀를 예고나 하듯 일상으로 파고든다. 현대인의 기억 속에서 지워진 것으로 알았던 귀신들의 존재와 그들의 귀환에 대한 환상적 이야기들이 여러 매체를 통해 우리의 관심을 강하게 끌고 있는 것이다. 〈고스트 바스터즈〉(1984), 〈사랑과 영혼〉(1990), 〈식스 센스〉(1999), 〈여고괴담〉 시리즈(1998~2003), 〈링〉 시리즈(1998~2000), 뱀파이어를 소재로 한 〈드라큐라〉(1992), 〈뱀파이어와의 인터뷰〉(1994), 〈블레이드〉(1998, 2002) 등등 미처 다 열거하기도 어려울 정도로 많은 영화들이 우리의 시선을 온통 사로잡아버리고 있는 이런 문화 현상은 무엇을 말해주는가? 많은 이유가 있을 것이다. 그렇지만 이렇게 볼 수도 있지 않을까. 저세상의 존재와 그들의 귀환에 대한 환상은 새로운 질서를 꿈꾸는 상상의 다른 모습이라고. 귀신 이야기는 결국 이 단조로운 세상을 탈출하고자 하는 탈주의 상상력의 다른 이름이라고. 심층적 의미 차원을 상실한 표피적 현실의 갑갑함을 벗어나고픈 욕망이라고.

스스로 심층적 의미를 생산하고 세상을 새롭게 조직할 능력을 갖고 있지 못한 이들에게 남겨진 유일한 대안은 반항하고 도피하는 것이다. 근래에 우리가 목도한 영화 산업의 활황은 한편으로 우리가 부정하고 무시해오던 초월 세계의 복권과 함께 다가온 문화 현상이라고 말할 수 있다. 영화는 일상적으로 경험할 수 없는 환상적 이미지를 창조함으로써, 초월 세계에 대한 상상적 가능성을 한층 더 열어주었다. 영화를 통해 인간은 불가능한 꿈을 꿀 수 있게 된 것이다. 그리고 그 영화적 이미지에 나타나는 환상 세계를 창조하는 바탕은 귀신, 영혼, 유령, 사탄, 뱀파이어, 외계인, 요정, 정령이 살아 있는 초월 세계의 상상력이다. 영화의 환상 세계에 몰입하는 젊은이들은 현실의 가짜 표피를 벗겨버리는 허탈한 웃음을 선택하고, 엽기적 공포를 추구하고, 이 세상과 다른 질서에 속하는 귀신들의 귀환을 환영하고 있는 것은 아닐까. 벗겨버리고 파괴하고 긴장하고 웃어넘기면서, 그들은 세계의 전면적인 변화를 꿈꾸고 있는 것은 아닐까. 그들이 원하는 것은 총체적인 변화이다. 그들은 공정하고 정의로운 사회의 실현을 위한 노력을 방기하고 있는 기성 세대에 대한 불만과 불안을 환상과 엽기 그리고 귀신 이야기를 통해 해소하고 있는 것일지도 모른다. 모든 꿈이 실현되는 그 환상의 공간, 꿈의 공장에 틀어박힘으로써.

아무도 미래를 예측하고 판단할 수 없는 불확실성의 시대가 이미 현실화된 이 시점에서, 근대가 배제해버린 죽음과 저세상을 둘러싼 인간의 열린 상상력이 우리가 예기하지 못한 방식으로 다시금 되물어지는 순간이 찾아온 것이다. 죽음에 대한 상상이 펼쳐지는 그곳에, '저세상' 혹은 '다른 세상'에 대한 상상력이 꿈틀거린다. 저세상은 우리에게 익숙한 인간적 생명이 숨쉬는 공간이 아니다. 신령이나 악령의 세계, 귀신과 요괴와 유령의 세계, 온갖 환상적 괴물이 주인공이 되는 공간이 그곳이다. '저세상'의 존재에 대한 상상적 믿음은, 인간은 죽는다는 사실만큼이나 강력하게 인간의 문화를 지탱해온 진정한 꿈꾸기의 한 양상이었다. 상상적 믿음의 무게와 깊이를 과소평가해서는 안 된다. 상상은 살아 있다는 바로 그 생명감에서 비롯되는 진실이기 때문이다.

 셋　비껴가기 혹은 꿈꾸기
― 한 국　현 대　시 인 의　도 교 적　상 상 력

도교와 시적 상상력

　'도교와 한국 현대시의 관계' 혹은 '한국 현대시에 나타난 도교(도가)적 상상력'. 생각이 꽉 막힌다. 무엇을 도교라 부를 수 있을지, 도교적 상상력이란 어떤 것인지 막연하기만 하다. 그리고 그 물음과 답을 어느 수준에서 조정해야 하는지, 도무지 떠오르지 않는다. 기초적인 물음과 답변의 윤곽조차 그려지지 않는 상황에서, 도교와 한국 현대시를 논한다는 것 자체가 억지 아닌가? 난감하다. 그러나 그 주제는 분명히 무언가 신선한 호기심을 자극한다. 적어도 도교(도가)적 세계가 우리 문화와 뗄 수 없을 정도로 깊은 관계를 맺고 있다는 막연한 믿음이 널리 퍼져 있다는 그 사실 때문에라도, 이 주제는 흥미진진하다.

　도교란 무엇인가? 학문적 탐색 그 자체의 어려움은 일단 제쳐두고, 우리 정신 세계의 중요한 일부를 이루어왔다고 가르치고 믿어온 도교적 신념과 상상력이 오늘날 우리 시인들의 상상 세계에 얼마만큼이나 뿌리내리고 있는가? 우리의 젊은 시인들은 도교적 세계를 어떻게 수용하고 있는가? 의식적이든 무의식적이든 말이다. 그것은 문학 연구의 전문가라면 반드시 물어야 할 질문이 아닌가? 당연한 관심이고, 질문이다. 전통의 탐구가 언제나 죽은 자식 자지 만지듯 골동품 연구가의 박물관학적 관심에서 그친다면, 도대체 한 사회가 그들의 괴이한 과거 지향적 기호를 충족시키기 위해 무엇인가를 투자할 필요가 있는가? 그래서 우리는 그 난감함과 막연함에도 불구하고 도교와 우리 현대시 사이에 존재하는 연결 고리를 발견하고, 우리의 전통이 오늘날에도 어떤 형태로든 숨쉬고 있다는 사실을 보여주어야 하는 것이 아닌가? 하지만 당위적 요청 앞에 진실함과 객관성을 희생시키는 것은 당위에 대한 응답이 아니라 기만이며 자기 속임이라는 것 또한 잊지 말아야 함은 물론이다.

도교, 환상과 저항

도교란 무엇인가에 대해 말문을 열기 전에, 앞에서도 말했지만 한마디로 압축해서 말할 수 있는 도교의 '정체'란 존재하지 않는다는 사실을 먼저 승인하고 들어가야 한다. 한국 현대시와 도교의 관계에 대해 질문한다면 그 의도는 충분히 예상할 수 있지만, 그 질문은 조금 더 다듬어져야 한다. 왜냐하면 우리는 도교에 대해 너무 모르고 있기 때문이다. 나 역시 도교가 무엇인지, 잘 알지 못한다. 요즘 도교는 많은 사람의 관심을 끌고 있다. 그러나 그렇다고 해서 우리 사회가 도교에 대해 진지한 학문적 이해를 요청하는 것은 물론 아니다.

용을 탄 신선
도교적 상상력의 세계는 '환상'으로 가득 차 있다. (타이베이 고궁박물관 소장)

도교가 관심을 끄는 이유는 단지 요즘 젊은이들을 강타하고 있는 환상fantasy 문학의 부각에 따른 반사 효과 때문이다. 아무렴 어떠랴, 그래도 무엇인가 지금까지 잘 알려지지 않았던 것이 새로운 지적 관심의 대상이 되기 시작한다는 것은 일단은 좋은 일이다. 우리의 지적 세계가 넓어지고 풍부해질 수 있는 기회이니까. 그 반사 효과로 인해 도교는 지적 관심의 대상이 되어 대형 책방의 서가 한구석에 자리를 잡기 시작했다. 그것이 계기가 되어 도교의 환상 세계에 대한 책을 편집해주기를 원하고, 더 나아가 제대로 된(?) 도교 개론서 내지 도교 문헌을 소개하고 싶어하는 출판인들이 늘어나고 있다. (무능력과 무기력이라는 질병을 앓고 있는 대학이 포기한 일들을 대신하는 데 출판인들이 앞장선다.)

각설하고, 도교에 대해 다시 말해보자. 환상 문학이 뜨는 즈음에 왜 사람들은 도교를 들먹거리는가? 그것이 바로 우리 상식의 현주소이다. 그 현주소는 완전하지는 않지만, 전혀 잘못된 것은 아니다. 그것이 잘못되지 않았다는 데서 우리는 안도감을 획득한다. 최승호 시인의 시집 제목처럼, "코뿔소는 죽지 않"았다.

도교는 중국인, 나아가 동아시아인의 삶과 소망, 꿈과 현실이 뒤죽박죽 뒤얽혀 있는 문화 복합체이다. 도교는 삶을 지탱하는 온갖 욕망이 터져나오는 신념과 울분의 도가니이다. 여기서 우리가 주목하는 점은 도교가 바로 그 소망과 울분의 도가니라는 점이다. 도교는 민중의 소망을 담는 그릇이다. 그 소망의 스펙트럼은 의외로 그 범위가 넓지만, 우리는 그 모습을 대충은 그릴 수 있다. 현실의 무게에 억눌린 지식인의 좌절, 권력의 폭력 앞에 무력감을 맛본 민중의 울분과 허탈함, 그 좌절과 허탈함이 승화된 자유로운 세상을 향한 꿈이 그것이다. 승화되지 않은 울분은 혁명의 힘으로 들끓다가 마침내 반란으로 폭발한다.

동아시아의 역사에서 민중 반란은 거의 예외 없이, 억압과 폭력에 대한 민중의 울분이라는 억눌린 마그마가 활화산처럼 폭발한 사건이었다. 『수호전』과 『임꺽정』은 도교적 소망의 스펙트럼 한쪽 끝에 자리 잡고 있는 작품의 대표적인 예가 될 것이다. (『수호전』과 도교의 연관성에 대해 의문을 가지는 사람이 있을지도 모르지만, 원본『수호전』을 읽어보면 장천사張天師가 초재醮齋를 행하는 이야기에서 소설이 시작되고 있을 뿐만 아니라, 곳곳에 도교적 상상력이 깃들어 있음을 볼 수 있다. 『임꺽정』이 『수호전』을 모델로 삼고 있음은 널리 알려진 사실이다.)

스펙트럼의 다른 쪽 끝에는 철학적으로 혹은 예술적으로 승화된 형태의 소망이, 조용하지만 강한 목소리로 메시지를 전달한다. 여기서 당연히 떠오르는 예는 『서유기』일 것이다. 외형적으로 『수호전』과 『서유기』는 전혀 다른 영역에 속하는 작품이다. 그러나 이 세상의 질곡을 벗어나고자 하는 민중의 소망이 담겨 있는 '환상'의 서사시라는 점에서 동질성을 유지한다. 도교적 소망의 두 극단적 스펙트럼 중간 영역에는 그 수를 다 알 수 없을 만큼 다양한 문학과 철학, 그리고 종교적 상상력을 담지한 세계가 존재한다.

도교적 상상력의 세계는 '환상'으로 가득 차 있다. 환상의 역할은 허구를 통해 허위로 가득 찬 현실의 껍질을 벗겨내는 것이다. 하지만 환상이 항상 옳은 것은 아니다. 리얼리즘은 환상이 오히려 현실을 감싸는 껍질일 수도 있다고 책망한다. 리얼리즘은 자각적 지성을 기반으로 삼고 있는 시민사회의 윤리 가치를 담은 예술의 이념이다. 현실을 직시하라, 그리고 그 현실을 바꾸어라. 리얼리즘은 환상을 도피라고 비판한다. 분명히 그럴 것이다. (1970~80년대 우리 문학은 리얼리즘에 근거하여 세상을 바꾸고자 하는 변혁의 에너지가 충만한 시대였다. 그런 시대라면, 환상을 들먹이는 것 자체가 허위의식이며 투쟁의 칼끝을 무디게 만드는 반민중적 사기라고 매도당했을 것이다.) 그러나 소박하고 평범하다 못해 무력한 민초들이 권력의 횡포, 금력의 질주, 중심화의 난폭한 이데올로기를 이겨낼 수 있는 길이 환상 말고 따로 있겠는가? 그런 면에서 환상의 창조는 도피가 아니라, 최소한의 삶의 공간을 확보하려는 민초들의 적극적 몸부림이 아니겠는가?

환상성 자체의 평가는 우리의 문제가 아니다. 그렇지만 도교가 환상성의 재발견이라는 시대 요청과 맞물려 관심의 대상이 되는 데에는 분명히 나름대로의 근거와 이유가 있다. 도교는 분명 환상의 근원이며, 환상을 통해 세상을 꾸짖는 사유의 중심에 자리 잡고 있었다. 도교는 처음부터 환상을 중요한 자기 표현 방식으로 선택했기 때문이다.

나는 도교적 환상성이 『산해경山海經』과 『장자莊子』에 뿌리를 내리고 있다고 판단한다. 『산해경』은 온갖 귀신과 괴물들, 온갖 괴상한 약초들, 현실적으로는 도저히 실재한다고 볼 수 없는 독특한 '세계'를 묘사하는 '환상'의 지리서이다. 그런 점에서 그것은 그리스신화의 올림푸스 세계와 맞먹는 중국적 신화의 공간이며, 괴상망측한 동물들이 등장하는 보르헤스적 환상과 맥을 같이한다.

『산해경』의 환상 세계가 산문적이라면 『장자』는 훨씬 더 시적인 필치로 환상성을 바탕으로 삼아 철학적 사유를 펼친다. 북쪽 바다에는 그 크기를 알 수 없는 커다란 물고기 곤鯤이 살고 있다. 그 곤은 붕鵬새로 변하여 구만리 창천을 가볍게 비상한다. 붕새의 목적지는 저 먼 남국의 하늘, 생명의 공간이다. 여기서 우리는 붕새의 비상을 북쪽의 어두운 죽음의 바다를 벗어나 남국의 빛과 생명의 세계로 향하는 위대한 영혼의 비상이라고 이해할 수 있다. 환상은 새로운 상상력을 불러일으킨다. 장자가 묘사하는 곤과 붕새 이야기는 도가적 환상성의 백미다. 그것뿐이 아니다. 몇백 년을 사는 팽조彭祖, 불에 닿아도 타지 않고, 구름을 타고, 물에 빠져도 젖지 않는 신선들. 장자는 온갖 환상을 동원하여 세속적 허위에 사로잡히지 않는 자유인의 풍모를 제시한다.

도교의 신선은 현실의 굴레를 벗어던진 도교적 자유인의 표상이다. 신선은 무엇보다 은둔자의 모습으로 나타난다. 은둔 혹은 은일隱逸은 세상을 버리는 것이다. 세상을 버림으로써 세상에 맞서는 용기 있는 자가 은일자이며 신선이다. 세상을 버리고 그것의 속박과 가치로부터 자유로운 신선은 몸과 마음이 가볍다. 구름과 바람을 타고 떠도는 자유인, 구름보다 가벼워 구름에도 의존하지 않는 진실한 자유인은 세상의 관점에서는 실패자이다. 그런 점에서 도교는 실패자, 방랑자, 은일자의 세계이다. 중국의 문학 세계는 세상에 맞서는 자유인이 창조하는 환상의 공간으로 가득 채워져 있다. 장자에서 비롯되는 자유의 환상은 소위 '유선시遊仙詩'라는 시적 형식으로 발전할 뿐 아니라, 중국 문인이 꿈꾸는 초월적 환상의 원동력으로 작용한다. 어떤 의미에서 중국의 시문학은 초월을 꿈꾸는 도교적 환상성을 바탕으로 펼쳐진다. 굴원의 신화 세계, 도연명의 이상향, 이태백의 신선 세계가 대표적인 예에 속한다. (중국의 문학 세계는 자유인이 창조하는 환상의 공간이라는 표현을 사용했다. 중국 문학이 모두가 도교적 상상력에 의존하는 것은 아닐 터이니, 그 말은 분명 극단적이다. 그러나 환상을 통해 세상을 비판

죽림칠현
죽림에 모여 앉은 일곱 명의 선비들은 질서를 강요하는 권력과 위선에 대한 간접적인 저항과 조소를 품고 있다. (샌프란시스코 아시아미술관 소장)

하고 세상의 가치에 맞서는 은일자의 풍모가 도교적 이상과 맞아떨어지는 것을 누구도 부정할 수 없다.)

시인, 꿈꾸고 저항하는 자

이쯤해서 우리의 주제로 돌아가자. 먼저 '환상'이라는 측면과 연관지어 우리 현대시를 보면, 현대시와 도교적 상상력의 연결 고리를 찾고자 하는 우리의 방향 설정이 잘못되어 있음을 쉽게 알 수 있다. 그러나 그것은 전혀 의외가 아니다. 구름을 타고 하늘을 비상하며, 불사약을 복용하여 영생을 추구하는 도교적 상상력은 얼마나 황당무계한가? 계몽적 종교관의 세례를 받은 우리 시인들이 그러한 환상을 말하지 않는 것은 너무도 당연하다. (더구나 도가 사상은 고상한 지식인의 철학적 사유이고 도교는 민중의 미신적인 종교 행태라는 잘못된 이분법이 무비판적으로 수용되고 있는 학계의 수준을 생각한다면 더욱 당연하다.) 그러나 은일자적인 자유인의 풍모와 관련해서 우리 시를 읽어보면, 우리 시인의 상상력은 전형적으로 도교적 은일과 자유의 세계에 뿌리를 내리고 있음을 알 수 있다. 그것 역시 전혀 의외는 아니다. 어느 시인치고 우리가 사는 세상을 병들게 만드는 불의와 난감함에 절망하지 않을 수 있겠는가? 만일 그렇지 않은 시인이 있다면 그는 정신적 맹인일지라.

시인은 방랑자이고 은일자이며, 비판자이고 예언자이다. 우리가 시인에게 너무 무거운 짐을 지우는 게 아닌지 모르겠다. 시집 한 권 구입하지 않고 시 한 편 제대로 읽지 않으면서, 그들에게 너무 많은 것을 요구하는 것이 아니냐고 항의할 사람도 있을 것이다. 그러나 우리의 무관심과 무관하게, 그들은 궁핍한 시대에 우뚝 서서 세상을 향해 부르짖는 항의자들이다. 항의자란 말이 너무 강할지도 모른다. 그들은 아름다운 상상력과 서정적인 감성으로 세상에 미소 짓는다. 그 미소는 냉소적이다 못해 때로 가슴이 저민다. 그들은 세상을 지배하는 힘들이 더 이상 정당한 것이 아님을 미소와 침묵으로 항의한다. 젊은 시인 함기석은 시니컬한 상상력으로 세상을 비껴가는 시선을 보낸다.

소년은 힘껏 가난을 차버린다
가난은 골대에 정면으로 맞고 튀어나와
소년의 얼굴을 더 세게 때린다
코피를 닦으며 소년은 아빠를 차버린다

아빠는 포물선을 그리며 술병 속으로 똑 떨어진다
술병은 아빠를 아파한다 소년은 새벽마다
아빠의 늑골 사이에서 울려나오는 삽질소릴 아파한다
술병 속으로 석탄을 실은 화물 열차가 연달아 들어가고
만취한 아빠는 비틀비틀 어두운 술병을 걸어나온다
―「축구소년」(『국어선생은 달팽이』, 세계사, 1998)

  노동과 술에 찌든 아빠, 그리고 가난으로 인해 최고의 축구 선수가 되고 싶은 소년의 꿈은 항상 배반당한다. 시인은 고통과 대면하는 어린 소년의 순수함을 그리면서 세상에 항의한다. 이 시인의 상상력에서 도교적 은일이나 저항을 읽어내는 것은 무리가 있을지 모르겠다. 그러나 그의 시에는, 한발 물러나 세상의 부조리를 응시하는 날카로움이 깃들어 있다.
  여기서 기억해야 할 것이 하나 있다. 은일, 자유 혹은 환상이 반드시 문학의 사회성을 외면하는 것이 아니라는 사실이다. 은일이나 환상은 세상을 비껴 본다. 세상은 너무 완고하기에 시인은 차라리 비껴서 응시한다. 세상을 응시하지 않는 문학은 더 이상 문학이 아니다. 그러나 세상과 정면으로 충돌하고 피 박살이 나고 머리가 깨지는 것 역시 더 이상 문학적 행위가 아니다. 피 터지게 싸우지 않는 시인, 목 터지게 욕설하지 않는 시인이 비겁하다고 말할 수 없다. 오히려 시인은 사랑의 힘을 신뢰하고 세상에 대해 끈기 있게 나직이 말하는 구원의 메신저다. 그래서 모든 시인은 바탕에서부터 은일적이고 종교적이다. 최영철 시인은 어떤가?

세상에 나서 수세식변소만 사용해 본 딸아이는 모를 것이다
아직도 쭈그리고 앉은 사람이 많다는 것을
불면의 밤은 길기도 길어
새벽도 오기 전에 앞다투어 산비탈 공중변소 앞에 줄을 서서
아직도 쭈그리고 앉은 사람을 기다리는 사람이 많다는 것을
세상에 나서 문화적으로만 놀아본 사람들은 모를 것이다
누가 쏟아놓은 것인지도 모르는 똥덩어리 위에
또 다시 자신의 똥을 내려놓으며
아직도 하나가 된 사람들이 많다는 것을 모를 것이다.

— 「아직도 쭈그리고 앉은 사람이 있다」(『아직도 쭈그리고 앉은 사람이 있다』, 열음사, 1987)

시인의 목소리는 나직하지만 비판적이다. 소위 문화적인 사람들, 즉 지식과 학력의 관점에서 모든 것을 판단하고, 그러한 판단으로 세상을 뜯어고치려는 사람들, 모든 사람을 계몽의 노예로 만들어야 속이 시원한 사람들, 결국 그들이 가진 것을 강요하고, 그들이 가진 것을 가지지 못한 사람은 낙오자로 낙인찍는 사회를 만들려는 사람들……그 사람들이 모르는 것, 그 사람들이 잃고 사는 것이 무엇인지 시인은 말하고 싶어한다. 벌어진 널빤지 사이로 안이 들여다 보이는 화장실은 계몽의 정반대 편에 서 있는 낡은 가치관이다. 비약일지 모르지만, 중국을 여행해본 사람은 문이 없는 공중 화장실에 경악한 경험이 있을 것이다. 그리고 중국 정부는 문 없는 화장실에 '든든한' 쇠문을 달아 속이 보이지 않도록 만드는 것이 근대화의 지표라고 굳

게 믿고 있다. 문 달린 화장실이 단순히 전근대에서 근대로의 전환이라는 진보의 개념으로 설명될 수 있는 것은 아니다. 철저하게 고립된 개인의 탄생, 공동체의 상실을 상징하는 것일 수도 있다. 최영철 시인은 화장실이라는 메타포를 통해, 계몽의 이데올로기를 일방적으로 강요하는 사회와 교육을 비판하고 있는 것이다.

   지식과 학력 그리고 자본주의적 경쟁이라는 일방적 가치만을 강요하는 학교 교육에 대한 비판은 도종환 시인의 「어릴 때 내 꿈은」에서 가장 잘 나타나고 있다.

> 어릴 때 내 꿈은 선생님이 되는 거였어요.
> 나뭇잎 냄새 나는 계집애들과
> 먹머루빛 눈 가진 초롱초롱한 사내녀석들에게
> 시도 가르치고 살아가는 이야기도 들려주며
> 창 밖의 햇살이 언제나 교실 안에도 가득한
> 그런 학교의 선생님이 되는 거였어요.

   결국 시인은 그의 꿈처럼 선생님이 되었지만, 그가 원하던 선생님이 될 수 있었던 것은 아니다. 세상은 시인이 원하는 삶을 살지 못하도록 가로막는다. "때묻지 않은 아이들의 편이 되지 못하고/ 억압하고 짓누르는 자의 편에 선 선생님이 되리라고는 생각지 못했"(같은 시 2연 10~11행)지만, 어느새 그들 편에 서 있는 자신을 발견하고 고통스러웠던 것일까? 그의 꿈은 계속된다.

푸른 보리처럼 아이들이 쑥쑥 자라는 동안

가슴에 거름을 얹고 따뜻하게 썩어가는 봄흙이 되고 싶어요.

— 「어릴 때 내 꿈은」(『지금 비록 너희 곁을 떠나지만』, 제3문학사, 1989)

도종환 시인의 감수성은 목가적이다. 목가는 환상의 다른 모습이 아닌가? 여기서 우리가 분명히 지적할 수 있는 것은 목가적 상상은 시인의 무기력을 보여주는 것이 아니라는 사실이다. 환상은 도피일지도 모르지만, 그것을 통해 그 시대의 꿈과 공포를 읽어낼 수 있다는 점에서 무기력한 것은 아니다. 오히려 힘없는 시인의 예민한 감수성은 세상에 대한 울분으로 인해 처절하기까지 하다. 도종환 시인의 어린이는 최영철의 똥과 마찬가지로 순수의 상징이다. 시인은 순수를 상실한 시대, 자연의 풍성함이 황폐해져가는 시대를 나무란다. 한 사람은 비껴간 시선으로, 또 한 사람은 직접적인 목소리로.

반문명, 생태적 상상력

도교적 은일과 환상은 거대한 뿌리를 가진 자연이라는 생명체를 보호하고자 하는 생태적 상상력으로 이어진다. 역사적으로 도교는 문명화, 중심화, 집권화에 반대하여 아나키스트적 자율에 바탕을 둔 작은 공동체를 소망하는 정치론과 표리를 이루고 있었다. 도교적 자연주의 내지 생태적 상상력, 그리고 그런 상상력에 기반을 둔 아나키적 공동체의 환상은 도교의 중심 주제이다. 먼저 도교의 은일 사상은 작고 낮은 곳에 처하는 수양론의 철학, 나아가 자연을 감싸 안는 생태적 자연관으로 전개된다. 먼저 도교적 수양론은 "도를 행하면서 매일 매일 조금씩

단대춘효도丹臺春曉圖
도교의 은일 사상은
작고 낮은 곳에 처하는
수양론의 철학,
생태적 자연관으로 전개된다.
(뉴욕 메트로폴리탄미술관 소장)

줄어드는 삶〔爲道日損〕"(『노자』, 48장)을 존중하는 무위無爲적 삶의 태도에서 단적으로 드러난다. 소극적 인생 태도라고 부정적으로 보일 수도 있는 무위적 삶은 결코 선동가나 개발 제일주의자의 삶의 태도와 조화될 수 없다.

    도교적 삶은 조용히 느리게 사는 삶이다. 느림 속에서 인생의 맛을 음미하는 것을 요청하는 것이 무위, 무욕이다. 노자가 반대하는 삶은 바쁜 삶, 무엇인가를 만들고 늘려가야만 만족하는 의욕이 과잉된 삶이다. 노자는 그런 삶의 방식을 부정한다. 의욕 과잉은 자본주의적 생산에 있어서 절대적으로 요구되는 태도이다. 무엇이든 할 수 있다. 무엇이든 만들 수 있다. 그리고 세상을 지배할 수 있다. 세상을 지배하고 자연을 지배하고, 모든 것 위에 군림하려는 태도가 유위有爲적 삶의 태도이다. 도교의 무위는 필연적으로 자연 친화적인 삶을 선호한다. "도법자연道法自然"(『노자』, 25장)은 생태 친화적 삶의 태도를 단적으로 표현한 명구이다. (이 구절을 어떻게 옮겨야 할 것인지에 대해서는 의견이 분분하다. 나는 그 말이 도와 자연의 근원성, 일체성을 표현한 것이라고 본다.)

　도는 모든 존재하는 것들의 궁극적 근원이다. 도는 모든 것의 시작이며, 모든 것의 귀결이다. 마치 자연이 도에서 기원하듯이, 그리고 도가 자연을 낳고 자연은 도의 품으로 회귀하듯이. 도는 스스로 존재하며 온갖 만물을 존재하게 하는 힘이기 때문에 인간은 도를 본받아야 한다. 도와 하나가 되어야 하는 것이다. 무위의 도교적 수양은 결국 **'도와 하나됨[與道合一]'**을 추구한다. 그리고 자연의 품안에서 자연과 하나가 되는 것을 지향한다. 자연과 하나되기 위해서 자연과 다투지 않는다. 따라서 도교는 근원적으로 평화 지향적일 수밖에 없다.

　최근 우리 시는 자연과 하나되기를 꿈꾸는 시인의 감수성을 풍성하게 보여주고 있다. 그중에서도 김용택 시인과 곽재구 시인의 서정성은 돋보인다. 그들이 그리는 풍경은 가슴이 아리도록 순수하고 목가적이며, 진한 환상성을 담고 있기까지 하다. 또 다른 젊은 시인 장옥관의「낙동 가는 길」(『바퀴소리를 듣는다』, 민음사, 1995) 역시 자연의 아름다운 풍경을 간직한 시인의 고즈넉한 향기가 느껴지는 좋은 시이다. "눈 내려 적막한 마을의 근심. 길은 끊기고 문 아래 한숨은 다시 한뒷박 눈발 치솟게 하는데, 낙동은 이미 너무 흔한 곳. 낙동을 가려면 누구나 길 끊긴 눈밭을 지나 백양나무 환한 둥치를 거쳐야 한다." 시인이 노래하는 낙동은 이미 저 '먼지 자욱한 세상〔風塵世上〕'이 아니다. 그곳은 세상의 길이 끊긴 곳 백양나무 환한 둥치를 거쳐 도달할 수 있다. 낙동은 언제나 그곳에 있지만 벌써 그곳에 있지 않다. 그곳에 가기 위해서는 일상을 정지하고, 새로운 차원으로 들어가기 위한 이니시에이션initiation(입문식)을 거쳐야 한다. 시인의 필치를 통해 낙동은 '성스러운 공간'으로 선뜻 변모하고 있는 것이다.

"금강 근처에 살 때에는 강이 낯설어서/ 강가에 서기가 두려웠다"로 시작하는 안홍렬의 「금강」(『아름다운 객지』, 대교출판사, 1990) 역시 자연과의 존재론적 화해를 노래한 독특하고 아름다운 시이다. 강의 깊이와 만나고 싶어하는 시인은 여러 차례 그 만남을 시도하다가 포기하고 강에서 멀리 떨어진 곳으로 이사를 가고 만다. 자연과 깊숙한 교감을 시도하던 시적 자아가 세상의 삶 속으로 매몰되어버리고 만 것이다. 세월이 흐르고, 결혼을 하여 아이를 하나 얻고, 세상 속에서의 성숙함을 축적한 시인에게 강은 여전히 낯설고 두려운 존재로 '거기'에 있다. 마침내 시인은 용기를 내어 자연과 하나됨을 다시 시도한다. 강의 깊이와 화해하는 것을 더 늦출 수 없다는 것을 깨달은 것이다. "이제 강을 찾아가도 될 때라면/ 한 번 용기를 내야 하겠다/ 두려움은 피할수록 커지는 것/ 어서 강과 만나 늦은 이유를 말해야 하겠다" 자연과 하나됨을 꿈꾸는 시인의 감수성이 독특하게 번뜩이는 멋진 시다.
　마지막으로 이성선 시인의 「나무」와 서정춘 시인의 「죽편 1」에 주목해보자. 이성선 시인의 「나무」는 자연과 인간과 도가 하나된 우주적 일체감, 대우주와 소우주의 조화로운 일치를 속도감 있고 간결하게 표현한 시다.

　　　나무는 몰랐다.
　　　자신이 나무인 줄을
　　　더욱 자기가
　　　하늘의 우주의
　　　아름다운 악기라는 것을
　　　그러나 늦은 가을날
　　　잎이 다 떨어지고
　　　알몸으로 남은 어느날
　　　그는 보았다.
　　　고인 빗물에 비치는
　　　제 모습을.
　　　떨고 있는 사람 하나
　　　가지가 모두 현이 되어
　　　온종일 그렇게 조용히
　　　하늘 아래
　　　울고 있는 자신을.
　　　　　─「나무」(『새벽 꽃향기』, 문학사상사, 1989)

한편 (한국 시인들의 도교적 감수성이 반드시 의식적인 고려의 결과는 아니겠지만) 현실을 초극하는 유토피아를 꿈꾸는 서정춘 시인의 감수성은 더 한층 도교적이다.

여기서부터, ― 멀다
칸칸마다 밤이 깊은
푸른 기차를 타고
대꽃이 피는 마을까지
백년이 걸린다.
―「죽편 1 ―여행」(『죽편』, 동학사, 1996)

시인이 가고자 하는 그곳은 여기서 멀다. 백 년에 한 번 피는 대꽃이 만개한 남국의 나라는, 깊은 밤을 가로지르는 희망의 열차를 타야 도달할 수 있는 곳이다. 이 시인은 시를 만지작거리지 않는다. 절제에 절제를 거듭하여 텅 빈 무위와 무욕의 경지에 이른 것이다.

 ## 넷 말할 수 없는 것을 말하기
― 장자의 언어와 문체

도가 사상과 언어 문제

    사상의 표현은 그 사상을 담는 언어라는 그릇을 닮는다. 특히 장자와 같이 언어의 조탁에 몰두했던 철인의 사상을 이해하고자 하는 경우, 그 사상을 담는 그릇의 형태는 곧 그 그릇에 담긴 내용물과 뗄 수 없는 관계를 맺고 있다는 사실을 쉽게 짐작할 수 있다. 문학비평에서 말하는 바대로, 형식과 내용은 분리하여 생각할 수 없다는 상식을 상기해보아야 한다. 대체로 중국 사상의 연구는 사상을 담는 그릇인 언어의 형태에 크게 주의를 기울이지 않는 듯하다. 흔히 '소학小學'이라 불리는 문헌학이나 훈고訓詁의 학문이 관심을 기울이는 '언어'라는 것도, 알고 보면 사상을 담는 전체로서의 언어적 그릇이 아니라 개별적 언어의 단편, 즉 문자 혹은 단어의 의미 해독에 관심을 기울이고 있다. 중국 사상의 연구자들이 사상을 담는 언어의 총체적인 형태에 덜 주목하는 이유는 중국 사상 자체의 오랜 전통에서 기인하는 측면이 없지 않다.

 가장 중국적인 사유의 한 표현으로서의 선禪 불교를 생각해보면 쉽게 이해할 수 있는 부분이 그것이다. 선 불교가 언어 그 자체를 중시하지 않는다고 말하는 것은 잘못된 판단이겠지만, 불교의 궁극적 깨달음의 경지는 구질구질한 언어의 수식에 의해 붙잡을 수 있는 것이 아니라는 생각은 선 불교적 사유의 핵심이라 해도 과언은 아닐 것이다. '돈오頓悟'니 '불립문자不立文字'니 하는 선 불교의 핵심 개념들은 그러한 관점을 단적으로 보여준다. 인간은 언어를 사용하며, 자기가 사용하는 언어의 의미를 반성적으로 사유할 수 있기 때문에 다른 생물과 구별된다. 서양의 현대 철학이 유파를 불문하고 언어에 관심을 기울이는 것과는 대조되는 경향을 우리는 중국의 사상에서 발견한다. 언어는 하이데거가 생각한 것처럼 사유의 근거이며 사유하는 존재의 안식처이다. 물론 고대 중국의 철인들이 그러한 사실에 둔감하였다고 볼 수는 없다.

 중국적 사유의 선언문이라고 평가할 수 있는 『도덕경』은 "말로 표현될 수 있는 진리는 영원불변의 진리가 될 수 없다〔道可道非常道〕"고 단정한다. 이 선언은 중국 사상의 출발점이자 귀결점이라고 생각된다. 중국 사상가는 우선 '말'을 불신한다. 다시 말하면 인간 세상은 저마다의 진리를 외치며 저마다의 진리에 몰두하여 그것을 신봉하고, 다른 진리를 주장하는 다른 무리와 반목하기 때문에 단 한순간이라도 평화로울 수가 없다. 중국 정신의 황금시대였던 춘추전국시대는 언어 만능의 시대였고, 『도덕경』의 철인은 더 날카로운 눈으로 '말'의 부정적 측면을 적시하고 있는 것이다. 이와 같이 중국 철학은 언어에 근거하면서 언어를 부정하는 자기 해체에서 출발한다.

　모든 가치 있는 철학 내지 사상은 '해체적'이다. 그 시대를 사로잡고 있는 편견, 그 시대의 인간들에게 주술적 마력을 행사하는 왜곡된 언어의 마법은 대개 그 시대를 지배하며, 힘없는 백성의 희미하지만 곧은 생각과 소리를 질식시키는 폭력으로 군림한다. 참된 철학은 눈에 보이지 않는 힘 있는 자가 휘두르는 언어와 사상의 폭력에 저항하며 그들이 구축한 세계 중심을 해체하고자 한다. 중국의 철인들에게 있어서 현상적 위선과 언어적 폭력 너머에 자리 잡은 불변의 진실성은 '도'라고 불린다. 그러나 '도'는 그 본질에 있어서는 영원히 가려져 있는 것이다.

　은폐성을 그 본질로 삼는 '도'를, 인간적 작위에 의해 드러내고자 하는 모든 기도는 실패할 수밖에 없다. 인간의 작위와 이성 그리고 이성의 도구인 언어는 아릿하고 불투명한 '도'(진리)를 꿰뚫어 볼 수 없다. 만일 그것이 가능하다면 그것은 '도'를 이해했다고 믿는 인간의 착각이다. 아니면 그들이 발견한 것은 거짓 '도'이다. '도'는 본질적으로 가려진 것, 아득한 어둠에 쌓인 것이기 때문에 『도덕경』은 그것을 '어둠 중에서도 어두운 것〔玄之又玄〕'이라고 부를 수밖에 없었다. 이것이 '도'다, 저것이 진리다, 이것도 아니고 저것도 아니라 바로 이것이 진리다, 라고 목소리를 높이는 지혜의 전달자들이 저마다의 총명을 자랑해도, 그들은 결국 말로 언어로 말해질 수 없는 '도'를 말해버린 우를 범한 꼴이 된다. 이러한 언어의 불신이 도가 사상의 뿌리에 자리 잡고 있다.

　인간의 지혜와 이성, 언어에 대한 불신은 장자의 사상에서도 근본적 태도를 이룬다. 지혜나 지식은 존재의 근원인 '도'의 비밀을 밝혀 낼 수 없을 뿐만 아니라, 오히려 생명의 근원인 '도'를 훼손시키는 데 기여할 따름이다. 「양생주養生主」의 첫머리에서 장자는 '도'를 근거로 하는 생명의 가치와 그 생명을 파괴하는 인간적 작위 및 지식의 유해함에 대해 중대한 선언을 한다. "인간의 생명은 유한하다. 그러나 인간적 작위에 근거한 지식은 무한히 확장될 수 있다. 유한한 것으로 무한한 것을 쫓아가는 작위적 노력은 인생의 피곤함을 초래한다."[1] 이 선언은 의심의 여지없이 장자 사상의 요점이며, 『도덕경』 제1장과 표리를 이루는 중국 철학적 지혜의 이정표이다.

자기가 갖지 못한 것을 가지려는 데에서 인간의 불행은 시작된다. 도가는 인간의 생명을 피곤하게 만드는 모든 작위적 행위를 '욕망'이라고 규정한다. 도가가 말하는 '욕망'이란 자연적으로 주어진 것을 뛰어넘으려는 인위적 노력 전체를 가리킨다. 도가의 표현에 의하면 '자연'과 '무위'에 대비되는 '유위'가 곧 욕망의 표출이다. 장자는 '피곤함〔殆〕'이라는 표현을 사용하고 있는데, 그 표현은 다의적이다. '태'는 '피곤함'이라고 해석될 수 있을 뿐 아니라, '위태롭다' 또는 '위험하다'라고도 해석할 수 있다. 그렇다면 인위적 추구로 인해 생명의 손상(피로)에 그치지 않고 생명의 근원인 자연과 '도' 자체의 파괴를 초래할 수 있다는, 보다 우주적인 차원의 관심sorge, souci이 표명되고 있다. '도'에 입각한 장자의 생명주의는 사적이고 개별적인 생명에 대한 배려에 그치지 않는다. 사적이며 개별적 생명은 우연

---

[1] "吾生也有涯 而知也無涯 以有涯隨無涯 殆已."(『장자』「양생주」)

적 투기의 결과가 아니라 우주적인 질서의 일부분이며, 자연적 진실의 구체화이기 때문에 개인의 생명과 우주적 생명('도')을 따로 생각하는 비유기적非有機的 생명관은 근본적으로 비장자적非莊子的이다. 이러한 장자의 생명관은 그 출발점에서부터 이성적 논리를 거부한다. 그 사상은 비논리적이거나 비이성적이 아니라, 근본적으로 인간의 이성적 사고의 좁은 한계에 사로잡히기를 거부한다. 따라서 그것은 '탈脫이성적'이다.

낙관적인 이성주의자들은 장자의 주장에 동의하지 못한다. 그들에게 있어 지식은 무에서 유를 만들어낼 수 있는 인간의 창조적 근원으로, 인간은 작위적 지식과 이성의 힘에 의존하여 자연을 개발하고 재화를 생산하였으며, 이를 통해 야만에서 해방되고 물질적 결핍을 해소함으로써 오히려 행복의 양을 증대시킬 수 있게 된 것이 아닌가? 아마 태고부터 계속되어왔을 이러한 입장 차이를 해소시킬 수 있는 묘안은 아직 없는 듯하다.

도가적 탈이성주의, 나아가 초超언어주의는 이성 내지 언어가 무력하기 때문에 그것들을 부정하는 것은 아니다. 『도덕경』 및 장자의 '초언어주의'는 오히려 언어의 무시무시한 힘에 대한 공포에 의해 촉발된 것이라고 이해된다. 언어로 대표되는 인간의 이성은 문명과 지식의 생산이라는 측면에서 볼 때 창조적이지만, 문명과 문화가 항상 예외 없이 야누스적 양면성을 함축하고 있다는 의미에서, 그것은 파괴적이다.

유사 이래 존재해온 문명의 철학들은 문명의 득실에 대한 형량을 근거로 문명에 대해 긍정 또는 부정의 태도를 취한다. 문명에 대한 도가의 태도는 부정적이다. 그러나 언어 자체는 단순한 부정에 의해 버려질 수 없는 미묘하고 다루기 힘든 어떤 것임에 틀림없다. 언어를 부정하는 선 불교는 역설적으로 언어에 대단히 민감하다. 언어는 적극적으로 진리를 드러낼 수 있는 힘을 가지고 있지 않다. 그러면서도 이 언어라는 말썽꾸러기는 진리를 부정하고 파괴시키는 얄미운 능력까지 가지고 있다. 더욱 우리를 곤혹스럽게 만드는 것은 인간이 언어 없이 더 이상 아무것도 할 수 없다는 사실이다. 이제 언어는 더 이상 인간의 사유의 도구에 머무르지 않는다. 인간은 언어의 노예로 전락하고 있는 것이다. 노자나 장자가 언어를 부정하는 것은 언어의 바로 이러한 파괴적인 능력, 언어의 폭력성 때문이다.

언어와 진리의 관계에 대해 장자는 '물고기를 잡으면 통발을 잊어라〔得魚忘筌〕'라는 논리를 제시하였고, 그러한 입장은 중국의 전 역사를 걸쳐 초언어주의의 사상적 근거로 자리를 잡고 있다. 하지만 그것은 언어의 역량을 과소평가한 소치라고밖에 생각되지 않는다. 언어가 진리 또는 사상을 일회적으로 표현하고 그 내용이 전달된 후에는 조용히 사라질 것이며, 또한 그렇게 되어야 한다는 사고의 단순함이 거기에 깃들어 있는 것은 아닌가.

우리 속담에 굴러온 돌이 박힌 돌을 뽑는다는 말이 있다. 언어는 단순히 물고기를 잡는 통발과는 다르다. 물고기 잡는 자와 물고기 잡는 통발은 상호 필연적인 관련을 맺지 않는다. 그 둘의 관계는 우연적 관계일 뿐이다. 물고기를 잡기 위해 반드시 통발을 사용하지 않아도 좋다. 그러나 통발이 물고기를 잡는 사람의 유일한 생업의 도구라면, 망태기와 어부의 관련은 우연 이상의 것이 된다. 역시「양생주」

에 등장하는 '소 가르기[解牛]'의 이야기에서 보는 것처럼 신기의 경지에 도달한 포정과 그가 사용하는 칼은 서로가 거의 필연적으로 연관을 맺고 있음을 알 수 있다. 이처럼 도구가 언제나 단순한 도구에 머물지 않는 경우가 있을 수 있음을 알아야 한다.

여기에서 우리는 도구로서의 언어가 단순한 도구의 차원에 머무르지 않는다는 사실에 대해 말하고자 한다. 언어와 인간, 언어와 사상은 단순한 도구적 결합 이상의 필연적이며 존재론적인 관련을 맺고 있다. 도가적 언어관은 언어를 물고기(사상)를 잡는 단순한 통발(도구적) 기능으로 축소시키려고 한다. 그렇게 해서 언어의 힘을 축소시키고자 한다. 그렇지만 인간과 언어, 사상의 삼각관계는 그렇게 매끄럽게 처리되지 않는다는 데에 도가적 언어관의 한계가 있다.

이 장은 장자의 문체를 통해 장자 사상의 핵심을 이해해보려는 초보적인 시도를 담고 있다. 문체란 글자 그대로 '글의 꼴'이다. 글의 꼴은 그 글이 나타내고자 하는 뜻과 유기적으로 연결되어 있다. 중국 사상의 역사에서 장자의 글쓰기는 자못 특수한 위치를 차지하고 있다. 장자의 글은 여러 가지 의미에서 독특하며 독창적이다. 장자 이전에 장자적 글쓰기 모델을 선구적으로 제시한 사상가는 없다. 장자 이후에 작가들은 앞을 다투어 그의 글쓰기를 모방했지만, 장자처럼 자유분방함과 심오함을 동시에 충족시키는 글을 쓴 저자를 찾기는 쉽지 않다.

장자의 글은 무엇보다도 '황당함'이라는 말로 표현될 수밖에 없는 내용과 꼴을 갖고 있다. 『장자』 안에는 자기 글의 그 '황당함'을 스스로 해명하고자 하는 목적에서 쓰여진 글이 실려 있을 정도이니, 그 글쓰기 전략의 당돌함은 가히 짐작할 수 있다.『장자』각 편의 저자를 해명하기 위한 시도들은 다각도로 이루어져왔기 때문에 그러한 문헌학적 탐구의 성과를 약간 이용한다면 이제는『장자』의 저자 문제에 관한 학계의 입장을 이해하는 것은 그리 어려운 일이 아니다. 짱헝쭈張恒洙, 류샤오깐劉小敢, 추이따화崔大華의 연구는 가장 최근의 장자 연구의 수준을 보여주는 중요한 성과임에 틀림없다. 그레이엄A. C. Graham의 연구도 서양 문헌학의 대표적 성과에 속한다. 그러한 성과들을 염두에 두면서도, 우리는 그들의 연구 방법이 장자서의 내면적 의미 구조를 남김없이 드러내주었다고는 생각할 수 없다.

단적으로 말하자면,『장자』각 편의 성립 또는 쓰기 자체는 한 시점에 완성된 결과가 아니다. 현재 우리에게 전해지고 있는 곽상본郭象本의『장자』는 수백 년에 걸친 가필과 수정 그리고 편집의 과정을 거쳐 비로소 현재의 형태를 갖추게 되었다는 사실에 대한 평범한 인식만으로도『장자』각 편의 '참된' 저자 찾기의 어려움을 충분히 예상할 수 있다. 엄격히 말하자면 장자의 모든 편은, 외편外篇이나 잡편雜篇만이 그런 것이 아니라 그 자체로 '잡다雜多'하고 황당하다. (머리말에서 말했지만 잡다함은 도교·도가의 기본적 성격이다.)

다시 말해『장자』전편全篇은 순수한 의미에서의 장자의 글이 아니다. 가장 장자적인 냄새를 풍기는 내편內篇의 '순수'는 과연 무엇을 기준으로 한 순수인가? 시기적으로 가장 빠른 것이 가장 순수한 것이라는 문헌학적 판정 기준은 그 자체로 하나의 편견에 사로잡힌 편협주의일 수 있다. 특히 문화적 복고를 이상으로 삼아왔던 뿌리 깊은 중국적 사고방식은 그러한 문헌학적 판정을 의심 없이 받아들이게 만든 학문적 편견의 토양이기도 하다. 소위 장자의 '순수한' 내편이 결코 순수하지 않다는 사실은, 거기에서 이야기되고 있는 많은 '우언寓言'들이 『장자』가 쓰여지거나 혹은 편집되기 이전에 이미 존재하던 것일 수 있다는 가능성에 의해 굳어진다. 그리고 덜 '순수'하기 때문에 '잡다'한 것이라고 여겨지는 다른 편의 글들에서도 우리는 대단히 다듬어진 '장자적' 사유의 완성을 발견할 수 있다는 의미에서 장자 사상에 있어 '잡다'와 '순수'의 혼란을 경험하게 된다.

바로 이러한 혼란 때문에 우리는 문헌학적 탐구를 비껴나가면서 성립할 수 있는, 또 다른 장자의 가능성에 대한 희망을 버릴 수 없다. 그렇지만 우리는 그 장자가 아주 '새로운' 장자라고 주장하려고 하지는 않는다. 이미 존재하는 수십 수백 권을 초과하는 '장자 읽기'의 전사前史는 우리에게 그다지 많은 가능성을 남겨주지 않았음을 애석하지만 인정해야 한다. '장자 읽기'를 '다시 읽는' 일 자체도 일생에 다 해낼 수 없는 과제가 되고 있는 마당에, '완전히' 새로운 장자 읽기에 성공했다고 뽐내는 것 자체가 바로 장자를 배신하는 읽기의 태도일 수 있다.

하지만 이러한 한계가 바로 우리가 장자를 우리대로 다시 읽어야 하는 이유를 제공한다. 읽기는 언제고 완성될 수 없는 열린 가능성이다. 읽기가 완성되는 순간 그것은 더 이상 읽어야 할 필요가 없는 죽은 것이 되는 것이 아닐까? 열려 있는 읽기는 읽기가 시도되는 그 순간부터 새로워지기를 요청한다. 장자와 나는 다르기 때문에 장자는 읽어야 하는 글이 된다. 곽상과 우리가 다르기 때문에 우리는 그것을 읽을 수 있다. 읽기는 결국 타자를 통해 자기를 읽는 행위이다.

우리가 읽어야 하는 텍스트는 우리를 읽는 거울이다. 장자를 읽는 행위는 장자 읽기를 통해 자기를 찾고자 하는 욕망이며, 그런 의미에서 읽기는 자기 고백적일 수밖에 없다. 인간은 자기 충족적인 존재가 아니기 때문에 타자를 통해 자기를 발견한다. 타자의 존재에 대한 인식이 자기의 반성을 촉구하기도 하지만, 자기의 모습에 대한 분명한 이해의 욕구가 역으로 타자의 발견으로 결실될 수도 있다. 때로는 자기가 가장 신뢰하는 자기조차 타자로 다가온다. 자기는 자기를 대상화시키면서 스스로에게 타자가 된다. 읽기는 타자를 통해 자기를 타자화시키는 경험을 제공한다. 따라서 읽는다는 행위는 자기와 타자가 공존하는 갈등과 화해의 장을 스스로 만들어내는 모험이 될 수밖에 없다.

길[道]과 없음[無]: 말할 수 없는 것을 말하기

도가는 말로 표현할 수 없는 영원불변의 진리가 있다는 사실을 누구보다도 강하게 주장하고 믿는 사람들이다. 그러나 그렇다면 당신들이 그렇게 확고하게 믿고 있는 '도'란 무엇인가? 그것이 무엇이기에, '도'야말로 인간 삶의 준칙이며 근원이라고 당신들은 주장하는가? 인간의 문화와 사회를 떠나 있으면서, 오히려 인간의 존재는 물론이고 자연과 우주마저도 지배하는 그 '규율'은 도대체 무엇인가? 세속적 삶의 의미와 우주적 신성성을 가능케 하는 그 근원의 본질은 무엇인가? 도가적 사유의 선언서 『도덕경』은 그러한 질문에 대해 한마디로 이렇게 대답한다. "도는 말할 수 없는 것이다." 도가의 '도'는 근본적인 규정 불가능성을 그 본질로 가지고 있다.

중국에서 철학은 '도'란 무엇인가를 설명하고 설득시키고자 하는 논변가들에 의해 시작되었다. 소위 춘추전국시대라고 불리는 시대는 '도'를 말해보고자 하는 사유의 경쟁이 절정에 달한 때였다. 『도덕경』의 저자, 더 정확하게 말하자면 '편자'는 바로 그러한 풍조에 대해 반감을 가진 철두철미한 비판 정신의 소유자였다고 생각된다. 그렇게도 많은 사람이 말해보려고 발버둥치는 그 '도'라는 것은 결코 말해질 수 없는 것이다. 저마다 자기의 지식과 달변에 의존하여 '도'를 이러쿵저러쿵 설명해보려고 하지만, 그러한 노력 자체가 허위에 가득 찬 사기극이 아닌가? 노자는 제자백가야말로 진리의 이름으로 진리를 해치는 진리의 파괴자라고 단죄한다. '인간은 이래야 하고 또 저러해서는 안 된다'는 진리의 주장이 인간의 참된 본성인 마음의 '도'를 파괴하는 원흉이다. 노자는 이렇게 선언한다. "인의仁義의 주장이 존재하고서 인간의 참된 도리는 오히려 파괴된다.", "말로 표현할 수 있는 진리는 영원불변의 참된 진리가 될 수 없다." 이 단언은 중국에서 '도가적'이라고 불리는 사유를 다른 유형의 사유와 구별 짓는 핵심 중의 핵심이다.

장자, 아니 『장자』의 저자라고 알려진 인물은 노자의 부정 정신과 비판 정신을 이어받고 있다. 노자와 장자의 차이점이 자주 언급되고는 있지만, 중국 사상의 역사에서 장자만큼 노자의 참뜻을 잘 이해하고 노자 이상으로 잘 표현한 사상가는 존재하지 않는다는 사실을 부정할 수 있는 사람은 없을 것이다. 장자는 노자의 참 정신을 계승하면서 진리, 즉 '도'에 관해서 이렇게 말한다.

청우출관도靑牛出關圖
소를 탄 노자
(타이베이 고궁박물관 소장)

소위 '도'라는 것은 실상과 표징은 있지만, 그것이 무엇이다라고 말할 수 있는 유위의 형상은 존재하지 않는다. 그 '도'는 형상이 없는 것이기 때문에 마음으로 전할 수는 있지만 손으로 전해 받을 수 있는 것은 아니다. 또 그것을 마음으로 체득할 수는 있지만 감각이나 지식으로써 포착할 수 있는 것은 아니다. '도'는 다른 것에 의존하지 않고 스스로에 근거와 뿌리를 두고 있다. '도'는 하늘과 땅이 존재하기 이전, 천지개벽 이전부터 엄연히 존재해온 것이다. 귀신이나 하느님의 신령스런 성질도 이 '도'에 의해 부여된 것이고, 하늘과 땅의 존재도 이 '도'에 의해 만들어진 것이다.(『장자』「대종사大宗師」)

「대종사」에 제시된 '도'론은 『노자』 제1장[2])에 대한 가장 적절한 해설이라고 읽을 수 있다. 『노자』에 의해 천명되고 장자에 의해 해설된, 그리고 도교의 역사 속에서 수용된 도가(교)의 '도'는 천지만물의 근본이고 우주의 근원이며, 세상에 존재하는 모든 것이 생기기 이전부터 존재해온 어떤 것으로서 귀신이나 하느님의 신비를 가능케 하는 근원 중의 근원이며, 일체의 시간과 공간의 제약을 초월하는 '절대'이다. 이러한 예를 통해 볼 때, '도'에 관한 한 장자의 이해가 노자의 연장선에 있음은 자명하다.

문제는 '도'에 관한 수많은 말에도 불구하고 우리는 '도'가 무엇인지 말할 수 없는 언어의 난관에 부딪칠 수밖에 없다는 데 있다. '도'는 개념의 규정과 이성적 인식을 넘어서 있는 것이다. 시간과 공간이라는 인식의 기본 조건을 넘어서 있는 '도'는 인식의 범주 바깥에 있는 것이다. '도'는 인식, 지식의 대상이 아니다. 장자와 노자는 '도'를 이성적으로 알 수 있는 것이라고 생각하지 않는다. 그렇지만 '도'가 존재하지 않는 것은 아니다.

장자의 논지는 '도'를 인식적으로 개념적으로 이론적으로, 따라서

---

2) "道可道非常道, 名可名非常名. 無名 天地之始, 有名 萬物之母. 故常無欲以觀其妙, 常有欲以觀其. 此兩者 同出而異名. 同謂之玄, 玄之又玄, 衆妙之門." (『노자』 제1장)

광성자가 황제와 도를 논하다
'도'는 인식의 범주 바깥에 있는 것이다. 또한 절대적으로 '존재'하는 것이면서도 '없음'일 수밖에 없는 역설을 본질로 삼는다. (텐진 시립미술관 소장)

인위적으로 '알'고자 하는 모든 기도企圖의 무의미성과 불가능성을 지적하고, 그럼에도 불구하고 모든 인식의 절대적 근거로서 존재할 수밖에 없는 초월적 진리의 영원성을 확인하는 데 있다. '도'는 앎의 대상이 아니다. 그것은 알 수 없고, 볼 수 없고, 만질 수 없다. 그러나 그것은 생명의 깊은 차원과 맞닿아 있는 마음으로 전할 수는 있고 더 근원적인 지혜에 의해 체득할 수 있다. 그냥 마음이 아니고 그냥 지혜가 아니라 근원 내지 우주적 생명과 맞닿아 있는 그것이어야 한다. 존재의 깊은 차원에서 '도'는 '있음〔有〕'이다. 그러나 '도'는 일상적인 '있음〔有〕'의 범주로는 파악할 수 없다는 의미에서 '있음'의 범주로 묶을 수 없다. 따라서 장자는 노자와 마찬가지로 '도'의 비일상적 '있음'을 일상어의 자리를 벗어난 '없음〔無〕'이라고 명명할 수밖에 없었던 것이다.

'도'는 절대적으로 '존재'하는 것이면서도, '없음〔무〕'일 수밖에 없는 역설을 본질로 삼는다. '도'란 무엇인가? '도'는 있음과 없음의 역설을 한 몸에 담고 있는 '신비〔玄〕'이다. '도'는 있음과 없음의 역설이 하나가 되어 있는 '합일의 신비mysterium coniunctionis'라고, 나는 융C. G. Jung의 개념을 동원하여 그것을 이해한다. 고전적 '도'의 이해자이며, 위대한 종교가였던 갈홍은 『포박자抱朴子』의 「창현暢玄」에서, 말할 수 없는 '도'를 말하는 대신 '신비〔현〕'에 대해 말하고 있다. 말할 수 있는 '신비'는 더 이상 신비가 아니다. 일상적 '있음'의 관점에서 볼 때 '도'는 존재하지 않는다. 그러나 일상적 '없음'의 관점에서 볼 때 '도'는 존재한다. '도'를 '무'라고 보는 노자와 장자의 관점은 이런 복잡한 사유의 결과 도달한 자리이다. '사물〔物〕'은 존재하는 것이다. '사물'의 근원으로서 '도' 역시 존재한다. '도'의 존재 방식은 '사물'의 있음의 존재 방식이 아니라 '없음', 즉 '무'의 존재 방식이다. 그리고 그 '없음'은 도의 존재 방식이다. '도'의 있음은 '무'로서의 '있음'이기 때문에 바로 '사물'의 '있음'과 근본적으로 구별된다. '도'의 '없음'이라는 본질을 가장 극명하게, 그러나 대단히 복잡한 논리로 말하고 있는 「제물론齊物論」의 한 문장을 살펴보자.

처음〔始〕이라는 것이 존재한다. 처음이라는 것이 아직 시작되지도 않은 것이 존재한다. 그 처음이라는 것이 아직 시작되지도 않은 것이 아직 시작되지 않은 것이 존재한다. 있음〔有〕이라는 것이 있다. 없음〔無〕이라는 것도 있다. 없음이 있다는 것조차 아직 시작되지 않은 것이 있다. 없음이 있다는 것조차 아직 시작되지 않은 것이 아직 시작되지 않은 것이 있다. 거기에 문득 있음과 없음이 생겨난다. 그러나 그 있음과 없음 중에 어느 것이 정말 있음이고 어느 것이 정말 없음인지 알 수가 없다. 지금 내가 이미 있다고 말했지만, 내가 있다고 말한 것이 과연 참으로 있음인지 아니면 없음인지 나는 알 수가 없다.[3]

'있음'의 궁극적인 근원은 '없음'이다. '없음'을 궁극적인 지점에까지 거슬러 올라갈 때 '없음'이라는 판단조차 성립하지 않는 인식의 '절대적' 공백 지대에 도달한다. 그 인식의 절대적 공백 지대는 존재의 궁극적인 근원ultimate origin으로서의 '무', 즉 '도'의 자리이다. 「제물론」의 관심, 나아가 『장자』 전체의 관심은 '있음'과 '없음'의 차별을 없애는 '제물'의 관점이라고 지적되고, 그러한 장자의 관점은 흔히 인식적 '상대주의'라고 지적되고 있지만, 장자에게 있어서 '있음〔有〕'과 '없음〔無〕'은 대등한 '상대'로서의 균형을 상실하고 있다는 엄정한 사실을 놓쳐서는 안 된다. 상대적 '있음'과 '없음'은 한층 더 깊은 부정의 논리에 의해 극복되고, 궁극적 절대로서의 '없음〔無〕'이 더 본질적이다. 궁극적 '무'는 상대적 인식으로서의 '있음'과 '없음'의 분별을 무의미하게 만든다. 그 절대적 '무'는 말할 수 없는 것인 '도'를 말하는 유일한 '언설'이 된다. 따라서 장자의 논리는

---

[3] "有始也者, 有未始有始也者, 有未始有夫未始有始也者. 有有也者, 有無也者, 有未始有無也者, 有未始有夫未始有無也者. 俄而有無矣, 而未知有無之果孰有孰無也. 今我則已有謂矣, 而未知吾所謂之其果有謂乎, 其果無謂乎."(『장자』 「제물론」)

'상대주의'가 아니라, '도' 내지는 '무'의 절대주의로서 인식의 차별주의를 뛰어넘는 것을 목표로 삼는 것이다. 노자와 장자의 '무'는 말할 수 없는 것을 말하는 뛰어난 방식이다.

'도'는 시간적으로도 공간적으로도 '없음', 즉 '무'일 따름이다. 즉 인간 인식의 기본 범주인 시간과 공간이라는 근본 형식에 포착되지 않는 것이므로 도는 결코 일상적 '있음'일 수 없고, 따라서 '없음'일 수밖에 없다. 물론 그 '없음'의 방식 역시 일상적 없음과는 차원을 달리한다는·것은 분명하다. 앞에서 인용한 「대종사」에서 '도'는 '유위의 형상이 존재하지 않는〔無爲無形〕' 것으로 말해진다. '도'는 공간의 형식을 빌리지 않고 존재한다. 그렇기 때문에 '보이지 않는다 〔不可見〕'라고도 말해진다. 또 「추수秋水」(『장자』 제17편)에서도, '도'는 처음과 끝이 없기 때문에 "생성과 죽음이라는 시간 속에 사로잡혀 있는 사물과는 근본적으로 다른 존재, 즉 시간의 형식을 빌리지 아니하는 존재라고 말해진다〔道無始終, 物有生死〕." 장자에 있어서 궁극적 실재ultimate reality로서의 '도'는, '형태가 없음〔無形〕', '소리가 없음〔無聲〕', '처음도 없고 끝도 없음〔無始無終〕', '이름도 없고 실질도 없음〔無名無實〕', '옴도 없고 감도 없음〔無來無往〕', '끝이 없음〔無際無崖〕', '행함도 없고 행하지 않음도 없음〔無爲而無不爲〕' 등등 '없음〔無〕'이라는 본질을 가지는 것으로 표현되고 있다. 이처럼 장자는 근원적으로 말로 붙잡을 수 없는 '도'를 말하기 위해, '무'를 끌어들인 것이다. 장자적 도의 언설은 결국 '무'로써 사물의 다양성을 초월하는 '무형'의 언설을 지향한다고 말할 수 있지 않을까? 문제는 바로 여기에 있다. 장자가 지향하는 것을 '무'라고 부르든 '도'라고 부르든 그것은 인간의 일상적 언설의 차원을 초월해 있다는 엄연한 사실에서 생기는 문제이다.

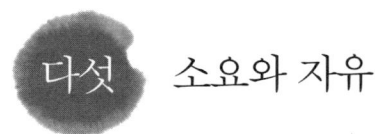# 다섯 소요와 자유
— 장자의 글쓰기와 사상

장자서의 문체적 유형론

『장자』33편 각 편은 문체와 사상의 표현 방식에 따라 몇 가지 양식으로 분류할 수 있다. 『장자』를 읽고 거기에 표현된 정신을 이해하고자 할 때, 각 편을 구성하는 문장의 문체 및 구성의 양식에 따라 그 사상을 몇 개의 덩어리로 분류하고 각 덩어리를 하나의 단위로 종합적으로 생각할 필요가 있다. 그런 이해의 방식을 취한다면, 장자서의 각 편을 하나하나 대상으로 삼아 그것의 진위 문제를 먼저 고려하고 각 편이 성립한 시대를 설정한 후 그 결론에 따라 장자의 사상을 연구하는 종래의 역사 문헌학적 장자 연구에서 탈피할 수 있다. 그리고 종래의 문헌 분석적 태도는 오히려 장자서 전체의 유기적 연관성 및 각 편이 지니고 있는 사상적 역사적 가치를 퇴색시킬 위험성이 있다.

나는 『장자』 서두 부분의 「소요유逍遙遊」와 결미를 장식하는 「천하天下」가 『장자』의 중심 주제를 담고 있다고 생각한다. 이 두 편

나비 꿈을 꾸고 있는 장자 (베이징 고궁박물관 소장)

을 연결해서 읽어보는 것이 이 장과 다음 장의 목적이다. 여기서 내가 이 두 편의 문장을 문제 삼는 이유는 단순히 우연적인 선택의 결과는 아니다. 그 두 편의 문장은 『장자』 전체의 처음과 끝이라는 형식상의 상징적인 의미도 있지만, 내용적으로도 그 두 편은 장자서 전체를 관통하는 사상적 핵심을 요약적으로 보여준다고 생각하기 때문이다. 현재 우리에게 전해지고 있는 『장자』의 저자 혹은 편집자가 누구인지 우리는 아직 알지 못한다. 그렇지만 편집의 방식을 고려할 때, 『장자』의 편집자는 상당히 조직적인 사고를 가진 인물이었음을 추측할 수 있다. 그는 적당히 조합된 문서의 집합으로서 『장자』를 정리한 것은 아니었다. 오히려 그는 『장자』를 체계를 갖춘 한 편의 완결된 문서로 만들고자 하는 의도를 가지고, 치밀한 편집 형식으로 그의 숨은 사상적 의도를 실현시키고 있다.

그가 선택한 '편집 전략redaction strategy'을 간단히 말해보면 다음과 같다. 우선 그는 장자 및 장자 계통에 속하는 '장자파' 문서 전부를 수집하고, 그 문서 전체의 사상 성향을 가장 적절하게 보여주는 총론으로서 「소요유」를 첫머리에 제시하였다. 그리고 문서 전체를 요약 정리하거나 개괄하는 「천하」를 마지막 부분에 배치하면서 『장자』 전체의 결론으로 삼고 있다. 그 결과 애초에는 그다지 긴밀한 정합성을 갖지 않았을 것이라고 여겨지는 산발적인 각 편의 문장이 모여 하나의 완결된 웅장한 정신을 표현하는 문서로 정립될 수 있었던 것이다.

여기서 중요한 것은 '『장자』의 저자는 누구인가?', '장자는 역사적인 실존 인물인가?' 또는 '『장자』의 편집자는 누구인가?' 하는 문제가 아니다. 하나의 완결된 구성과 내용을 가지는 사상적 종교적 문헌으로서 2천 수백 년의 풍상을 견뎌온 『장자』가 존재한다는 사실, 그 위대한 사상을 담은 문헌이 중국인의 꿈과 비애를 풀어놓는 신명의 문학으로 수용되었다는 사실, 나아가 동아시아의 정통 이데올로기에 대항하는 저항의 반골 정신을 대변하는 자유의 상징으로 우뚝 자리를 잡고 있었다는 사실, 그것이 우리에게 훨씬 더 중요하게 여겨진다.

주지하다시피 『장자』는 각각 다른 개성을 가진 저자들에 의해 쓰인 30여 편의 독립된 글이 혼재하는 독특한 형태의 문헌이다. 상식적인 견지에서 볼 때 『장자』의 가장 중요한 글, 장자 본인의 저술이라고 전통적으로 추정되어온 전반 7편의 글이 『장자』 연구의 기본 자료가 되어야 한다는 점에서는 의심의 여지가 없다. 그리고 그 7편은 철인 장자, 그가 누구인지 모르지만 그의 사상적 정수를 담은 핵심적인 문헌이라는 의미에서 내편inner chapters, esoteric writings이라는 이름이 붙어 있다. 후대에 『장자』의 사상적 혈맥을 전승한 갈홍이 『포박자』를 저술할 때에 『장자』의 체제를 본떠 내편과 외편을 나누고 있는 사실은 중국 사상의 역사에서 『장자』의 수용사적 의의를 단적으로 보여주는 사례라고 할 것이다. 나 역시 그 내편 7편의 중요성을 부정하지 않는다. 오히려 문체 내지 문장의 구성이라는 측면에서 내편의 중요성과 독립성을 확인할 수 있다고 생각한다.

한편 나는 내편이, 현재의 모습으로 미루어볼 때 그 자체로 완결된 구조를 가진 문헌이라고는 생각하지 않는다. 문체의 관점에서 현재 우리가 보는 『장자』는 그 편집자의 편집 의도에 따라 원래 현재의 내편과 한 덩어리를 이루던 몇 편의 글이 장자서의 다른 부분으로 흩어져 현재의 모습으로 정착되었다고 생각한다. 그러나 나의 이러한 주장은 가설적이고 상상적인 차원에 머물 수밖에 없다.[1]

---

1) 장자서의 문헌학적 문제에 대해서는 이미 중요한 몇몇 연구서가 존재한다. 비교적 최근의 것으로는 앞 장에서 말한 쨩헝쮜, 류샤오칸, 추이따화의 연구 성과를 꼽을 수 있다. 특히 류샤오칸은 장자의 문헌적 형성과 연대 고증에 관해 추이따화와 쨩헝쮜의 연구를 극복하는 대단히 훌륭한 성과를 남겼다. 그의 논고는 거의 움직일 수 없을 정도로 유력한 논증들을 담고 있지만, 여전히 누가, 언제라는 문제에 많은 주의를 기울이고 있다. 그렇지만 장자서 각 편의 성립 시기를 추측한다고 해서 그것이 곧바로 장자라는 인물의 실존성을 확보해주는 것은 아니며, 더구나 그 문장들이 편집 과정에서 가필되거나 애초부터 장자라는 특정한 개인적 인물의 사상과 관계없는 우화나 일화들을 어느 시점에 편집·정리했을 가능성도 전혀 배제하지 못한다. 류샤오칸의 방식이 양식비평적 방식의 활용이라면 내가 여기서 시도하는 것은 편집비평 내지 수용비평적 태도의 활용이라고 할 수 있을 것이다. 즉 언제 누가 썼느냐가 아니라 어떤 의도에서 그런 내용이 그런 방식으로 정리·편집되었고, 그렇게 편집된 하나의 문서가 그 자체로서 후세에 어떻게

문체적 관점에서 내편을 구성하는 문장들의 특징은 문장의 주제를 분명하게 부각시키는 요약적 결론을 문장의 첫머리 혹은 말미에 둠으로써 문장 전체의 사상을 정리하는 형식을 취하고 있다는 사실에서 찾을 수 있다. 따라서 요약적 결론은 서론의 형식을 취할 수도 있고 결론의 형식을 취할 수도 있지만, 어쨌든 그 문장의 주제가 첫머리 혹은 말미에서 독자들이 이해할 수 있는 방식으로 명확하게 제시되고 있는 것이다. 요약적 결론이 서론의 형식으로 제시되는 경우에는, 그 서론에 이어 각론의 형태로 예화 혹은 우화가 이어지며 별도로 결론이 없이 문장은 종결된다. 반대로 결론의 형태로 요약이 제시되는 경우에는 먼저 여러 단락의 우화나 예화가 제시되고 그것들을 정리하는 결론이 나오면서 전체 문장을 총괄하는 형식을 취한다.

장자서 전체에서 이런 문장 구성 형식을 가지는 글은 내편에 집중되고 있다. 그렇다고 해서 그런 유형의 문장이 내편에만 한정되어 있는 것은 아니지만, 내편을 구성하는 7편은 적어도 문체 및 문장 형식의 관점에서 동질성을 인정받을 수 있다. 따라서 전통적으로 내편을 동일인의 작품으로 인정해온 관점은 일단 지지받을 수 있다.[2]

그렇다면 내편의 바깥에 위치하면서도 내편의 문장들과 동일한 구성을 가진 작품들은 어떻게 이해해야 하는가? 외편에 위치하는 「추

이해되고 수용되었는가의 문제로부터 장자에 접근하는 가능성에 대해 말하고자 한다. 그런 관점에서는 원저자가 누구인지, 원저자의 의도가 무엇인지보다는, 편자는 누구이며 어떻게 읽혔는가가 더 일차적인 관심이다.

2) 그가 곧 장주 혹은 장자 본인인지는 알 수 없다. 장자라고 불리는 어떤 인물 내지 복수의 인물들일 수 있다.

수」,「지락至樂」,「달생達生」 3편은 문체 면에서 내편의 문장들과 동일한 형식을 가지고 있으며, 공교롭게도 연속적인 한 덩어리로 존재한다. 다시 말해 그 3편의 문장은 전체를 요약하는 결론 형식의 짧은 글이 서론으로 먼저 제시되고 그 뒤를 이어 각론을 이루는 이야기들이 제시되는 내편의 문체를 따르고 있으며, 사상적인 면에서도 상호 연관되면서 내편의 여러 문장들과 주제 면에서 밀접한 관계를 가지고 있는 것이다. 특히「추수」는 외편에 속하면서도 내편의 핵심 문장인「소요유」나「양생주」못지않게 장자 사상을 논할 때에 자주 언급되는, 중요성이 높은 문장이기도 하다는 사실은 가볍게 보아 넘길 수만은 없을 것이다.

위에서 본 내편의 7편 문장과 외편의 3편 문장은 그 진위 문제나 작자의 정체 문제를 떠나서 일단 장자서와 장자의 사상을 논할 때 출발점이자 귀결점으로서 장자서 안의 다른 작품을 이해하는 데에 모델로 여겨져왔다는 사실에 비추어 보더라도, 그 10편의 문장이 통일성을 지닌다고 판단된다. 그러나 현재 장자서의 편집 양식을 볼 때,「추수」이하 3편은 외편의 가운데 부분에 자리 잡고 있어서 편집 형식면에서는 내편과의 유기적 상관성을 전혀 보여주지 못하고 있다. 하지만 이 문제는, 현재의 장자서는 원래 52편으로 구성되었던 것이 부분적으로 산일散佚되고 남은 33편의 문장을 곽상郭象(252년경~312)이 재편집한 것이라는 사실을 염두에 둔다면, 궁여지책이지만 어느 정도 해결할 수 있다.

여기서 우리는 고서古書의 저작과 편집이라는 문제가 손쉽게 답할 수 있는 성질의 것이 아님을 짐작할 수 있다. 그것을 총체적으로 알기 위해서는 원저자의 발견이라는 난제는 물론이고, 누가 그것을 편집했는가, 판본의 유통 상황은 어떠했는가, 산일된 부분은 없는가, 산일된 부분을 누가 다시 수집 정리했는가, 정리하는 과정에서 가필이나 수정은 없었는가 등등 어쩌면 끝없이 제기될 수 있는 어려운 문제들이 기다리고 있다. 이처럼 고문서의 정황을 연구하는 문헌학적 작업은 필요한 것이고 중요한 학문의 영역이지만, 그 문제에 대한 답이 최종 결론에 이르기가 상당히 어렵다. 따라서 중간 과정으로서, 그 문서가 어떤 식으로 수용되었는지와 현재의 형식을 가지게 된 경위를 밝힌 다음, 그것이 현재의 문서 형식으로 자리 잡는 데 어떤 영향을 주었으며, 또 현재의 형식에서 도출되는 사상의 총체적 지향이 무엇인가에 대한 탐구가 병행적으로 진행되어야 할 필요가 있다.

「천하天下」편의 성격

33편의 독립된 문장들로 이루어진 '현재'의 『장자』는 52편이라고 전해지는 『장자』의 '원래' 모습을 그대로 반영하고 있다고 할 수 없다. 원래의 『장자』가 과연 52편으로 이루어져 있었는가는 별문제로 한다면, 현재 우리에게 전해지는 33편 『장자』의 모습은 곽상에 의해 정립된 순서와 체제를 그대로 답습하고 있다고 말할 수 있다. 그러나 우리는 이러한 곽상본의 배열이 『장자』의 원래 모습을 보여준다고 믿을 이유는 전혀 없다. 그렇다고 해서 지금 와서 『장자』 52편의 원래 모습을 복원하려는 노력을 기울이는 것 또한 그다지 의미가 없다.

주지하다시피 선진先秦 시대의 저작은 종이가 아니라 죽간竹簡에 기록되어 있었다. 하나의 죽간은 하나의 행을 이루며 몇 개 혹은 몇

죽간에 쓰인 초나라 시대의 『도덕경』
선진 시대의 저작은
종이가 아니라 죽간에 기록되어 있었다.
하나의 죽간이 하나의 행을
이루는 것을 볼 수 있다.
(후베이 형문 시립박물관 소장)

십 개의 죽간이 모여 하나의 편을 이루고, 그것이 다시 묶여 하나의 저작을 이루고 있었다. 따라서 동일한 저자의 저작이라 할지라도 한 편의 문장과 다른 한 편의 문장 사이에 어떤 연속적인 관계가 있었다고 볼 수 없고, 하나의 저작으로 묶인다 하더라도 저자가 직접 그 편집 작업을 진행하지 않는 이상 그 순서도 처음부터 확정되어 있었다고 말할 수 없다. 예를 들어 법가의 완성자로 알려진 한비韓非의 저작이 진秦 나라에 전해져 진왕秦王의 환영을 받은 것도 현재 우리가 대하는 『한비자韓非子』 전체가 아니라, 그 일부분에 불과한 「오두五蠹」와 「고분孤憤」 두 편뿐이었다는 역사적 사실은 당시 서책의 유포 상황이나 존재 형태를 알려주는 좋은 증거가 될 수 있다.

이처럼 당시의 서책은 한 편 한 편이 독립적으로 유포되고 있었고, 그 독립적인 문장을 후대의 누군가가 수집하여 정리한 결과 오늘날 우리가 접하는 고전적 저작으로 나타난 것이라고 한다면, 『장자』를 구성하는 여러 편의 문장들 역시 각각 독립적으로 유포되었을 것이라는 추측이 가능하다. 그리고 그렇게 독립적으로 유포되었던 문장들의 작자는 물론이고, 각각의 독립적인 서책의 각 편이 긴밀한 유기성을 가지고 있었을 것이라고 단정하는 것은 당시의 문화적 상황과 전혀 합치하지 않는 것이라고 말할 수 있다. 더구나 현재의 모습과 전혀 다른 모습을 가지고 있었을 가능성이 높은 『장자』가 하나의 서책으로 묶여진 시점을 정확히 상정할 수 없는 것은 물론이고, 『장자』의 존재 형태 자체가 오늘날과 같은 순서와 체제를 가지고 있었을 것이라고는 도저히 상상할 수 없다. 따라서 『장자』 읽기 또한 단편적·독립적이었다고 추측하는 것은 무리가 아니다.

아마도 진한 이후의 어느 시점에서 『장자』를 구성하는 각각 독립된 문장들을 모아 유기적인 하나의 저술을 만들려는 시도가 있었을 것이라고 추측된다. 『한서漢書』「예문지藝文志」가 52편본 『장자』의 존재를 알려주고 있는 사실은, 그러한 시도가 한대의 시점에서 어느 정도 성공을 거두었다는 것을 알려준다. 그리고 곽상의 『장자』 편집도 크게 본다면 그러한 장자파 문헌 수집과 편집의 일환으로 이해할 수 있을 것이다. 그러나 오늘날 우리는 그 52편본 『장자』가 실제로 어떤 형태를 가지고 있었는지 알 수 없다. 오늘날 우리가 마주하는 곽상본이 그 52편본을 근거로 하고 있는지조차 불분명하다. 문헌학적 증거들로 볼 때 곽상이 편집한 것 이외에도 여러 종류의 장자서가 존재했던 것이 사실이지만, 오늘날 우리는 곽상이 편집한 『장자』를 유일본으로 가지고 있다. 따라서 우리의 『장자』 이해는 곽상본에 근거하여 진행할 수밖에 없다.

장자파 문헌의 편집 역사에 있어서 곽상의 공적은 지대하다. 그는 현재 남겨진 『장자』의 원형을 편집했을 뿐만 아니라, 그가 남긴 주석에 의해 우리는 『장자』의 기본 사상을 이해할 수 있기 때문이다. 곽상이 편집한 『장자』를 하나의 통일적인 저작으로 본다고 했을 때, 그가 장자파 문서를 편집하면서 재배열한 『장자』의 순서는 중요한 의미를 띤다. 거기에는 편집자 곽상의 편집 의도 및 사상이 담겨 있을 것이기 때문이다. 앞에서 언급한 것처럼, 곽상은 내편이 『장자』의 핵심 부분이라고 이해하였던 것이 분명하다. 문체의 유형론적 관점에서 내편의 문장은 일정한 특징을 가지고 있으며, 그 특징은 곽상의 편집 의도가 나름대로 합리적인 기준에 근거하고 있었음을 말해주는 것이기도 하다. 여기서 나의 관심은 곽상의 편집 의도 자체만 탐색하는 것이 아니다. 다만 현재의 『장자』의 배열을 존중한다면 『장자』의 결미를 장식하는 「천하」는 대단히 중요한 의미를 지닌 문장이라는 사실을 강조하고 싶은 것이다.

결론을 먼저 말하면, 「천하」는 『장자』 전체의 사상을 간결하게 정리하고 있는 총론 내지는 결론의 성격을 띠고 있다. 고대 중국 문헌의 형태와 관련해서 본다면 「천하」는 분명 '자서自序'라고 이름 붙일 수 있는 성질을 가진 문장이다. 고대 중국의 문헌에서 '자서'는 일반적으로 저자 내지 편집자가 저작의 말미에 덧붙이는, 저작 전체에 대한 요약과 결론의 성격을 갖는 문장이다. 곧 '자서'는 그 저작의 내용을 축약한 해설이라고 볼 수 있다. 그렇다고 해서 자서의 저자와 그 저작 본문의 저자 내지 편집자가 동일한 것은 아니다. 일반적으로 '서론'이라 하면 책의 맨 첫머리에 놓이는 것이라고 생각하기 쉽지만, 고서적의 경우 서론('자서')은 대체로 책의 말미에 놓이는 것이 통례라는 사실을 기억할 필요가 있다. 『논어』의 마지막 장 「요왈장」이 논어 전체의 총론적인 성격을 가지는 것을 비롯하여, 『맹자』의 마지막 장인 「진심하盡心下」의 마지막 부분 역시 맹자의 사상을 총 정리하면서 그의 도통론적 자부심을 과시하는 문장이기 때문에 『맹자』 전체의 서론 내지 총론적 성격을 가지고 있다고 말해진다. 나아가 『여씨춘추呂氏春秋』의 「자서」, 『회남자淮南子』의 「요략要略」, 『사기史記』의 「태사공자서」 등이 모두 그러한 성격을 가지고 있는 것은 잘 알려져 있다. 그리고 조금 시대를 뒤로하여 유협劉勰이 저술한 『문심조룡文心雕龍』 역시 「서지」라는 편이 책 전체의 말미에 제시되면서 저자 본인의 저술 동기를 논하고 나아가 사상을 총괄하는 서문의 성격을 가지고 있다는 사실을 지적할 필요가 있다. 이러한 예들을 통해 볼 때 장자서의 「천하」는 『장자』의 내용을 구성하는 하나의 부분이라기보다는 『장자』 바깥에 존재하면서 그것의 사상을 정리하고, 그 문서 전부를 유기적인 하나로 묶어주는 역할을 하는 서론으로 이해하는 것이 전혀 무리가 아닐 것이다.

여기서 우리는 「천하」의 저자가 누구인가에 대해 고증학적 탐구를 거듭하는 것을 목표로 삼지 않는다.[3] 여러 가지 복잡한 상황을 거치

---

3) 천하편의 성격에 대한 문헌학적 연구는 앞에서 언급한 짱헝쭈, 추이따화, 류샤오칸의 연구를 참조할 것.

면서 지금 우리가 마주 대하는 모습으로 편집된 장자를 하나의 완결된 문헌으로 전제하고, 「천하」가 장자파 문서 전체의 사상을 대단히 능숙하고 수준 높게 요약해주고 있다는 사실에 주목하여, 「천하」의 저술 의도와 존재 의미를 생각해보자는 것이다.[4]

『장자』의 주제는 한마디로 '제물齊物의 사상'이라고 요약된다고 보는 것이 일반적이다. 이미 많은 논의가 이루어졌던 것처럼, 내편의 「제물론」은 '제물齊物'을 한 덩어리로 보아 '제물'론(사물의 차별을 뛰어넘어 하나로 가지런히 하는 논의)이라고 읽을 때와 '물론物論'을 한 덩어리로 파악하여 제'물론'(여러 가지 현상에 관한 실체적 이론들을 가지런히 하는 논의)이라고 읽을 때에 그 의미하는 바가 달라진다. 그러나 『장자』의 사상은 그 어느 편으로 읽어도 다같이 타당한 내용을 가지고 있기 때문에 어느 한쪽만이 『장자』의 사상을 대표한다고 강변할 필요는 없을 것이다. 어쨌든 「천하」의 주안점은 '물론物論' 즉 당시 사상가들의 다양한 견해와 학설을 정리 비판하여 보다 높은 차원에서 각 주장의 상대성을 극복하는 데에 있었다고 말할 수 있다.

---

[4] 「천하」는 하나의 독립된 문장으로서도 대단히 중요한 의의를 가진다. 그것은 중국의 역사에서 처음으로 사상 및 학술의 파별을 논하고 그 흐름을 정리한 '**중국 최초의 사상사적**' 저작이라고 규정할 수 있다. 그런 만큼 이 문장은 장자서와 독립되어 존재한다 하더라도 그 자체로 중요한 가치가 있는 문헌으로 평가될 수 있으며, 장자서 안에서는 장자서의 사상을 종합적인 안목에서 파악할 수 있게 도와주는 총론으로 받아들여질 만한 내용을 담고 있다. 엄밀하게 말하자면 「천하」의 시대 규정에 따라 '최초의'라는 수식어가 틀린 것으로 판명될 수 있다. 『순자』의 「해폐解蔽」나 「비십이자非十二者」, 『한비자』의 「현학顯學」 등이 그러한 사상사적 성격을 가진 문장이기 때문이다.

『장자』의 각 편은 거의 자의적으로 각 학파의 입장을 공격하거나 조소하는 입장을 담고 있기는 하지만(특히 내편의 「인간세人間世」와 외·잡편의 각 글들에 그런 성격이 두드러진다), 명확한 어떤 기준에 입각하여 그 비판의 대상이 되는 사상(가)에 적절한 지위를 마련해주고 있지는 않는다는 점에서 체계적인 사상 비판으로서 성립하지 못한다는 인상을 준다. 그러나 「천하」에 나타난 태도는 전혀 다르다. 거기에서는 장주에 선행하거나 그와 동시대에 존재했던 각 학파와 학설이 하나의 엄정한 기준에 따라 평가되고 비판되면서, 사상적 발전의 계통이 명확하게 제시되고 있기 때문이다. 그러한 사상사적 평가에 있어 장주의 사상도 평가의 대상으로 포함되고 있다는 점은 「천하」편의 특징적인 모습이면서 동시에 「천하」편의 저자 문제가 논란거리로 부각될 수밖에 없게 만드는 요인이 되기도 하는 것이다. 물론 대부분의 논자는 「천하」의 작자가 장주보다 시대가 뒤지는 장주의 후학이라고 주장하는 논거를 「천하」의 이러한 체제에서 끌어내고 있다.

도술과 방술

우리는 장주가 누구인지, 그리고 그 장주가 장자서의 핵심 문장을 저술한 인물인지, 「천하」의 저자와 장주는 어떤 관계가 있는지, 장주와 우리가 장자서의 저자라고 생각하는 바로 그 장자가 동일인지, 정말 장자라는 사상가가 존재했고 그가 장자서의 중요 부분을 저술했는지, 장자와 그 후학들의 관계는 어떤지 등등 문헌학적으로 문제가 되는 여러 가지 의문들에 대해 분명하게 답할 수 있는 부분은 거의 없다. 따라서 여기서는 연대기적 고증 문제를 피하고, 현존하는 『장자』

를 유기적인 한 덩어리로 받아들이면서 그 전체의 유기성을 증진시켜 주는 두 편의 문장, 즉 「소요유」와 「천하」를 대상으로 삼아 그 문장들의 성격과 내용을 검토하려고 시도하는 것이다. 우선 「천하」를 관통하는 사상사 평가의 관점이라는 측면에서 그 논의를 정리해나가자.

먼저 도가 사상이라는 명칭을 가능하게 만들었던 근본 개념으로서의 '도'는 의심할 여지없이 『장자』 전체를 꿰뚫는 핵심적인 개념이기도 하다.[5] 『장자』에서 제시되는 '도'는 진리 혹은 우주의 원리를 대신하는 일종의 개념적 '상징 기호'라고 이해할 수 있다. 『장자』에 있어 도, 즉 진리는 객관적 실체적으로 파악할 수 없는 형이상학적인 개념이다. 따라서 도는 논증적이거나 실증적인 논변을 통해 드러나지 않고, 항상 시적인 형용을 통해서만 제시될 수밖에 없는 운명을 지니고 있다. 도가적 관점에 있어 도는 무엇인지를 분명히 말할 수는 없지만 분명히 실재하는 것이며, 존재하는 모든 것의 근거가 되는 어떤 원리이며 힘이라고 묘사된다. 그것은 눈으로 볼 수 없고, 귀로 들어볼 수도 없고, 손으로 붙잡을 수도 없는 것이기 때문에 일상적인 의미에서 '있다〔有〕'고 말할 수는 없다. 그러나 그것은 어디에나 존

---

5) 장자 사상이 인식과 논리의 상대주의에 기반을 두고 있는 것 같지만, 사실 그 상대주의는 도道의 관점에서 볼 때 그 밖의 것은 상대적 가치일 뿐이라는 의미의 한정적 상대주의이다. 장자는 근본적이고 절대적인 실재로서 도를 상정했고, 그 도는 상대적인 이성의 분석 대상이 아니다. 도는 상대성을 넘어서 있는 절대적 가치의 영역에 속한다. 장자식으로 말하자면 그것은 유대有待의 영역에 속하는 상대적인 실재가 아니라 무대無待(절대)적 영역에 속하는 실재이다. 장자의 사상이 상대주의가 아니라고 보는 입장에 대해서는 張京華, 『莊子哲學辨析』(遼寧教育出版社, 1999), pp. 12~16 참조.

도를 찾아 이상향(洞天)으로 떠나다
산수화는 근본적으로 도교적 이상 세계를 그리고 있는 상징적 도상이라고 볼 수 있다.
(베이징 고궁박물관 소장)

재하며 영원히 존재하는 것이기 때문에 모든 존재하는 것의 뿌리라는 점을 『장자』의 각 편 문장을 구성하는 저자들은 반복해서 강조하고 있다. 그것은 분명히 존재한다. 단순한 존재가 아니라 모든 존재하는 것을 가능하게 만드는 존재의 뿌리로서 존재한다. 그러한 도를 인간의 지식은 이해할 수가 없을 뿐이다. 인간의 지식과 감각은 그도를 파악하기에는 너무나 한계가 많은 것이다. 더구나 자아의 고집과 독단에 사로잡혀 있어 도의 형상을 바로 바라볼 수가 없다.

그러나 인간이 도를 인식하는 길이 완전히 차단되어 있는 것은 아니다. 도는 인간을 포함하는 자연을 생성하는 힘이며 존재하는 것의 근원이기 때문에, 원초적으로 인간과 도 사이에는 어떤 연결 고리가 없을 수 없다. 인간은 도의 단순한 피조물이 아니라 도의 생명력을 근거로 태어난 존재이며, 인간의 생명은 항상 도와 어떤 연관을 가지고 유지되기 때문이다. 도의 절대성을 강조하는 소위 도가는 바로 이 점을 중요하게 생각한다. 도는 현실적으로 인간의 의식을 초월하는 절대적인 원리이지만, 다른 한편으로 그것은 인간의 생명력을 뒷받침하는 근본이기 때문에 인간은 노력에 의해 도와의 단절을 극복할 수 있다는 것이다. 그리고 그 이론적 근거 또한 도의 근본 성질에서 자연스럽게 도출되는 것이다. 인간은 도의 생명력을 느끼고 그것과 하나가 되는 합일의 경험을 얻을 수 있다. 그러나 그 경험은 언어적 설명의 논리를 초월하는 것이기 때문에 '신비적'이라는 말로밖에 표현할 수 없는 어떤 것이다. 그들은 도와 하나되는 경지란 말로 설명할 수 없는 차원에서 획득되는 것이라고 말한다. 도의 절대적인 힘과 그 도와 하나되는 체험이 항상 '무無'라는 부정적인 표현을 통해 묘사되는 이유가 바로 거기에 있다. 우리는 그것을 서양 신비주의의 부정신학negative philosophy과 동일한 맥락을 가지는 것이라고 생각할 수 있다.

『장자』에서 강조되는 '무위'라는 표현은 도와 하나되는 신비적 합일mystical union의 경험에 도달하기 위한 방법론으로서 대단히 중요한 의미를 가지고 있다. 궁극적 도와 하나되는 경험은 지각이나 인위적인 노력과는 다른 차원에 속하는 것이기 때문에, 인간적 작위를 넘어서는 특별한 행위의 방식이 요청될 수밖에 없다.『장자』의 중심 개념인 '무위'는 바로 그러한 비非작위적 행위 양식, 도와 하나됨을 실현할 수 있는 특별한 행위 양식을 지칭하는 것이다. 다른 말로 하자면 무위는 도와 하나됨을 실현하는 방법론을 지칭한다. 무위는 단순히 아무것도 하지 않음을 의미하는 말이 아니다. 무위는 인간이 일상적으로 상상할 수 있는 행위 양식을 뛰어넘는다는 의미에서 비행위라고 말할 수도 있는 그런 행위이다. 무위는 자연의 흐름을 일탈하지 않는 행위이다. 우주 자연의 자연적인 원리에 몸과 마음을 내맡기고 나와 자연이 일체가 되는 순수 경험은 '무위', 자연의 자연스러움을 거스르지 않는, 자연의 흐름에 동참하는 행위에 의해 실현 가능하다. 따라서 '무위'와 '유위'의 대립은 흔히 오해되는 비행위와 행위의 대립이 아니라 도와 하나가 되는 것을 목표로 하는 행위인가 아닌가, 라는 신비 체험의 영역에 속하는 문제이다.

　『장자』의 중심 개념인 도와 무위를 이렇게 이해한다면, 인간적 지각과 작위에 근거를 두면서 진리(도)를 말하는 모든 이론은 '무위'의 요청을 배반하는 시도이며, 따라서 도와 하나가 되는 올바른 방법이 될 수 없는 것이다.「천하」의 저자는『장자』의 근본 논지를 계승하는 자리에 서서 고대 중국에서 제시되었던 '유위'의 시도들을 체계적으로 정리한다. 그런 시도들은 나름대로 근거가 있는 것이기는 하지만 '도'의 일면만을 바라보고 '도'의 전체를 이해했다는 자기 만족에 안주하는 이론들이기 때문에「천하」의 저자는 그러한 이론에 대해 '방술方術'이라는 꼬리표를 달아준다.

무위의 단계

「천하」에서 '방술'은 '도술'과 대비되는 명칭이다. 그것은 '유위'와 '무위'의 대립과 정확히 짝을 이루고 있다. 「천하」편 저자가 제시한 정의에 따르면, '방술'은 "인간과 한 무리가 되는 방법[與人爲徒]"으로서 인간의 총명함과 얄팍한 지혜에 의존하여 하늘과 땅, 도의 소작所作인 대자연을 판단하고 재단하려는 이론, 곧 '유위'의 태도를 대변한다. 반면 그것에 대립되는 '도술'이란 자연과 하나가 되는 무위의 입장으로서 저자는 그것을 "하늘과 한 무리가 되는 방법"[與天爲徒][6]이라고 부른다.

「천하」는 도술과 방술이라는 두 가지 표준에 근거하여 당시의 사상가 및 학문 전통을 분류하고 비판한다. 가장 먼저 비판의 대상으로 떠오른 '방술'의 유파는, 묵적墨翟에서 금활리禽滑厘로 전개되는 사상적 입장이다. 이 계통의 사상은 나중에 『사기』를 저술한 사마담, 사마천 부자에 의해 소위 '묵가墨家'로 분류되어 이후 중국의 고대 사상을 논할 때에 거의 무비판적으로 수용되었다.

「천하」의 저자는 그 계통을 아직 묵가라는 명칭으로 부르지는 않지만, '묵자墨者', '묵경墨經' 혹은 '별묵別墨'이라는 명칭을 사용하여 그들이 하나의 학파적 관점과 무리를 이루었음을 시사한다. 그들은 사치를 반대하고 법제를 존중하며 재물을 저축하는 등 '도술'의 정신과 통하는 측면을 가지고 있기 때문에 긍정적인 점이 없지는 않다. 그러나 「천하」의 저자는, 그 계통을 일관하는 관점과 태도가 "너무 지나치

---

[6] 이 외에 '여도위일與道爲一', '여도합일' 등 도와 하나되는 합일의 신비를 가리키는 표현은 『장자』는 물론 『회남자』『포박자』 등 도교·도가 문헌 도처에 보인다.

소요와 자유 97

고 인정에 합당한 것이 아니〔爲之大過, 己之大循〕"었기 때문에, 그들의 의도는 나쁘지 않았으나 결과적으로 "천하 사람의 마음을 사로잡지 못하는〔離於天下〕" 사상이었으며, "천하를 어지럽히기만 할 뿐 천하를 다스리는 능력을 갖추지 못한〔亂之上也, 治之下也〕" 사상이라고 비판한다. 다시 말해 그들은 순전히 인간적 작위〔人力〕에 의존하여 세상사를 처리하려는 태도를 견지하였기 때문에 무위를 본질로 삼는 '도', 혹은 '도술'과는 가장 거리가 먼 사상이라고 보았던 것이다.

두 번째로 비평의 대상이 되었던 것은 송견宋銒과 윤문尹文으로 대표되는 사상 유파의 입장이다. 이 유파에 속하는 사상가들은 세속적인 일에 얽매이지 않고 세상 사람들의 마음을 거역하지도 않으며 세상의 평화를 바라고 순수한 마음〔白心〕을 가지기 위해 노력한다는 점에서 '도술'의 일면을 계승한다고 볼 수 있다. 그렇지만 그들이 제시하는 구체적인 방안은 현실성이 떨어지고 사회 적응성이 취약하다는 난점이 있다. 결론적으로 「천하」의 저자는 송견, 윤문 등은 사회적 인간적 평가에 무관심하고 욕망을 적게 가지는 것을 중시하기 때문에, 한계는 있지만 묵적 일파의 사상에 비해서 '도술'에 한발 더 가까이 다가가 있는 것으로 평가하고 있는 것이다.

세 번째로 「천하」의 저자는 팽몽彭蒙, 전병田騈, 신도愼到를 하나로 묶는 사상적 유파에 대해 언급하고 있다. 이들의 사상적 입장이 공평무사함을 중시하고 아집에 사로잡히지 않는 태도를 강조하는 고대 도술의 일면을 계승했다는 점은 높이 평가될 수 있다며 일단 긍정적인 시각을 보이고 있다. 그들 중에서 신도는 '인간의 작은 지혜를 버리고 자아에 사로잡히지 않는다〔棄知去己〕'는 점에서 앞의 두 유파를 훨씬 능가하는 뛰어난 관점을 지니고 있다. 그리고 그는 "둥글게 깎은 것처럼 모가 없고 사물과 더불어 변화하며 시비의 판단을 버리고 가능한 한 모든 일에 대해 생각을 두지 않는", 언뜻 보기에도 장자파 사상가들이 지향하는 삶의 태도에 위배되지 않는 생활을 실천한다. 더구나 "자기를 내세워 화를 당하는 일이 없고 지혜를 써서 손해를 입는 일이 없으며, 움직임 하나하나가 자연의 이치에 어긋나지 않고 평생토록 영예를 얻는 일도 없는" 자연의 도에 가까운 삶을 산다〔不失道〕고 평가한다. 팽몽의 제자인 전병의 경우도 이와 마찬가지 경지에 도달해 있지만, 「천하」의 저자는 그들의 한계가 자기들의 주관적 생각에 근거하여 사물을 판단하는 것이라고 지적한다. 따라서 그들은 도에 대해 상당히 깊은 이해를 가지고 있고 또 도에 접근하는 삶을 살고 있기는 하지만, 그들이 말하는 도는 궁극적인 도가 아니며〔其所謂道非道〕, 대강 도에 관해 들은 것이 있을 뿐 도에 대해 참된 지식을 갖지 못한 것〔非知道〕이라고 그들의 한계를 지적한다.

네 번째로 「천하」의 저자는 소위 도가의 영수라고 말해지는 노담老聃, 즉 노자와 그의 제자 관윤關尹의 학문을 평가한다. 엄격하게 말해서 노담이 곧 노자라고 할 수 있는지는 문젯거리가 되지만 여기서 그 문제를 더 이상 따질 필요는 없을 것이다. 노담과 관윤을 한 무리로 하는 이 유파는 도를 체득하고 실천하는 경지에 있어 「천하」에서 평가하고 있는 다른 유파와는 격을 달리한다. 그들은 도술의 본질이라 할 수 있는 청렴 무욕을 삶의 바탕으로 삼고 자연의 신비로운 능력과 하나가 되는 삶을 살아가는 인물들이었기 때문에〔澹然獨與神明居〕, 가히 도의 체득자라고 부를 수 있는 경지에 이르러 있었던 것이다. 그들은 도술의 참 정신을 실천하기 위해 언제나 무유無有를 내세우고 만물과 하나되는 도를 근원으로 삼았으며〔建之以常無有, 主之以太一〕, 연약하고 겸손한 태도를 나타내고 만물을 해치지 않는 공허를 참된 것〔以濡弱謙下爲表, 以空虛不毀萬物爲實〕이라고 생각했던 인물들이다. 따라서 그들은 일정한 주의 주장을 내세우지 않고〔無居〕 물같이 자연을 따르지만〔若水〕, 의식적으로 그러한 경지를 얻기 위해 노력을 기울이지도 않는다. 「천하」의 저자는 자연의 도에 따르는 삶을 실천하는 노담과 관윤 일파를 "옛날의 위대한 진인〔古之博大眞人〕"이라고 극찬한다. 그러나 그들의 경지는 완전히 도와 하나가 되는 장주의 경지와 비교한다면, 한 수 아래에 있다는 것이 다음에 나오는 장주의 평가에서 드러난다.

장자, 도의 체현자

끝으로 「천하」의 작자는 장주를 거론하여 위대한 도술의 체현자라고 평가한다. 장주는 다른 유파와 달리 혼자서 하나의 유파를 대표하는 것으로 제시되고 있다. 그것은 장주의 경지에 도달하는 비슷한 인물을 달리 발견하기 어렵다는 표현으로 읽을 수 있다. 「천하」의 작자에 의하면, 장주는 단순한 한 인간이 아니라 '도체道體'의 화신이며 위대한 '도'의 생명력을 순수 그대로 담지한 위대한 인간이다. 그리고 장주는 인간의 몸으로 구체화된 도이며, 도는 곧 추상화된 장주라는 찬사가 이어진다.

우리는 여기에 등장하는 장주가 누군지 확실하게 알 수 없다. 전통적으로 장주는 장자, 곧 장자서의 가장 중요한 부분인 내편을 쓴 철학자 장자라고 알려져 있다. 장자의 본 이름이 장주라는 것이다. 그런 전통적인 견해에 따른다면, 「천하」의 저자는 내편의 저자인 장자보다 시간적으로 나중에 등장한 인물이거나, 동시대의 인물이라 하더라도 장자를 객관적으로 평가할 수 있는 위치에 선 인물, 더구나 장자의 견식을 잘 이해하고 그의 입장을 역사적으로 평가할 수 있는 입장에 서 있는 인물이라고 보아야 한다는 것이다. 따라서 「천하」의 저자는 장자 본인이 아니라, 장자의 후학이라는 결론이 도출될 수 있다는 것이다. 그러나 그러한 결론은 반드시 논리적이지도 않을 뿐 아니라 그렇다고 말할 수 있는 확실한 증거는 어디에도 보이지 않는다.

우리는 오히려 장자는 누구인지 '모른다'는 사실을 승인하고 장자서를 읽을 필요가 있을지도 모른다. 그리고 누가 그 글을 썼어도 상관없다. 중요한 것은 도의 체현자 혹은 도술의 실천자로 평가되는 장주라는 이름을 가진 인물이 등장한다는 사실이고, '장자서' 특히 「천하」의 저자는 그 장주를 이상적인 도의 체득자라고 평가한다는 사실이다. 극단적으로 말하자면, 장주는 허구적 존재일 가능성이 높다. 그러나 그 허구는 단순한 무의미이거나 엉터리라는 의미에서의 허구는 아니다. 따라서 그 허구를 '신화'라고 부른다면, 장자는 고대 중국인들이 믿고 있었던 진리[道]의 체득자이고 실천자로서 신화화된 어떤 존재이다. 그리고 장자서는 그 신화적 인물인 장주를 모델로 삼아 자기들의 삶과 사상을 다듬기 위해 노력했던 일군의 수행자들의 작품이라고 말할 수 있을 것이다. 그들을 간단히 장자파 수행자라고 부른다면, 그러한 지향을 가진 수행자들은 수백 년에 걸쳐 존재했던 것이고, 「천하」의 저자는 그러한 장자파 수행자들의 문집을 정리하면서, 글의 수준의 높고 낮음이라는 관점에서 그 문장들을 편집하고 거기에 총괄적인 서론(총론)을 덧붙여 장자서를 유기적인 체계를 가진 문집으로 만들기 위해 그 글(「천하」)을 썼을 가능성을 고려할 수 있다는 것이다.

「천하」는 장자 본인의 저술이 아니라 장자 후학의 저술이라고 판단하는 논자들도 하나같이 「천하」의 문장 수준이 상당히 높고, 장자 사상의 핵심을 정확하게 요약할 수 있는 능력을 가진 인물의 저작이라는 점은 인정하고 있다. 또 「천하」를 장자 본인의 저작일 수도 있다고 보는 논자들 역시 그들의 주장에 대한 논거로 그 글의 수준이 높으며, 거기에서 제시되고 있는 도의 이해가 장자의 핵심 부분에 나오는 이해의 수준과 거의 일치한다라는 것을 들고 있다. 이처럼 장자서 전체의 총론 내지 서론으로서 「천하」는 그 수준에 있어 장자 본인의 저작 여부와 무관하게 장자서의 요점을 파악하기 위해서는 가치 있는 문장이라면, 그것을 있는 그대로 인정하고 그 문장을 적극적으로 해석하여 장자서의 관점을 이해하는 근거로 이용하는 것이 필요한 일이다. 더구나 그 저자의 실존에 관해 명확한 답을 얻는 것이 현재로서는 불가능하다면, 더 이상 저자 문제를 놓고 고심하는 것은 나의 능력을 넘는 일이라고 해야 할 것이다.

전통적으로 장자는 노자의 사상을 계승하고 있으며, 장자서는 노자서의 주석 내지는 해설서로 이해되어왔다고 말할 수 있다. 물론 장자의 사상을 노자와 별개로 이해해야 한다는 입장이 전혀 없었다고 말할 수는 없지만, 노자서의 사상과 장자서의 사상 사이에 중요한 연결고리가 존재한다는 사실을 완전히 부정하는 것은 오히려 부자연스러워 보인다. 그러나 노자가 시대적으로 장자에 앞선다는 전통적인 주장은 검토의 여지가 얼마든지 있다는 사실은 지적하고 넘어가야 할 것이다.

「천하」의 작자는 도가적 사유의 전개를 사상사적으로 살피는 가운데에, 분명 노담이 장주보다 시대적으로 선행하는 인물로 파악하고 그 두 인물 사이에 사상적 연결점이 존재한다는 것을 인정하고 있다. 그렇지만 「천하」의 저자는 장주를 노담의 한계를 극복하여 도체와 하나가 되었던 완전한 이상적 인물로 그리고 있다는 점에 주목해야 할 것이다. 노담 혹은 그와 같은 입장을 취한 관윤은 진실함과 무한함을 속성으로 삼는[廣大無邊] '도'의 실상에 상당히 가까이 다가갔던 인물인 것은 틀림없지만, 그들은 분별의 관점을 완전히 버리지 못했기 때문에 여전히 '도체'와 하나가 될 수 없는 한계를 가진다는 것이다. 그들에 비하면 장주는 격이 다르다. 장주는 분별적 관점을 완전히 초월해 있으며, 도 그 자체의 체體와 용用이라는 분별마저도 초월해 있다. 그의 정신은 사물과 온전히 하나가 되어 있다는 점에서 도가적 사유, 나아가 중국의 모든 고전적 사유의 전통에서 가장 위대한 자리에 위치한다고 평가한다. 「천하」의 저자는 인간과 자연이라는 두 개의 기준을 설정하고, 사상가의 위상을 그 두 기준으로 구성되는 좌표 안에 위치시킨다. 이때 장주는 인간이라는 기준, 즉 인간적 작위에서 가장 먼 거리에 놓이는, 따라서 자연 즉 비작위에 가장 가까운 사상가가 된 것이다.[7]

---

[7] **「혜시」편의 존재 가능성**: 여기서 하나 주의해서 살펴보아야 할 문제가 있다. 「천하」의 저자는 장주의 사상을 서술한 다음에 다시 '혜시惠施'라는 인물에 대한 언급을 계속하고 있다는 것이다. 혜시는 공손룡公孫龍과 함께 고대 중국의 논리학파인 명

가名家를 대표하는 사상가로 지목되는 인물이다. 『장자』 안에서 장자(장주)는 이 명가에 대해 대단히 비판적인 태도를 취하고 있었으며, 『장자』 전체에 걸쳐 그들의 식견이 지닌 한계를 지적하면서 비판의 고삐를 늦추지 않고 있다. 명가에 대한 장자의 불만은 어떤 면에서 보자면 「천하」의 저자가 도술에서 가장 멀리 떨어져 있다고 평가한 묵자 학파에 대한 불만보다도 훨씬 더 심한 것이었다. 명가, 즉 논리주의자들은 오로지 인간의 식견에 의존하여 모든 것을 세밀하고 분명하게 재단하고 따지는 것 같지만, 사실 그러한 태도는 실제로는 도의 생명력을 파괴하고 해체하는 것일 뿐이라는 것이 혜시에 관한 평가의 핵심이었다.

만일 혜시를 비판적으로 언급하는 이 단락이 본래부터 「천하」에 포함되어 있는 것이라고 한다면 글 전체의 흐름에서 볼 때 의아한 느낌을 갖지 않을 수 없게 된다. 왜냐하면 「천하」의 저자가 각 학파를 평가하는 순서를 고려한다면, 혜시에 대한 언급은 마땅히 총론의 바로 다음에 놓이고 그 다음으로 묵가에 대한 비평이 따라야 하는 것이 논리적으로 타당하기 때문이다. 나아가 도의 체현이며 도술의 집대성이라고 할 수 있는 장주를 서술하는 데에서 문장이 끝나는 것이 자연스럽다고 할 수 있다. 그러나 현재의 「천하」는 우리가 예상할 수 있는 그러한 논리적 순서를 무시하고 있다.

그렇다면 장자의 문체의 특징이나 논리적 순서를 파괴하고 있는 '혜시다방惠施多方' 이하의 단락을 어떻게 이해해야 하는가? '혜시다방' 이하는 혜시, 즉 논리학가(명가)의 이론이 도술의 여러 측면을 동시에 갖춘 것처럼 보이는 데서 오는 일반의 오해를 철저하게 방지하기 위해 쓰여졌다고 볼 수도 있다. '사이비'에 대한 철저한 비판인 것이다.

이 문장이 여기에 위치하는 사실에 대한 가장 단순한 해결 방법은, 원래 장자가 52편으로 구성되었다고 하는 문헌의 기록을 통해 접근할 수 있다. 즉 '혜시'의 단락을 현재는 전해지지 않는 일편佚篇 중의 하나로 처리하는 것이다. 그러나 그것에도 문제가 없지는 않다. 육덕명陸德明(『경전석문』「서록」)은 곽상의 말을 인용하면서 현재의 장자에는 없는 「의수지수意修之首」, 「위언危言」, 「자서子胥」 등의 여러 편을 언급하고 있다. 그리고 「사기史記」 본전에서는 '외루허畏累虛' '항상자亢桑子' 등이 언급되고 있으나 원래의 장자에 「혜시」편이 포함되어 있었다는 증거를 찾기는 어렵다. 어디에서도 그 흔적을 발견할 수 없는 원래 장자의 일편 10여 편 속에 「혜시」가 포함되어 있을 가능성은 그러나 여전히 남아 있다. 『북제서』의 '두필전杜弼傳'은 그러한 가능성을 강하게 시사해준다. 즉 우리는 거기에서 두필이 『장자』「혜시」편에 주를 달았다는 기록을 발견할 수 있다. 「천하」편은 이러한 형식상의 난점 이외에도 많은 문제점을 던져주는 문장이다. 그중에서 저자의 문제는 여전히 많은 논란을 불러일으키고 있다. 많은 학자들은 「천하」의

「천하」편의 저자 문제

고서의 저자 문제에 대한 고증은 사실상 최후의 결론이 나기 어려운 경우가 적지 않다. 주석 7에서 언급한 '혜시다방' 이하의 일단을 배제하고 「천하」 전체를 통관할 때, 「천하」는 문장의 구성이나 문체 면에서 「소요유」 「제물론」 「양생주」 「대종사」 편 등과 마찬가지로 '총론'이 먼저 제시되고 그 다음 '분론', 그리고 결론이 없는 유형의 문장에 속한다고 볼 수 있다. 그렇다면 「천하」의 작자와 다른 동일한 유형의 문체를 구사하는 문장들의 작자가 장자 본인이라면 「천하」의 작자 역시 장자라고 할 수밖에 없다. 그리고 장자 본인이 스스로의 학술을 평가하는 것이 이치에 맞지 않는다고 하는 견해는 크게 설득력이 없다고 해야 할 것이다. 만일 장자 본인이 스스로 자기 이름을 부를 수 없다거나 스스로를 비평할 수 없다고 한다면, 모든 학자가 장자 본인의 작품이라고 공인하는 「소요유」와 「제물론」 등에서 '혜자위장자왈惠子謂庄子曰', '장주몽위호접庄周夢爲蝴蝶' 등의 단락을 설명할 길이 없어진다. 그렇다면 『장자』에서 장자가 직접 쓴 문장이 과연 얼마나 남을 수 있는가? 더구나 장자와 같이 자유자재로 사유와 상상력을 구사하며 자유로운 정신 활동을 존중하는 사상가의 풍모를 단순한 문헌학 논리로 구속하는 것 또한 장자의 면모를 전체적으로 파악하지 못하게 하는 원인이 될 수도 있다. 새, 물고기, 거북이, 심

저자는 장자가 아니라고 추측한다. 그 이유는 장자 본인이 스스로의 사상을 평가하는 것이 사상사적 식견으로 볼 때 타당하지 않다는 것이다. 따라서 「천하」는 장자의 후학이 그들의 스승 장자에 대한 평가를 포괄하여 저술한 '도가道家' 사상의 결산이라고 한다.

지어는 비틀어져 쓸모 없이 자란 나무 등을 들어 스스로의 사상을 표현하는 장자의 문장·문체를 생각해보면, 제삼자의 입장에서 스스로의 사상을 논하는 것이 그에게 있어 결코 특이한 수법이 될 수 없다는 사실을 기억해야 한다. 그리고 「천하」에서 『시』, 『서』, 『예』, 『악』, 『춘추』, 『역』 등 소위 유가의 경전이 언급되어 있다는 이유 때문에 「천하」는 전국시대 말기의 유가적 지식인의 관점에서 쓰인 것이라고 보는 입장도 존재한다. 그러나 자세히 생각해보면, 그러한 논리는 고대 중국 사상의 학파적, 문헌적 편견을 지나치게 확대해석한 결과 생긴 것임을 알 수 있다.

중국 사상사에 있어서 장자 「천하」편은 최초의 계통적인 학파적 분류를 염두에 둔 학술 평가라고 부를 수 있다. (『맹자』에서도 '이단' 배척의 입장에서 묵자, 양주 등 다른 사상적 관점에 대한 비판이 등장하지만 계통적 관점이 확립되어 있었다고 볼 수 없다.) 맹자와 거의 동시대라고 알려진 장자가 단 한번도 맹자를 언급한 적이 없다는 사실은 중국 사상사에서 하나의 해결할 수 없는 문제로 남아 있다. 물론 장자는 공자와 공자 제자들을 조소하고 비판한다. 그렇지만 「천하」의 학파 평가에서 공자 일파에 대한 비판은 보이지 않는다. 그 이유는 무엇인가?

우리는 「천하」가 내편의 저자(그가 누구인지 모르지만, 일단 장자라는 인물이라고 하자)와 그리 큰 거리에 있지 않다는 것을 전제하고 그 이유에 대해 생각해보려고 한다. 장자의 후학이 「천하」를 저술했다는 관점을 유지하게 되면, 왜 그 후학은 장자, 즉 그들 선생과 동시대의 맹자에 대해 전혀 언급하지 않았는가 하는 의문이 남는다. 장자의 후학이라면 맹자에 대해 들었을 가능성이 더욱 커지며, 더구나 맹자는 스스로의 입장을 확고한 하나의 학파적 견해로 확립시키고자 노력한 인물이기 때문에 학술적 비평의 대상이 될 가능성이 더욱 높아진다. 혹은 맹자의 입장이 당시에 열국列國에서 환영을 받지 못했던 관계로 맹자의 저술이 그다지 유행하지 않았을 가능성도 생각해 볼 수 있다. 공자의 학술을 계승했다고 자임하는 또 다른 대사상가 순자 또한 맹자를 비판하고는 있지만, 그 비판의 방식이나 논조로 볼 때 순자가 맹자를 직접 읽었을 가능성이 상당히 희박하다는 느낌을 받는 것은, 맹자서가 당시 그다지 유포되고 있지 않았다는 것을 보여주는 예가 될 수 있다. 그러나 이런 논리만으로 「천하」의 저자가 장자의 후학이 아니라는 것을 확증할 수는 없다.

사상 내용의 관점에서 볼 때도 「천하」의 저자가 후기 유가라는 입장은 결코 성립할 수 없는 것이라고 보인다. 「천하」의 저자가 학술을 평가하는 원리는 인간과 도(자연)의 관점이다. 그리고 도(자연)에 가장 접근한 사상이 장자의 사상이라고 평가하는 것이 맹자 이후의 유가에게 가능한 것인지 우리는 도저히 상상할 수 없다.

「천하」가 언급하는 『시』, 『서』, 『예』, 『악』, 『춘추』, 『역』은 유가 경학적 관점에서 보면 공자를 거쳐 정리된 고대 중국의 문화유산이며, 특히 주나라의 문화를 전해주는 문헌이다. 유가니 도가니 하는 학파 분류 자체가 존재하지 않았던 선진 시대의 문헌을, 후대 유가의 문호적門戶的 편견에 의해 유가의 문헌이라 주장하는 관점에서 평가할 수는 없다. 일반적으로 반문화적인 태도를 취하고 있었다고 여겨지는 장자이지만, 그의 반문화주의, 반정치주의는 당시 상황에 대한 반발에서 비롯된 것이지 고전 문화, 다시 말해 이상화되었던 고전 문화 자체에 대한 거부감은 아니라고 여겨진다.

장자의 자연주의 사상은 문화적 복고주의 색채를 농후하게 가지고 있다. 그리고 장자의 공자관孔子觀은 장자서 전체에서 미묘한 뉘앙스를 띠고 있는 것도 사실이다. 우리가 장자 본인의 저술이라고 평가하는 작품들에서(내편을 비롯한 몇 편) 공자에 대한 장자의 서술은 유가적 공자관孔子觀과는 자못 다른 은자적 풍모를 지닌 공자상孔子像을 보여준다. 실제로 그러한 문장을 통해 우리는 일반적으로 가지기 쉬운 편견과는 달리, 장자가 공자 본인에 대해 동조적 또는 동정적 입장을 취하고 있지 않았나 추측할 수 있을 정도이다. 어쨌든 「천하」는 중국 정신 문화의 태두이자 유가 문화의 시조인 공자 사상에 대한 언급을 유보한다. 장자의 후학들이 묘사하는 희극적이면서 동시에 비극적 은자적 인물로서의 공자는 장자가 보기에 문화적 거인이었을 것이다. 공자는 독특한 양면성을 지니고 있으면서, 고전 문화를 정리한 대학자이다. 그렇기 때문에 비롯된 현실과의 괴리감에서 드러나는 공자의 돈키호테적 면모를 우리는 장자를 통해 읽을 수 있는 것이 아닐까?

공자가 정리해낸 고전 문화의 유산은 사실상 공자학파의 전유물은 아니다. 그것은 공자의 손을 거치지 않았더라도 존재할 수 있는 고대 지식인의 공통된 지적 유산이었다. 여러 사상가들은 여러 가지 관점에서 그 공통 유산을 읽고 이용하였다. 우리는 선진 사상가의 글 속에서 그러한 유산이 인용되고 이용되는 것을 쉽게 발견할 수 있다. 그리고 공자 개인으로 본다면 그의 사상, 학파는 어떤 새로운 주장을 내세우는 특별한 학파가 아니었다. 공자 및 그 집단은 이미 허물어져

버린, 그러나 사람들의 관념상의 기억에서는 아직 존재하는 과거의 전통을 지지하는 시대착오적 사상 집단이었다. 맹자와 순자에 이르러 그러한 전통적 시대착오적 사상이 새로운 시대를 위한, 새로운 이념이 되기 위한 사상적 여과 과정을 거치기 전까지, 유가 사상은 새로운 하나의 사상 조류로 인정될 수 없었던 것이다. 다시 말해 전국 시대에 있어 소위 공자의 사상적 주장은 '유가'라는 학파적 주장의 범주에 속하기보다는 그 당시의 공유되었던 전통에 바탕을 두는 극히 평범한 상식이면서도 현실에서 실현되기에는 너무도 이상적인 내용을 담고 있는 것이었을 것이다. 공자의 후계자를 자처하는 이상주의자 맹자 사상의 비극이 바로 여기에서 찾아진다.

문화의 비극은 왕왕 상식의 질식에서 비롯된다. 상식이 전혀 통하지 않는 시대 상황에서 그 상식의 복권을 주장하는 목소리가 값없는 이론으로 여겨지는 정신적 변태 상황이 바로 춘추전국시대의 정신적 상태였다. 선진 시대의 사상적 번영은 역으로 문화적 질병의 징후를 보여주었다. 중국 문화는 선진 시대에 대단히 심각한 질병을 앓고 있었다. 제자백가의 사상적 창조 행위만을 본다면, 그 질병을 창조적 질병creative illness이라고 부를 수 있을지 모른다. 질병이 유행하는 상황에서 지극히 상식적으로 건강한 공자 일파의 사상은 도리어 무언가 덜떨어진 생각, 난센스로 보였을 수도 있다. 적어도「천하」편의 작자는 공자적 상식, 건강과는 비교적 먼 거리에 스스로를 위치시키는 인물이었다. 따라서 공자의 상식, 공자가 스스로 '술이부작述而不作'이라고 부른 전통 계승의 상식은 곧 육경六經의 연속이었기 때문에, 특별히 그 사상을 어떤 일파로 분류하기 어려울 수도 있다. 그것에 비한다면 다른 학파는 적극적인 처방을 제시하는, 말하자면 '술이작述而作'의 입장을 보여준다. '육경'의 상식 이외에 무언가 독특한 주장을 제시하는 사상만이 사상으로 인정받을 수 있었던 것이다.

# 내성외왕, 혼돈 그리고 허무
— 장 자 사 상 의 핵 심

혼돈과 허무

장자 「천하」편을 장자의 저술이라고 보고 그 문장을 자세히 읽어 보면, 우리는 의외로 장자 본인의 내면세계로 선뜻 들어갈 수 있을 것 같은 느낌이 든다. 전통적으로 장자 본인의 작품이라고 공인되어 왔던 내편의 장자를 일목요연하게 볼 수 있을 것 같은 느낌을 갖게 되는 것이다. 바로 그런 이유에서 「천하」는 장자 내편이 성립한 이후에 그 내편의 사상을 종합적으로 비평한 작품이라는 판단이 가능하며, 시기적으로 나중에 성립했을 것이라고 보는 관점도 성립할 수 있다. 그러나 여기서 우리가 문제 삼는 것은 성립 시기에 관한 고증학적인 평가가 아니라 사상의 내용에 관한 평가이다. 마치 고삐풀린 말처럼 종횡으로 치달으며, 신선의 비상과 달인의 망각을 이야기하고, 마치 광인처럼 자유스러운 장자의 가슴에 자리 잡은 현실에 대한 비애감, 역사와 현실의 배반을 바라보며 이상적 고대의 향수를 버리지 못하는 우환에 가득 찬 지식인의 모습을 우리가 「천하」에서 읽어낼 수 있다고 말한다면 지나친 비약일까?

앞 장에서 말했던 것처럼 「천하」는 장자서 전체를 위한 총론적 성격을 가진 글이다. 그리고 「천하」의 첫 단락은 총론의 총론으로서 자리 잡고 있다고 말할 수 있다. 그렇다면 장자의 문체 구성 수법에 따른다면, 500자를 넘지 않는 그 짧은 문장은 장자의 사상을 압축하고 있는 장자 사상의 총론이 되는 셈이다. 「천하」의 핵심은 무엇인가? 그 글의 총론은 무엇을 말하는가? 다시 말해 장자가 주장하는 '도체道體', 즉 이상적 고대의 본질〔古人之大體〕의 구체적 내용은 무엇인가?

장자는 그것을 '내성외왕內聖外王'이라고 표현한다. '내성외왕'은 장자 사상의 핵심이다. 흔히 유가적 이상이라고 생각되어온 '내성외왕'을 말한 것은, 사실상 유가와 가장 먼 거리에 있는 장자였다. 많은 학자들이 「천하」를 유가의 저작이라고 말하는 이유〔所以〕가 바로 여기에 있다. 그러나 우리는 그런 단순한 논리에 동의하지 않는다.

「천하」 총론의 첫머리에서 저자는 '방술'과 '도술'을 구별한다. '도술'이란 자연〔道〕과 인간의 근원적 일치성을 실현시키는, 정신과 육체가 하나로 통합된 전인격적 체험의 총화이다. 이것에 의해 자연, 즉 도의 신성함〔聖〕과 인간적 작위의 완전함〔王〕은 근원적으로 일치될 수 있다. '성유소생聖有所生, 왕유소성王有所成, 개원우일皆原于一'이라고 말하는 것이 바로 그것이며, 이때 '하나〔一〕'는 장자가 강조해 마지않는 이상적 인격의 경계로서 '천인합일天人合一'의 경지를 말한 것이다. '천인합일'은 중국 철학의 최고의 이상이며, 중국 사상의 최대의 가치가 자리 잡고 있는 근원이다. 중국적 이상인 '천인합일' 역시 장자「천하」에서 발원하는 개념, 사상이라는 사실은 대단히 중요하다. 장자에게 있어서 '천인합일'은 곧 '내성외왕'이며, '내성외왕'은 고대 이상 문화의 '도술'이었던 것이다. 따라서 장자의 '내성외왕' 사상은 장자 사상의 총화라고 알려진 내편의 사상과 전혀 모순되지 않는다.

내편은「소요유」에서 시작해서「응제왕」으로 끝나는 구성을 갖고 있다. 내면적·정신적 자유와 도의 체득, 자연과의 일체를 이야기하면서 그러한 자유와 도의 체득이 왕자王者의 근본 조건이라는 것을 내편은 말하고 있는 것이다. 이렇게 본다면 장자는 결코 무조건적인 반문화적, 반사회적 인물은 아니라고 말할 수 있을지 모른다. 그는 문화 자체를 부정하지는 않는다. 그가 부정하는 것은 문화의 본래적 의미를 파괴하는 현실의 폭력적 운용이었다. 권력의 폭력에 맞서는 순수한 문화주의자로서의 장자를 우리는 그의 '내성외왕'의 사상에서 읽을 수 있다. 현실에서 목도하는 타락한 문화는 이미 문화가 아니다. 장자가 부정하는 문화는 문화가 아닌 문화였으며, 따라서 그를 반문화주의자라고 단순하게 평가할 수는 없다. 장자는 본래적 순수의 문화, 즉『장자』의 다른 곳에서 '지덕지세'(「마제」등에서 등장하는 개념)라고 부른 이상적 삶이 실현되는 그런 문화를 상상하는 문화주의자였다. 장자가 보기에 소위 제자백가의 사상은 나름대로의 소용과 가치가 있지만 이상 문화의 파괴를 방지하지 못하는 작은 방법들, 작은 술수들에 불과하다.

장자 사상의 중심에 자리 잡고 있는 그 도는 이미지로 말하자면 둥근 것이다. 그러나 그 당시 제자백가들이 들고 나온 술수인 방술은 모가 나고, 그렇기 때문에 언제고 둥근 도를 비집고 나올 수밖에 없다. 따라서 방술은 부분적이고 일면적인 것일 수밖에 없다. 장자는 자연과 인간적 인위가 하나로 조화된 상태를 '혼돈'에 비유한다.(「응제왕」) 자연과 인간이 하나가 된 경지는 말로 명확히 꼬집을 수 없는 어떤 상태이다. 도의 원래적 상태는 말로 표현할 수 없는 원초적 완전성이 실현된 상태이다. 그것이 장자적 혼돈의 참 의미이다. 훌륭한 예술품의 미를 말로 어떻게 설명해볼 수 없는 것과 마찬가지로, 장자의 완전한 도는 모호함과 막연함을 지니고 있다. '천인합일'의 '혼돈'은 갑갑함이 아니라 우리의 시야와 정신을 오히려 탁 트이게 하는 매력이 있는 것이라고 장자는 생각했다. 후세의 도교는 그런 상태를 '일점영광一點靈光'이라고 표현하면서 득도를 통해 원래적 '혼돈'으로 복귀하는 완성 상태를 '황홀한 빛'에 비유하고 있다. (중국 심학心學의 완성자인 왕양명王陽明 역시 인간 내면의 본래적인 순수한 '양지良知'를 '일점영명一點靈明'이라는 도교 내단학의 술어를 사용하여 표현한다.[1]) 장자가 말하는 것처럼 그런 '득도'의 경험은, 숨쉬기운동이나 체조 등의 소술小術에 의해 얻을 수 있는 것은 아니다.

---

[1] 최재목, 『내 마음이 등불이다: 왕양명의 삶과 사상』(이학사, 2003), p. 261 참조. 최재목은 신유학이 불교와 도교의 사유를 먹고 자란 위대한 꽃봉오리라는 표현을 통해, 신유학과 도교 및 불교의 관계를 적절하게 요약한다. 나는 왕양명의 양지 사상을 가장 직설적으로 보여주는 도교적 술어가 '일점영명一點靈明(光)'이라면, 주자가 건립한 신유학의 목표를 가장 적절하게 표현한 도교적 술어는 '초범입성超凡入聖'이라고 생각한다. 이 책 7장의 주석 6과 8장 주석 18 참조. 주자학과 도교의 관계에 대해서는 이용주, 『주희의 문화 이데올로기』 참조. 신유학의 사상 속에 자연스럽게 녹아들어가 있는 도교적 술어를 체계적으로 살펴보는 작업이 기다려진다.

그야말로 그것은 방술의 차원이 아니라 '도술'의 차원인 것이다. '혼돈'의 죽음을 이야기하는 내편의 제7편 「응제왕」의 마지막 단락은 바로 이러한 '득도'의 체험과 그것의 상실에 대해 말하는 것이다.

'천인합일'의 아득함 그리고 완전함은 '혼돈'으로 비유된다. '혼돈'은 '내성외왕'의 경지에 가서야 얻을 수 있는 이상이다. 그것은 마치 사방으로 뻗어나가는 네 개의 직선이 교차하는 중심, 큰 원의 중심과 같다. 서양의 연금술에서도 도교와 마찬가지로 그 중심을 빛으로 묘사한다. 장자의 혼돈이 어둠의 이미지를 지니지만, 그 어둠은 죽음의 어둠이 아니라 오히려 생명력의 응집으로서의 절대적 어둠이라는 점에서 빛에 더욱 가깝다. 도의 절대적 있음이 오히려 역설적으로 무無라고 표현되는 것과 같은 맥락일 것이다. 「응제왕」의 '혼돈'은 우주적 근원으로서의 무정형적 중심을 의미한다. 생명의 중심, 그것은 어머니의 자궁과 같은 생명의 근원인 어둠이며, 중심이며, 생명 그 자체이다. 그것은 인위적 작위가 아니라 자연적 무위의 상태이며, 자연적 무위에 의해 생명은 자라난다. 그런 의미에서 장자의 '혼돈chaos'은 질서의 창조를 위해 극복되어야 할 무질서, 중심의 결여 내지는 방향감의 상실을 의미하는 '혼란disorder'과는 다르다.

「응제왕」의 우화는 '혼돈'이라는 주인공과 그의 두 친구를 내세운다. 그들은 하늘의 지배자들이다. '혼돈'의 우호적 친구인 남쪽 바다의 임금 홀忽과 북쪽 바다의 임금 숙儵은 중앙의 혼돈의 어리숙함이 '지극한 선[甚善]'이라는 사실을 잘 안다. 그러나 그들의 밝음과 민첩함은 혼돈의 '선善'을 있는 그대로 즐길 줄 모른다. 그들은 착한 친구 혼돈에게 더 밝은 빛과 더 빠른 민첩함을 심어주어야 한다고 믿고 있다. 마침내 '혼돈'은 두 친구의 지나친 호의 때문에 목숨을 잃고 만다. 「혼돈」에게 부여된 일곱 구멍은 얼굴에 달려 있는 일곱 구멍이다. 그 구멍은 인간적 질서, 왜곡된 문명적 질서를 상징한다. 혼돈의 죽음은 완전한 원초적 생명의 파괴이며, 천인합일의 파괴이며, 자연의 파괴로 이어진다. 인간 세상의 혼란은 여기에서 비롯된다고 장자는 생각하였다. 그렇다면 그것은 어쩔 수 없는 인간의 운명이며 문화의 운명이다. 인간은 그렇게 만들어져 있는 것이다.

장자 사상의 체념적 허무주의의 일면은 장자 사상에 따라다니는 어쩔 수 없는 그림자와 같다. 극단적 이상주의가 허무주의와 통하는 것을 우리는 잘 알고 있다. 장자를 읽을 때 우리는 허무주의의 야릇한 호탕함과 웃음을 먼저 발견한다. 장자의 유머는 어두운 유머, '블랙 유머black humor'다. 웃음과 유머를 담고 있는 장자는 확실히 '비극적'이다. 「천하」편의 장자, 특히 첫머리 부분의 장자는 내편의 허무주의적 장자와는 다른 모습을 띠고 있다. 장자는 현실을 마주 대하면서 유가나 묵가처럼 진지할 수가 없었다. 역사의 어둠을 이미 꿰뚫어 본 장자는 진지한 정면 대결로 현실이 움직이지 않는다는 사실을 잘 알고 있었다. 시체처럼 굳어버린 현실에 대해 유가의 진지한 설교나 묵자의 자기희생이 무의미하다면 장자가 취할 수 있는 방법은 조소나 풍자 이외에 다른 방법이 없었을 것이다.

「소요유」의 문체

「소요유」는 문체면에서 볼 때 먼저 '총론'이 제시되고 '분론'이 전개되는 형식을 가진 문장이다. 그리고 결론은 없다. 이러한 문체는 장자 문장의 정통이라 할 수 있다. 「소요유」, 「제물론」, 「양생주」, 「대종사」가 여기에 속한다. 외·잡편 일부의 문장에서도 우리는 이러한 유형의 문장을 만날 수 있다. 또 다른 장자의 중요한 문체 유형은 먼저 '분론'이 나오고 마지막에 '결론' 겸 '총론'이 제시되는 형태이다. 이러한 문체는 '소요유'의 문체 유형을 뒤집어놓은 형태로서, 장자의 정통 문장의 변체라 할 수 있다. 내편의 「인간세」, 「덕충부」, 「응제왕」이 여기에 속하고 있다.

위의 유형에 속하는 작품은 총론(또는 결론)에서 이론의 핵심을 제시하고, 분론에서 구체적 예를 들어가면서 총론의 사상을 증명하는 형식을 취한다. 장자의 문체상의 독특함뿐만 아니라, 입론立論의 특이성에도 주의해야 한다. 말할 것도 없이 장자는 노자의 "말로 표현할 수 없"는 도의 불가언설성에 대한 경고를 숙지하고 있었다. 따라서 우주와 대자연의 본래 면목, 즉 '도'를 설명하고 묘사하는 장자의 입론은 사실상 부득이하게 토로되는 것일 수밖에 없다. 따라서 장자는 직설적이 되기 쉬운 자신의 주장을 숨기고, 해체하고, 얼버무릴 수밖에 없다. '도'는 분명한 언어로 명료하게 설명될 수 없기 때문이다.

대자연의 본래 면목, '도'는 장자의 해체의 언어 체계 속에서 어둡고 불투명한 '혼돈'(「응제왕」)으로 표현되고 있다. 그러한 장자의 입론 방식은 '취언巵言'이라고 불린다.(「우언寓言」 참조) 그것은 마치 공기로 가득 채워진 풍선을 바늘로 찔러 바람을 빼버리는 듯한 방법이다. 우주의 본래 면목은 성견成見이나 망설妄說에 의해 완전하게 표현될 수 없다. 장자의 언설은 가장 전형적인 해체의 언어이다. 장

"자네는 물고기가 아니면서 어찌 물고기의 즐거움을 아는가?"
"자네는 내가 아닌데 어찌 내가 물고기의 즐거움을 모를 것이라는 것을 아는가?"
: 『장자』 「추수」
(뉴욕 메트로폴리탄미술관 소장)

자는 스스로의 언설을 해체함으로써 도(=진리)의 편견에 사로잡히는 인간의 짧은 소견을 해체한다. 그리고 도를 숨김으로써 도의 본래 면목인 '불투명함', '아득함'을 체득하도록 독자를 일깨운다. '너무 커서 현실의 이치에 합당하지 아니하고, 한번 가면 되돌아올 줄 모르는[大而無當, 往而不返]'이라고 하는 접여接輿의 말(「소요유」)은 곧 장자의 목소리다. 이러한 해체의 언설과 함께 장자는 '우언'과 '중언'을 자기의 철학적 언설 속에 끌어들인다.

'우언'과 '중언重言'은 말할 수 없는 것을 말하는 또 다른 방법이다. 개념적 언술이 가질 수밖에 없는 전달의 평면성을 극복하기 위해 장자는 '우언'을 이용한다. '우언'은 설명이 아니다. 우언을 통해 제시되는 사건은 단순하지만, 대자연의 본래 면목을 즉자적으로 전해주는 힘이 있다. '우언'이 사물이나 동물을 빌려 이야기한다면, '중언'에 등장하는 인물은 성인이나 현인 등 세상 사람들이 숭배하는 우상적 존재들이다. 장자는 '중언'을 통해 상식적, 세간적 진리를 해체하고자 한다. 장자의 중언에 등장하는 인물은 세간적, 일상적 진리의 화신이었다. 장자는 그런 경전적 진리를 단순하게 답습하려 하지 않는다. 장자는 진리가 없다고 말하지는 않는다. 그러나 '진리는 이것이다'라고 주장하는 이론들을 회의한다. 세간에서 숭상되는 성인이나 현인이 반드시 자연의 본래 면목을 체득하고 있는 것은 아니다. '중언'의 작용은 역사적 인물의 입을 빌려 도의 진면목을 '힐끗' 보여주는 데 있다.

『장자』 내편의 여러 문장에서 '총론' 혹은 '결론'은 '도'에 대한 정면으로부터의 접근이라고 볼 수 있다. 거기에서 장자는 추상적으로 도의 이론을 전개하는 경우가 많기 때문에 대단히 사변적이고 철학적으로 언어를 운용한다. 그러나 '분론' 부분에서는 구체적이고 생동감 있는 언어를 구사하여 도의 면목을 문학적으로 드러내고 있다. 장자를 읽기 위해 우리는 사변적 논리뿐만 아니라 문학적 감수성까지도 갖추어야 한다. 「소요유」는 무엇보다 그러한 문학적 감수 능력이 요구되는 장자의 진수라고 할 수 있는 문장이다.

「소요유」는 문체 면에서 볼 때 '총론'이 먼저 제시되는 정통 유형에 속한다. 「소요유」는 구만 리 창전을 날아오르는 거대한 봉황새(붕鵬)의 이야기에서 시작한다. 봉황새는 무엇을 의미하는가? 그것은 장자를 상징적으로 표현한 것인가? 지금까지 대부분의 장자 연구는 '그렇다'라는 답을 내리고 있다. 정말 그런가? 이하에서 우리는 비교적 자세하게 장자 내편 전체와 외·잡편의 일부를 분석하면서 장자의 글쓰기, 장자의 뜻을 살펴보려고 한다. 「천하」편을 분석하면서 우리는 장자가 스스로의 사상을 평가한 것을 이미 보았다. 거기에서 장자는 이렇게 평가되고 있는 것을 기억한다. "류유지설謬悠之說, 황당지언荒唐之言, 무단애지사無端崖之辭."(「천하」)「소요유」는 바로 이러한 황당하고 종잡을 수 없는 이야기에서 시작된다. 사실 내편 전체가 이런 이야기로 가득 차 있지만, 특히 「소요유」는 그런 장자 문장의 전형적인 모습을 보여준다.

> 북쪽 바다에 물고기가 살고 있었다. 그 물고기는 곤이라고 불리었다. 곤은 얼마나 큰지 그 길이가 몇 천 리에 이르는지 알 수가 없었다. 곤은 모습이 변하여 새가 된다. 그 새는 붕이라고 불리는데, 붕 역시 몇 천 리가 되는지 모를 정도로 큰 몸을 갖고 있다. 붕이 힘차게 하늘을 날아오르면 그 날개는 마치 구름처럼 하늘을 가릴 수 있다. 이 새는 마침내 바다를 건너 남쪽 바다로 날아간다. 이 남쪽 바다는 천지天池(하늘 연못)라는 이름으로 불리는 곳이다.

가슴이 탁 트이는 거대한 봉황새의 비상은 흔히 장자의 '소요'의 경지를 상징하는 것으로 이해되어왔다. 이어서 장자는 괴이한 일들을 기록한 『제해齊諧』라는 책을 인용하면서, 붕의 이동에 대해 보충 설명을 해준다. "하늘을 날아오른 붕이 날개를 치면 바닷물이 삼천 리 높이까지 솟아오르며, 붕은 구만 리 창천을 유유히 날아간다." 이것은 과연 속세의 자질구레함에 사로잡히지 않는 장자의 정신적 경지를 표현한 것처럼 보인다. 그러나 「소요유」를 자세히 읽어보면, 장자가 붕의 위대함을 찬양하기 위해 이 글을 쓴 것이 아니라는 사실을 알게 된다. 「소요유」의 총론에서 장자는 거대한 붕의 비상을 비웃는 매미〔조료蜩〕와 참새〔학구學鳩〕를 등장시키고 있다. 그 두 작은 생물은 붕의 거대한 비상을 이해할 수가 없다.

> 나는 아무리 날아보려고 발버둥을 쳐도, 큰 나무숲에 이르지도 못하고 땅바닥에 떨어져버리곤 한다. 그런데 붕은 왜 구만 리나 날아올라서 남쪽으로 가려고 하는 것이지?

남쪽 바다를 향해 하늘로 솟구쳐 오르는 거대한 붕과 나뭇가지 사이를 겨우 날아다니는 매미나 참새의 대비는 「소요유」에서 두 번에 걸쳐 나타난다. 매미는 붕의 뜻을 이해할 수 없다. 참새가 봉황의 뜻을 알 수 없는 것이다. 왜 알 수 없는가? 그것은 식견의 차이 때문이다. 나무 그늘에서만 자라는 이끼는 태양이 비치는 한낮을 이해할 수 없다. 여름에만 사는 매미는 겨울을 알 수 없다. 이렇게 생명이 짧은 생물이 있는가 하면, 수백 년을 살고 수천 년을 사는 거북이가 있고 춘椿나무가 있다. 자연이 부여한 생명은 이렇게 처음부터 차별이 있는 것이다. '대지大知', '대년大年'이 위대하고 '소지小知', '소년小年'은 가소롭고 하찮은 것인가? 이렇게 질문을 해보면 우리는 바로 장자의 뜻을 짐작할 수 있을 것 같은 생각이 든다.

장자가 붕과 대비시키고 있는 매미와 참새는 확실히 세상의 소인배를 지목하는 것임에 틀림없다. 그들의 작은 지혜와 영특함은 모든 것을 비교의 관점에서 바라본다. 이것이 더 크고, 저것이 더 좋다. 그들의 눈동자를 이리저리 돌리며 더 나은 것을 찾아 항상 바삐 움직인다. 그러나 그들의 기준은 항상 자신들의 좁은 소견이라는 것이 문제이다. 그들은 봉황의 날갯짓을 보면서 비웃는다. "왜 저러지? 쓸데없이!" 그들은 질투심에 가득 차서 안절부절 어쩔 줄 모른다. 세상 사람들이 수단 방법을 가리지 않고 생명을 연장하려고 발버둥치면서 노력해도 그들이 꿈에 그리는 팽조彭祖의 칠팔백 년을 결코 살 수 없다. 하물며 수천 년을 사는 대춘大椿을 어떻게 따라갈 수 있겠는가? 장자는 일상적인 인간의 삶에 비애를 느끼지 않을 수 없었다. 장자 철학의 기조는 비애[悲]였다. 그는 세상의 권세가, 세상의 총명한 인간, 세상의 소견 좁은 인간들에 대해 슬픔을 느끼며 그들을 동정한다. 그러나 만일 대붕大鵬이 매미나 참새를 비웃는다면, 크고 높이 난다는 이유 때문에 작은 생물을 비웃는다면? 그러나 봉황새의 시야는 그렇게 좁지는 않은 듯하다.

소요, 그리고 자연과 하나됨 [제물齊物]

장자는 봉황새와 매미를 대비시키면서, 존재의 대소 차이를 말하고자 한 것이다. 큰 것은 작은 것에 비해 크다. 크고 작음이 존재하는 것은 그저 자연의 그러함 때문이다. 장자는 이렇게 말한다. "사물이 같지 않은 것은 원래 그것들이 **그렇게 생겼기** 때문이다[物之不齊, 物之情也]." 크다고 해서 우쭐거릴 것도, 작다고 해서 기가 죽을 것도 아니다. 큰 것은 큰 대로 편하고, 작은 것은 작은 대로 편하다. 그런데도 왜 사람들은 비교하고 우쭐거리거나 기가 죽어서 헛된 분별을 내세우는가?

신선, 도와 하나된 사람인 유해섬劉海蟾(왼쪽 그림)과 이철괴李鐵拐(오른쪽 그림).
유해섬이 어깨에 얹고 있는 두꺼비는 불사의 상징이다. (베이징 고궁박물관 소장)

장자는 '제물齊物'을 주장한 사상가이다. '제물'이란 처음부터 다른 것을 억지로 같게 만들고, 차이가 나는 것을 하나로 만들자는 논리는 아니다. 그렇다면 그것은 사물의 실정[物之情]을 무시한 것이 된다. 장자는 존재의 자연스러운 '있음'을 존중한다. 그렇기 때문에 네가 옳고 내가 옳고 시비를 가리지 않는다[不遣是非].(「천하」) 장자는 봉황처럼 고고하게 세상에서 벗어나 있으려 하지도 않는다[與世俗處].(「천하」) 있는 그대로의 가치를 인정하고, 자연의 있음을 그대로 존중하는 것, 그래서 사물[物]은 궁극적으로 동등한[齊] 가치를 지니고 있다고 하는 신념을 장자는 우리에게 알려주려고 한다.

그렇다면 장자는 '대붕'을 '매미'와 대비시키면서 '대붕'의 위대함을 말하고자 한 것이 아니란 사실이 분명해진다. 장자가 말하고자 하는「소요유」의 경지란 그렇다면 어떤 경지인가? 유능하고 덕을 갖추고 있으며 위로는 제왕의 뜻과 합치하고 아래로는 백성의 신임을 얻을 수 있는, 세상의 기준에서 볼 때 손색이 없는 인물이 있다고 하자. 그런 인물이라 해도 스스로의 인격을 자만하고 공적을 과신한다면, 사실 그런 인물은 매미나 참새에 다름없는 인간일 수밖에 없다고 장자는 말하는 것이 아닌가. 학문의 수준이 그다지 높지 않은 송영자宋榮子조차도 그런 인물들을 비웃을 것이다. 여기서 송영자는「천하」편에서의 송견이다.

송견은 송나라의 현인이라 일컬어지는 인물이다. 송견은 내면적 청정[白心]을 주장하고 욕망의 절제에 의해 전쟁 등의 투쟁을 억제해야 한다고 역설했던 인물이라고 장자는 평한다. 송견은 고성왕의 도술의 일부분을 주장하고 실천했다는 점에서 일정한 가치를 지닌다.(「천하」 참조) 그러나 그의 사상, 실천은 '도술'의 진면목을 이해하지 못하는 수준에 머물러 있었다고 장자는 판단한다. 송견은 자신의 사상에 대해 강렬한 신념을 지니고 있던 사상가였다. 그런 의미에서 그는 시비是非, 정조精粗의 분별에 완고한 태도를 취하고 있었다고「천하」에서는 평가한다. "송견은 그의 신념을 천하에 알려 실행되도록 노력했다. 윗사람에게 그의 신념을 주장하고 백성들을 그의 신념에 따라 가르치려 했다. 세상 사람들이 자기의 주장을 들어주려 하지 않아도 그는 굽히지 않고 힘써 자신의 신념을 선전하였다〔以此周行天下, 上說下敎. 雖天下不取, 强聒而不舍者也〕."(「천하」) 우리의 안목에서 보자면, 송견은 확신에 찬 사회운동가이며 교육가였음에 틀림없다. 확신이 강한 만큼 옳고 그름에 대한 분별을 주장하는 데도 또한 분명했다. 장자는 오히려 사리 분별을 내세우는 송견의 이런 측면이 진정한 '도술'에서 멀어지는 원인이라고 보았다. 사리 분별, 가치 판단은 인위의 표현이기 때문이다.

「소요유」에서는 「천하」에서의 송견 평론과 거의 같은 맥락에서 송영자를 비평한다. "세상 사람이 모두 칭찬해도 그것으로 인해 그〔송영자〕를 부추길 수 없고, 세상 사람이 모두 비판하여도 그가 하고자 하는 바를 막을 수 없다. 그는 안과 밖의 분별을 정확하게 하고, 명예와 욕정을 분명하게 나누어 행동한다. 그는 세상 일에 연연하여 허둥거리지 않는다〔且擧世而譽之而不加勸, 擧世而非之而不加沮, 定乎內外之分, 辯乎榮辱之竟, 斯已矣. 彼其於世, 未數數然也〕."(「소요유」) 여기서 우리는 「소요유」의 송영자 평론과 「천하」의 송견 평론이 거의 정확하게 대응하며 일치하고 있음을 발견할 수 있다. 사상의 해석에 있어서뿐만 아니라 문체의 성격도 대단히 유사하다는 것을 느낄 수 있다. 장자는 계속한다. "그렇지만〔雖然〕, 그의 사상은 아직 고도의 경지〔소요의 경지〕에 이르지 못하였다〔猶有未樹也〕."(「소요유」) "그렇지만〔雖然〕, 그의 행동은 남을 위한 것이 너무 많고, 자신을 위한 것이 너무 적다〔其爲人太多, 其自爲太少〕."(「천하」) 장자는 송영자의 정신적 가치를 인정한다. 그러나 장자가 보기에 세상의 혼란은 오히려 의욕의 과잉, 인위의 과도함에서 비롯되는 것이었기 때문에 송견의

'행동주의'를 비판하고 있는 것이다.

이어서 장자는 송견의 입장보다 한발 더 '소요'의 경지에 접근한 열어구(열자)에 대해 이야기한다. 「천하」에서는 인위와 자연(도)이라는 관점에서 그의 사상을 평가하였고, 「소요유」에서는 역시 인간과 도의 관계에 대해 유대有待와 무대無待라는 방향에서 접근하고 있다. 이 두 편에서의 관점은 약간 차이가 있지만, 사상가 평가의 스타일은 대단히 유사하다. '도'(자연)에 가장 멀리 위치한 사상, 인생적 태도에서부터 점차 '도'에 가장 밀접한 사상으로 한 단계 한 단계 접근해가는 서술 방식을 통해 장자는 소요의 사상적 경지를 실감 있게 그려내려 하고 있는 것이다. 열자가 누군지, 역사적으로 실존했던 인물인지 아닌지 등은 여기서의 우리 관심사는 아니다. 바람을 타고 다닌다는 신선화된 인물 열자를 통해 장자는 심각한 도리를 설파한다. '바람을 타고 다니는[御風而行]' 열자는 도교 및 신선 사상에서 말하는 신선의 전형적인 풍모를 지니고 있다. 세상의 번잡함에 사로잡히지 않으며, 그야말로 바람 부는 대로 구름을 타고 움직이는 유유자적한 열자는 마치 「소요유」의 경지를 대표하는 것처럼 보인다. 그러나 장자는 '소요'의 경지를 다른 사상가에게 좀처럼 인정하지 않는다. 사실 열자의 수준에 도달한 인간 또한 '이 세상에서 쉽게 발견할 수 있는 것은 아니다'라고 장자는 말한다. 열자는 구름을 타고 바람에 실려 다니기 때문에 땅을 딛고 길을 걸을 수밖에 없는 보통 사람의 수고를 덜 수 있다. 그러나 그도 역시 완전히 자유스러운 존재는 아니다. 적어도 그는 바람이나 구름에 의지해야 하기 때문이다. 바람이 없고 구름이 없으면 그도 어쩔 수 없다. 장자는 무엇인가에 의존할 수밖에 없는 인간의 한계를 "유소대有所待"라고 부른다. 자기 스스로의 자유에 의해서가 아니라 무엇인가에 의존해서 살아갈 수밖에 없기 때문에, 그는 완전한 자유의 경지인 '소요유'를 누릴 수 없다.

마지막으로 장자는 소요의 경지에 도달한 '지인至人', '신인神人', '성인聖人'에 대해 말한다. 열자든 대붕이든 '바람에 의존[待風]'할 수밖에 없다는 점에서 '아무것에도 의존하지 않는[無待]' 절대 경지에 이르지 못하였다. 대붕은 장자의 이상인 '소요유'의 경지를 지시하는 상징이 아니다. 대붕의 비상은 상대적 우월함의 표현일 따름이다. '소요유'의 경지에 대해 장자는 이렇게 말한다.

> 천지의 정기正氣를 타며, 육기[음陰, 양陽, 풍風, 우雨, 암暗, 명明]의 변화를 부릴 수 있고 무궁의 경지에서 노니는 절대자가 무엇에 의존할 리가 있겠는가?[乘天地之正, 而御六氣之變, 以游無究者, 彼且惡乎待哉!](「소요유」)

'소요유'의 경지는 쉽게 이해할 수도, 또 쉽게 도달할 수도 없는 경지다. 그런 존재를 쉽게 상상할 수 없는 것처럼, 그런 경지를 묘사하는 장자의 표현 또한 쉽게 잡히지 않는다. 청대의 주석가 왕선겸王先謙은 "아무것에도 의존하지 아니하고 무궁의 차원에서 노니는 것[無所待而游于無究]"이 「소요유」의 핵심 사상이라고 말하였다.[2] 장자를 역

---

2) 王先謙, 『莊子集解』, 《新編諸子集成》, 中華書局.

사의 망각에서 구해낸 최초의 장자 해설자이며 동시에 최고의 장자 해설자 곽상은 "천지의 정기를 탄다〔乘天地之正〕"는 것은 '만물의 본래 타고난 본성에 따르는 것〔順萬物之性〕"이라고 설명한다. 나는 이 해설이 장자 사상의 핵심을 정확하게 파악하고 있는 최선의 것이라고 생각한다. 모든 존재는 본래의 자연의 원리에 따라 생존하고 자라나고 소멸한다. 거기에 인위가 개입될 때 자연은 혼란에 빠져들고, 오늘날 우리가 직면한 인간성의 상실, 생태계의 위기라는 비극이 초래된다. 학의 다리가 길다고 자를 수 없고, 거북의 목이 짧다고 뽑을 수 없는 것이다. 그러나 인간은 사물을 '있는 그대로〔自然〕' 두지를 못한다. 인간은 인간에 대해서도 마찬가지로 행동한다. 장자는 인간성의 이러한 약점을 비판하고 있다. "육기의 변화를 부린다"는 것은 대자연의 본래 면목인 '변화' 그 자체를 존중한다는 것이다. 사물의 본래 상태에 순응하여 사물을 바라보고 거기에 어떠한 조작도 가하지 않는 '인물부물因物付物'의 경지가 그것이다. 그것은 '대화大化(자연의 법칙)'와 하나〔一〕가 되고, '도'와 하나가 되는 것이다. '도'는 어디에든 존재하고, 한 순간이라도 멈추지 않는다. '도'는 스스로 존재하며, 누구의 간섭도 받지 않는다. '도'와 하나가 된 인간은 '도'와 마찬가지의 절대적 '자유'를 누릴 수 있다. 이것이 곧 "소요"의 경지이다. 「천하」편에서는 이러한 장자의 "소요"의 경지는 "위로는 조물자와 함께 노닐고, 아래로는 삶과 죽음을 뛰어넘고 시작과 끝을 잊어버린 자연과 친구가 된다〔上與造物者游, 下與外死生無終始者爲友〕"고 해설하고 있다.

소요와 자유 그리고 한계

대붕의 비상에서 시작하여 소요의 지인, 신인, 성인에서 끝나는 '총론'에서 장자는 "아무것에도 기대지 않는〔無所待〕" 자유의 철학을 설파하였다. 장자가 이상으로 삼는 인생의 최고 경지는 '도'와 하나가 되는〔與道同體〕 것이었다. 사실 우리는 그러한 경지가 어떤 것인지 모른다. 그러나 장자의 언어들은 단순히 황당하고 조리가 없는 잠꼬대로만 들리지는 않는다. '총론'에 이어 '분론'에서 장자는 '중언', '우언' 등을 구사하여 '소요유'의 경지란 어떤 것인지를 보다 구체적으로 제시한다. 그러나 '분론'이 '총론'보다 더 명확하게 '도'와 하나가 된 경지를 설명해주고 있다고 말할 수는 없다. 장자가 말하고자 하는 경지를 상상하고 '느낄' 수 있으면 충분하다. 아래에서는 장자의 경지를 느끼게 해주는 다섯 개의 이야기 중에서 첫 번째 이야기만을 해설하여 장자의 경지에 대한 나의 느낌을 전하고자 한다.

첫 번째 이야기는 "요 임금이 천하를 허유에게 넘겨주려고 하였다"라는 선양禪讓에 관한 것이다. 이것은 소위 '중언'으로서, 고성왕을 들어 고성왕의 권위의 절대성을 해체한다. '요'가 천하를 다스릴 적에 천하는 이미 잘 다스려졌다. 그런데 '요'는 자기의 천하를 허유에게 넘겨주려고 한다. 이것은 장자가 꾸며낸 이야기로서 장자는 이 이야기를 통해 가소로운 인간의 정치적 갈등과 권력투쟁을 비웃고 있다. 천하가 누구의 사유물인가? 힘 있고 목소리 큰 자들이 제멋대로 가지고, 던지고, 차고, 뺏고, 빼앗기고, 넘겨주고 그리고 다스린다고 한다.[3] 과연 인간의 역사에서 몇십 년, 아니 몇 년간이나 백성이 제 땅의 주인이 되어 마음 편한 생활을 누렸는가? 맑스의 역사관 운

불사를 꿈꾸는 수련자

운할 것도 없이, 중국의 역사는 권력 있는 자들이 힘없는 민중을 부리고, 전쟁으로 내몬 착취의 역사였다는 것은 분명하다. 우리들이 아무런 의식 없이 동경하는 영웅이란 과연 누구인가? 조조가 누구이고, 유비는 누구이며 주원장은 누구인가? 그렇다면 유가가 이상화시

---

3) 맹자도 요堯가 순舜에게 나라를 넘겨주었다는 선양禪讓에 관해서, 나라는 어느 개인의 사유물이 아니기 때문에 누구에게 나라를 넘겨주는 행동은 있을 수 없다고 주장한다. 그것은 천명에 달린 문제라는 것이다. 맹자의 천명을 자연 내지 하늘의 뜻이라고 본다면, 도가의 정치적 입장과 비슷한 점이 없지 않다.

키고 있는 고성왕은 과연 누구인가? 폭군이라 지탄받는 걸, 주와 성왕이라 추앙받는 요와 순, 문무가 과연 본질적으로 다른가? 진시황과 한고조(유방)가 정말 크게 다른가? 자기의 권력욕을 채우기 위해 수천수만의 인명을 파리 목숨보다 가벼이 여기는 통큰 남자들이 소위 영웅이 되어 중국의 역사를 가득 채우고 있다고 보는 것은 너무 비관적인가.

중국인은 흔히 이렇게 말한다. "나라를 훔치면 영웅이고, 물건을 훔치면 도둑이다." 요 임금이 천하를 넘겨주려 했던 '허유'는 장자의 대변인이다. 장자는 전설적인 은둔자 '허유'에 가탁하여 자기를 말한다. '중언'이든 '우언'이든 그 속에는 반드시 장자가 숨겨져 있다. 장자는 허유라는 전설상의 인물을 분신으로 빌려서 이렇게 말한다. "천하를 다스리는 것은 나의 일이 아니다." 장자는 자족할 줄 아는 사람이었다. '소요'는 자족할 줄 아는 사람만이 누릴 수 있는 특권이다. 자족할 줄 아는 사람은 대개 가진 것이 많지 않고 권리가 많지 않은 사람이다. 많은 것을 가지고 많은 것을 누린 사람이 자족하는 것은 사실 쉽지가 않다.

도가는 인간의 욕망에 대해 분명한 이론을 갖고 있었다. 인간의 욕망은 '사물과의 접촉[接物]'에서 비롯된다. 인간의 오감이 마주 대하는 사물이 인간에게 남겨준 상처가 곧 욕망이다. 욕망은 인간이 죽을 때까지 가지고 살 수밖에 없는 치료하기 힘든 상처이며 질병이다. 인간은 욕망에 의해 생명을 유지한다. 그러나 욕망 때문에 타인의 생명을 요구하기도 하고, 스스로의 생명이 상하기도 한다. 장자가 살고 있던 시대는 극소수 인간이 자기들의 욕망을 채우기 위해, 대부분의 민중의 욕망을 희생시키고 심지어는 생명까지도 빼앗는 것이 일상화된 시대였다. 천하는 그런 극소수 인간의 사유물이었던 것이다.

허유는 요로부터 천하를 물려받는 것 자체를 거부한다. 천하의 주인은 천하의 사람 하나하나이다. 작은 것에 만족할 줄 아는 힘없고 무식한, 그러나 선량한 백성이 천하의 주인이다. 요, 당신은 무슨 권리가 있어서 그들을 마음대로 주무르고, 두드리고, 그들의 삶을 망쳐 버리는가? 요, 당신의 눈에는 그들이 요리사의 도마 위에 오른 생선 쯤으로 보이는가? "나[허유]는 천하를 위해 해줄 게 없는 사람이라오〔予無所用天下爲!〕." 나도 천하의 그 힘없는 가련한 백성들과 마찬가지로, 작은 것에 만족하며 작은 만족에 행복해하며 살아가는 사람이라오. 이렇게 허유는 말하고 있는 것이 아닐까. "강둑에 굴을 파고 사는 두더쥐처럼, 나는 물 한 모금으로 배가 불러 다른 것은 쉽게 잊을 수 있소. 그러니 당신도 조용히 돌아가 쉬는 게 어떻겠소?〔偃鼠飮河不過滿腹. 歸休乎君〕"라고 허유는 요를 넌지시 나무라며 충고한다.

장자의 '소요유'는 완전한 자유, 무엇에 기대지 않는 스스로의 주체적 자각에 의지하는 그런 자유를 의미한다. 그것은 절대적 독립이다. 그러나 그것은 현실적으로는 불가능한 꿈에 불과하다. 여기에 장자 사상의 근본적 한계가 있다. 그리고 '사물의 실정〔物之情〕'을 존중하는 장자 사상의 근원적 모순이 여기에 도사리고 있다. 우리는 그러나 장자의 '속뜻'을 이해할 수 있을 것 같기도 하다. 근대 중국의 문호 루쉰魯迅이 언젠가 말했던 것처럼, 중국인은 타협, 조화, 중화를 존중하는 민족이다. 그러나 루쉰의 그 말은 대단히 심각한 풍자를 담고 있다. 그는 이렇게 쓰고 있다. "방이 하나 있을 때, 창문이 없어 답답하니 창을 내자고 하면 중국 사람들은 반드시 반대하고 나선다. 그러나 답답하니 아예 지붕을 헐어내어 없애버리자고 주장하면, 타협점을 찾아 창문을 내자고 한다."(『무성지중국無聲之中國』, 1927년) 루쉰은 중국인의 민족성, 그가 개조해야 한다고 주장했던 그 민족성의 부정적 측면에 대해 말하고 있다. 하나의 현상에 대해 소극적이고 안전한 대안을 제시하는 것은 그 현상의 개선에 전혀 도움이 되지 않고, 오히려 기존 현상의 모순을 감싸는 보호막으로 작용할 수 있다고 하는, 중국인의 민족성에 대한 예리한 통찰이 담겨 있는 말이다. 우리는 여기서 중국적 '중용'의 또 다른 측면, 굳이 말하자면 어두운 측면을 볼 수 있다.

　현실의 거대한 벽 앞에 서 있는 장자의 언설은 그런 의미에서의 허풍과 과장을 담고 있다. 전국시대 중국 문화는 생사를 건 투병을 해야 하는 심각한 질병을 앓고 있었다. 이 질병에 대해 장자라는 명의는 독약 중에서도 극독의 처방을 내린다. 진한 제국이 성립하고, 생사를 건 투병의 위기를 넘긴 후, 중국 문화는 다시 '장자'를 언급하지 않는다. 장자의 약 쓰는 법은 너무 극단적이기 때문이다. 우리는 한대에 사상의 무대에서 장자가 거의 사라져버린 사실을 이렇게 설명할 수 있다. 한대가 지나고 위진남북조의 혼란과 위기의 상황에서 '장자'는 다시 등장한다. 이때 장자는 곽상이라는 화신을 통해, 중국 문화의 질병을 치료하기 위해 세상에 다시 모습을 드러내었다. 춘추전국 이후 2천 몇 백 년 동안 중국 문화는 그 질병의 뿌리를 완전히 뽑아내지 못했기 때문에, 정기적으로 병은 재발했다. 아니 어쩌면 그러한 질병의 재발은 문화 자체의 운명인지도 모른다. 그때마다 명의 장자는 약간씩 다른 옷을 입고 중국 문화의 치료자로서 역사에 등장한다. 치료자의 역할과 치료의 방법은 시대마다 동일하지 않았으나, 반골 정신의 체현자로서 장자의 허무적 몸짓은 은일자의 모델로서 중요한 역할을 했다.

　「소요유」에서 장자는 권력의 중심화에 반대하고 있다. 장자의 정치사상은 무위의 자율을 강조하는 것이었다. 강하고 위대한 자의 획일적 강제를 비판하고, 힘없고 초라하긴 하지만 각자의 생명이 지닌 가치를 인정하는 장자의 사상은 대단히 자유주의적인 일면을 가지고 있다. 그러나 근본적으로 언로가 막힌 절대 권력의 지배하에서, 그러한 자율의 주장은 허무적 도피나 자기만족적 은둔 이상의 적극적인 의미를 가질 수 없다는 사실은 너무도 자명하다. 루쉰이 지적하는 중국인의 또 하나의 특징, 즉 아큐阿Q적 정신 만족법의 뿌리가 다름 아닌 장자의 소요 정신이라는 사실은 대단히 미묘한 아이러니가 아닐 수 없다. 강자가 지배하는 사회, 적자생존의 경쟁 원리가 지배하는 사회의 기본 철학은 장자적 정신을 못난 자의 자기 만족을 위한 도피 철학 정도로 보아온 것이 사실이 아닐까. 실제로 장자적 소요와 자유의 정신이 빛을 발휘하는 영역은 시와 예술, 특히 사회의 중심에서 밀려난 소외자들의 삶을 표현하는 반항의 문학과 예술에서였다는 사실은 단순한 우연만은 아닐 것이다.

# 일곱 배움에 의해 신선이 될 수 있다
― 포박자 갈홍의 신선론, 그 논리와 한계

갈홍 이전의 신선론

장생불사長生不死 내지 장생성선長生成仙은 도교의 종교적 궁극 목표이며, 신선 사상가 갈홍이 저술한 『포박자』 내편의 중심 주제이다. 종교적 이념으로서 장생·불사·성선이라는 목표가 종교 사상으로 체계화되기 위해서는 신선이 존재한다는 사실에 대한 확신과, 인간적 노력에 의해 신선이 될 수 있다는 가능성이 사실로 확립되어야 한다.

초기 도교 이론의 완성 단계에서 신선의 존재, 성선의 가능성이라는 문제는 '신선됨'을 목표로 하는 신선 도교의 대전제였기 때문에, 그것에 대한 확고한 논리와 논변이 확립되지 않고서는 도교 자체의 체계가 확립될 수 없었다고 해도 과언이 아니다. 도교 사상을 체계화한 이론가 갈홍은 '신선설'이 당면한 과제를 충분히 이해하고 있었다. 따라서 그는 도의 근본 성격을, 말할 수 없는 아득한 것, 현호[1])이라고 규정한 후 곧바로 '신선의 존재'를 논증하는 신선설의 핵심 주제로 이행하였던 것이다.

신선의 존재 여부에 대한 토론은 동한東漢(후한) 시기부터 지식인들 사이에 중대한 관심사로 떠올랐다. 소위 한대漢代의 비판 사상가로 평가받는 왕충王充은 그의 유명한 철학적 에세이집인 『논형』의 곳곳에서, 당시의 중국인을 전폭적으로 사로잡고 있던 신선의 존재에 대한 신앙을 허망한 믿음이라고 비판한다. 왕충의 신선 비판은 역으로 당시에 신선에 대한 신앙이 얼마나 뿌리 깊게 퍼져 있었는지를 웅변하는 것으로 읽혀질 수도 있다. "신선이란 존재하지 않는다"는 비판적 입장에도 불구하고, "신선은 존재한다"는 신앙적 태도가 만연되어 있었으며 그러한 신앙적 입장이 오히려 사회의 주류를 형성하고 있었을 가능성이 훨씬 높은 것이다.

민중적 차원의 종교 신앙에서는 물론, 인격의 완성을 초인간적인 힘의 획득이라고 이해하고 있던 당시 지식인들의 관념 세계 안에서도

---

1) 20권으로 이루어진 『포박자』 내편은 1권에서 '도교/도가'의 궁극적 원리로서의 '현玄'의 본질을 '아득하고 말할 수 없는 신비', 그러나 '모든 것의 근원인 도와 동일한 무엇'으로 규정한다. 갈홍은 전통적으로 '도교/도가'에서 존재의 궁극적 근거로 제시해온 '도'를 '현'으로 대치하여, 궁극적 존재의 표현 불가능성, 인식 불가능성을 더욱 강조하고 있는 것이다. 역설적이지만, 갈홍은 언설로 담을 수 없는 '현'의 본질을 구명하기 위해 상상적 언어를 구사하여 「현의 본질을 밝힘〔창현暢玄〕」이라는 제목의 문장을 그의 도교 변증론의 처음에 위치시킨다. 여기서 보이는 갈홍의 사유 및 언어는 핵심 부분을 『노자』와 『장자』 그리고 『회남자』 등 전국 진한기의 '도교/도가'에서 빌려왔음은 자명하다. 이러한 내용과 형식으로 볼 때 선진 시대의 고도의 철학적 사유를 '도가'라고 불러 높이 평가하고, 그러한 철학이 통속화·세속화되어 종교적 미신으로 퇴화한 것이 '도교'라고 평가절하하는 지극히 계몽주의적 종교관에 입각한 가치판단은 그다지 설득력이 없다.

연단할 장소를 옮겨가는 갈홍
도교 이론가이자 연금술사였던 갈홍은
연단을 위해 여러 지역을 옮겨다녔다.
(베이징 고궁박물관 소장)

 '신선의 존재'는 이상적 인격이 도달할 수 있는 하나의 가능성으로서 당연시되었다. 그리고 그런 입장에서는 신선의 존재 여부에 관한 토론보다는, 과연 인간의 노력으로 그런 초월적 역량을 가진 신선이 될 수 있는가 하는 '성선 가능성'에 대한 물음이 토론의 초점을 형성하고 있었다. 이런 상황에서 갈홍은 윤리적인 동시에 종교적인 '신선의 존재'를 증명하는 것과 함께 인간적 노력에 의해 '신선이 될 수 있다'는 주장을 펼치는 데에 관심을 기울이고 있었다. "인간의 노력에 의해 신선이 될 수 있는가?" 또는 "인간은 배움에 의해 신선이 될 수 있는가?"라는 도교 신앙에 있어 관건이 되는 이 물음은 갈홍보다 시기적으로 약간 앞선 현학가玄學家 혜강嵇康의 「양생론養生論」에서 본격적으로 제시되었다. 당시 지식인들의 인격 수양론에서 중요한 문제는 유교·불교·도교, 삼교三敎가 주장하는 이상적 인간상으로서의 성인·부처[佛]·신선이란 과연 인간의 노력으로 도달할 수 있는 경지인가 아닌가 하는 것이었다. 혜강의 「양생론」에서 본격화된 신앙적 실천 문제에 대한 도교적 해답이 다름 아닌 '신선설'을 핵심으로 삼는 갈홍의 도교 변증론, 즉 『포박자』 내편이다. 그리고 갈홍이 체계화시킨 "신선은 배워서 도달할 수 있다[神仙可學而成]"는 신선 도교의 근본 교리는 '신선가학론神仙可學論'으로 정식화되어 갈홍 이후의 도교 사상의 정통적 이론으로 계승되었다.[2]

---

[2] 갈홍 이후에 신선가학론은 수많은 도교 이론가들에 의해 계승되었다. 그중에서도 특히 중요한 문헌이 여럿 있다. '신선가학'을 정면으로 논하는 당대 오균吳筠의 「신선가학론」(《도장道藏》에 수록), 남송南宋의 뇌법의 완성자로서 그리고 내단 도교 남종의 완성자로 유명한 백옥섬白玉蟾의 「신선가학론」(『상청집』, 《도장》)이 그것이다. 그 글들은 갈홍의 '신선가학론'을 기본적으로 계승하고 있지만, 시대적 상황의 논리 및 도교 수양법의 발전에 따라 갈홍의 가학론과 커다란 차이를 보이는 점에 대해서는 보다 구체적인 연구가 필요하다. 간단히 말하자면 갈홍의 신선술은 금단론을 위주로 하는 것임에 비해 오균의 방법은 장자를 계승하는 내면적 수양론(좌망과 심재)이 위주이고 백옥섬의 방법은 내단적 방법과 의례적 방법의 결합에 의한 신선의 추구라는 차이를 지적할 수 있을 것이다.

혜강의 「양생론」은 신선의 존재를 인정하는 당시의 유력한 관점이었다. 그러나 「양생론」에서 말하는 '성선론成仙論'은 갈홍이 정식화한 신선 도교의 주장과는 중대한 차이를 보인다. 혜강은 이렇게 쓴다. "내 생각을 간략하게 말해본다면, 신선이란 눈으로 확인할 수 있는 존재는 아니지만 과거의 기록이나 전적典籍에 의해 전해지고 있고 또 역사책에도 남아 있는 것을 보면, 그 존재를 의심할 수 없다고 해야 할 것이다. 그러나 신선은 특별한 기氣를 자연적으로 타고난 사람만이 도달할 수 있는 경지이지 배움의 축적에 의해 얻을 수 있는 경지는 아니다."[3]

혜강은 역사 기록 및 과거의 문헌에 근거하여 신선은 존재한다는 주장을 펼치고 있다. 갈홍 역시 『포박자』 내편에서 신선의 존재를 증명하기 위해 고대의 기록을 근거로 제시한다. 여기서 우리는 도교 변증론의 이론적 한계를 쉽게 지적할 수 있다. 하지만 그들이 제시하는 증거의 증명력을 문제 삼아 그 변증론의 한계를 지적하는 것이 우리의 목표는 아니다. 혜강의 글은 갈홍의 신선 '존재 증명론'이 등장하기 이전에 이미 그와 유사한 논리를 이용하여 신선의 존재를 밝히고자 했던 논의가 있었다는 사실을 확인시켜준다. 그렇다고 해서 갈홍의 신선론이 그 이전에 있었던 신선론의 단순한 반복이라 보는 것은 옳지 않다. 도교의 역사에서 갈홍의 공적은 과거에 있었던 '신선 존재론'을 보다 풍부한 자료를 통해 논증하고, 신선됨[成仙]의 의미를 도교적 신앙과 결부된 '금단金丹'과 연결시킨 점에서 찾을 수 있다.

---

[3] 「養生論」, 『冊中散集』, 三民書局, pp. 169~170.

그러나 도교 신선 이론의 발전 과정에서 본 그의 공적은 거기에만 그치지 않는다. 갈홍은 내편 도처에서 '신선이 존재함'을 주장한다. 그중에서도 「논선論仙」편(권4)은 '신선의 존재 증명'을 위해 할당된 논설로서 신선 도교 이론의 핵심 부분이다. 갈홍의 신선 이론은 '신선이 존재한다'라는 신앙적 입장을 공유한다는 면에서, 일단 혜강의 논점을 심화시킨 것으로 이해할 수 있다. 거기에서 한발 더 나아가 갈홍의 신선론은 혜강의 신선 존재론, 나아가 갈홍 이전의 모든 신선론과 근본적인 획을 긋는 중요한 의미를 담고 있는 발전적 측면이 있다. 신선이란 선천적 자질에 의해 도달할 수 있는 경지가 아니라 수양 및 배움의 노력에 의해 도달할 수 있는 인격적 완성의 차원이라는 주장은 갈홍에 의해 처음으로 제시되었고, 그것이 도교의 역사에서 기본적인 패러다임으로 자리 잡았다는 것이다.

「양생론」에서 혜강은 '신선의 존재'에 관해 당시에 유력했던 두 가지 관점을 제시한다. 하나는, 불사의 신선은 경험론적으로 볼 때 존재할 수 없다고 보는 소위 '경험론자'들의 관점이다. 둘은, 신선은 존재한다는 '신선가'의 관점이다. 혜강과 갈홍의 입장은 말할 것도 없이 기본적으로는 후자에 속한다. 즉 신선의 존재 자체를 부정하는 것은 문화적 유산을 충분히 검토하지 않았기 때문에 생기는 무지와 어리석음의 소치일 뿐이라고 그들은 믿었던 것이다.

그러나 혜강은 배움이나 수련 등 인위적인 노력에 의해 신선이 될 수 있다고 하는 '신선가학론'에는 전적으로 찬성하고 있지는 않다. 혜강이 '신선가학' 자체에 반대한 것은 아니다. 그렇지만 신선이 되기 위해서는 인간의 노력과는 전혀 이질적인 대단히 중요한 조건이 요구된다는 것을 지적한 것이다. 즉 '특별한 기를 자연적으로 타고 난〔時受異氣, 稟之自然〕' 사람만이 그러한 특별한 기의 바탕 위에서 수련을 쌓고서 신선이 될 수 있는 것이지, 특별한 기의 품수라고 하는 전제 조건 없이 배움에만 의지하여 누구나 신선이 되는 것은 아니라고 한다. 이 문제는 유교 전통에서 있어왔던 성인聖人은 타고나면서부터 성인의 자질을 가진다고 보는 '생이지지生而知之'의 입장과 배움에 의해 성인이 될 수 있다고 보는 '학이지지學而知之'의 입장 사이의 대비와 대단히 유사한 성격을 가지고 있다. 그리고 갈홍의 '신선가학설'은 나중에 성립된 신유교의 '성인가학설'과 일맥상통하는 이론적 연관성이 있다고 생각된다.[4]

---

[4] 여기서 우리는 기독교의 역사에서 가장 중요한 신학적 문제의 하나인 아우구스티누스와 펠라기우스의 논쟁을 떠올릴 수 있다. 즉 기독교적인 구원이 하느님의 일방적 은총에 의한 것이냐, 아니면 인간 측의 윤리적·종교적 행위에 의한 것이냐 하는 논쟁이 그것이다. 아우구스티누스의 입장은 극단적 은총론은 아니다. 그러나 인간의 이니셔티브를 더욱 중요시하는 펠라기우스적 행위론을 반대하여 바울의 입장을 지지한다. 기독교의 역사에서 극단적 펠라기우스주의는 '이단'의 판정을 받아 중세 기독교의 전면에서 사라졌지만, 실상 로마 가톨릭은 어느 정도는 펠라기우스적 입장을 받아들인 것이 사실이다. 그런 면에서 그것은 반半semi 펠라기우스주의라고 말할 수 있을 것이다. 한편 종교개혁을 주도한 루터의 칭의론(구원론)은 바울과 아우구스티누스의 입장을 강조하며 인간적 이니셔티브가 구원에 개입하는 반 펠라기우스적 입장을 배격하고, 철저하게 하느님의 은총과 하느님의 이니셔티브를 강조하는 방향으로 나아간다. 개신교 신학의 기본 입장은 이러한 루터적 칭의론 위에 서 있다. 내가 굳이 서양 신학의 예를 들어본 것은 비교 종교학적인 관심에서이기도 하지만 기독교의 신학은 (서양적이니까?) 대단히 세련되고 인간의 현실 생활과 밀접한 것인 반면, 중국적인 신앙의 논리는 단순히 낡은 것, 무의미한 것이라고 간단히 치부하는 우리들에게 숨겨진 선입견을 다시 한번 반성해볼 필요가 있다는 의도 때문이다. 그렇다고 해서 도교의 신앙과

어쨌든 혜강이 제시한, 신선의 기를 타고나야 한다는 주장, 즉 기품설氣稟說은 갈홍의 신선 이론에서는 원칙적으로 부정되고 있다. 그리고 바로 그 점이 신선 도교 신학의 역사에서 갈홍의 빼어난 공적으로 볼 수 있다. 갈홍 이후 도교 신학에서 가장 기본적인 전제는 '배움에 의해 신선이 될 수 있다'는 가학론이다. 도교에서는 갈홍 이후 '신선가학론'이 정통적 입장으로 자리를 잡았다고 말할 수 있지만, 선천적으로 신선이 될 수 있는 자질을 중요시하는 '기품론' 역시 간단하게 무시할 수 없는 흐름을 형성하고 있다. 후대의 내단 문헌에서 흔히 등장하는 '선골仙骨'이니 '도골道骨'이니 하는 표현에서 볼 수 있는 것처럼, 신선이 되기 위해 타고난 자질이 요청된다는 주장은 실제적인 종교 생활에서는 가학론의 원칙을 오히려 능가하고 있지 않은가 싶을 정도로 도교의 이론과 실천 속에서 깊이 자리를 잡고 있었다.

배움이 아무리 필수적인 과정이라고 해도, 신선이 될 수 있는 근본적 자질을 갖추고 있지 못하다면 어떠한 인간적인 노력도 궁극적 깨달음으로서의 신선됨에 이르는 수단이 될 수 없다는 믿음이 도교인

신학이 반드시 옳고 믿을 만하다는 주장을 하는 것은 아니다. 그것은 개인적인 신념의 문제이다. 유교에서 '성인은 배움과 수양을 통해 도달할 수 있다'는 관점은 송대 신유학, 특히 정주 계통의 사상가들에 의해 정착한다. 그러나 '성인가학聖人可學'론이 모든 유교 사상가들에 의해 인정을 받았던 것은 아니다. 예를 들어 주희의 논적이었던 진량陳亮은 '성인가학'의 입장에 반대한다. 그리고 에도 시대 일본의 유학자 오규 소라이荻生徂徠 역시, 주자학적 도학의 '성인가학'론에 대해 비판적이었다. '성인가학'을 둘러싼 논쟁은 근세 동아시아 유교 사상을 이해하는 데 있어서 중요하다.

의 가슴 깊이 자리 잡고 있었던 것이다. 갈홍의 '신선가학론'이 지닌 매력에도 불구하고, 도교인들이 그와 반대되는 입장을 벗어나기 어려웠던 것은 어쩌면 당연한 것일지도 모른다. 신선됨이 노력에 의해 가능하다고 할지라도, 갈홍이 말하고 있는 것처럼 "신선이 되고자 하는 사람의 수는 소의 털처럼 많으나, 실제 신선이 되는 자는 쇠뿔의 수만큼이나 드물다"라는 것이 사실인 상황에서 수련 등 인간적 노력에 의해 신선이 되는 험난한 길을 선택할 수 있는 사람의 수는 극히 제한될 수밖에 없었을 것이다.

갈홍의 신선 증명론

갈홍의 신선 존재 증명론은 위진 시대의 지식인들을 사로잡았던 첨예한 문제들과 연관된다. 갈홍의 이론이 사회적으로 통용될 수 있는 기초를 만들어준 것은 현학가 혜강의 「양생론」이었다. 갈홍의 공적은 그러한 신선 존재론을 종합하면서 중국 신선 도교의 역사에서 가장 체계적인 변증론을 제시하여 신선 도교 신학의 이론적 기초를 제공한 것에서 찾을 수 있다. 갈홍은 신선이 존재하며, 배움에 의해 누구나 신선이 될 수 있다는 굳은 확신을 가지고 있었다. 그러나 세상 사람들(俗人)이 신선의 존재에 대해 확신을 갖지 못하는 이유는 무엇일까? 갈홍은 무엇보다도 일반인들의 한정된 경험과 왜소한 식견이 그 원인이라고 생각하였다. 갈홍의 임무는 속인들의 무지를 깨우쳐주는 것이었다. 그러한 임무를 달성하기 위해 갈홍은 전통적인 도교의 금기를 깨고 『포박자』를 저술하였다.

갈홍은 인간 경험의 근본적 한계를 지적하면서, 경험론적 관점에

팔신八神, 삼성三星, 서왕모西王母
(샌프란시스코 아시아미술관 소장)

서 신선의 존재를 부정하는 입장을 비판한다. 지금까지 보지 못했거나 경험하지 못했다는 사실이 곧 신선은 존재하지 않는다는 유력한 증거가 될 수 있는가? 갈홍은 신선의 존재를 부정하는 사람들이 아직 알지 못하고 이해하지도 못하는 방법을 채택한다면, 신선의 존재를 증명하는 것도 가능하다고 주장한다. "이런 상황에서 세상 사람들이 신선의 존재를 믿지 않는 것은 어쩌면 당연한 일이 아니겠는가? 참된 진리를 이해하는 사람들만이 갖가지 방법을 실험하고 검토하여 참으로 신선이 존재한다는 사실을 밝혀낼 수 있었지만, 그 사실은 그들만 알고 있을 뿐 다른 사람들에게 강요할 수는 없는 일이다. 그렇다면 귀신을 직접 목격하지 않았다는 이유만으로 귀신이 존재하지 않는다고 할 수는 없다. 마찬가지로 신선을 목격하지 않았다는 이유로 인해 세상에 신선이 존재하지 않는다고 말할 수는 없다."5)

물론 갈홍의 논리는 단순한 경험론에 대한 반론으로서는 의미가 있다. 하지만 신선 존재에 대한 적극적인 증명으로서는 빈약한 논거를 가진 것임에는 틀림없다. 갈홍이 기도했던 신선 존재 증명의 운명은 서양 신학에 있어서 신 존재 증명이 부닥친 어려움과 동일한 것이다. 결국은 과학적 검증의 영역을 넘어서는 신학적이며 신앙적 차원의 문제인 이런 초월 존재의 존재를 증명하는 논리의 진리성 여부는 여기서 따지기 힘든 문제로 남겨둘 수밖에 없다. 도교의 신선 사상이 지향했던 것은 인식론적 비판이나 증명이 아니라 '탁한 세상을 초월

---

5) 「논선論仙」, p. 21. 이하 『포박자』 내편에서의 인용은 《신편제자집성新編諸子集成》(中華書局)의 왕명王明 교주본校注本을 이용하며, 인용문의 출처는 본문의 인용문 뒤에 괄호로 편명과 교주본의 페이지만 표시한다.

한 존재의 순수함이 힘을 발휘하는 영역이 존재한다'는 것이었다. 그런 도교적 믿음은 세속의 현실에 대한 부정적 가치판단과 진단, 그리고 그런 진단에서 비롯되는 초월을 향한 실천에 중점을 둔 것이었다. 갈홍은 종교적 실천을 통한 초월에 대해, "천하의 일들을 모두 다 알 수는 없다. 그리고 억측에 의한 추측에 세상일을 맡겨버릴 수도 없다. 다만 인식의 장애를 끊어버리고〔극복하고〕온 마음으로 장생의 도를 배우지 못함을 한탄할 따름이다"(「논선」, 15)라고 말한다.

갈홍은 '신선 존재론'을 통해 신선의 존재를 경험적으로 증명하는 것을 목표로 삼지 않았다. 갈홍의 『포박자』 내편을 읽을 때 우리가 잊지 않아야 할 사실은, 그의 모든 관심과 논리는 철저하게 종교가로서의 실천적 목표를 가지고 전개되고 있다는 점이다. '범속profane'의 현실을 비판하고 부정하면서, '신성sacred'의 영역이 존재한다는 것을 일깨워주려는 종교가의 목표를 이해하지 못하고, 그의 주장이 비합리적이라든가 비과학적이라고 비판하는 것은 포박자 갈홍의 저술 의도와 '삶의 자리'를 무시하는 곡해가 될 위험이 있다. 다시 말해 당 나라 이후 도교 양생학의 상투어가 된 '초범입성超凡入聖'이라는 종교적 관점이 이미 갈홍의 신선 존재 변증론의 근본에서 작용하고 있음을 간과해서는 안 된다는 것이다.[6] '신성'의 영역에 대한 믿

---

6) '초범입성'은 북송의 중요한 내단 문헌인 『종려전도집鍾呂傳道集』(《도장》)에 등장하는 중요한 도교 술어이다. 그러나 그 술어는 도교 내단 수련법이 일반 세속의 지식인들 사이로 퍼져 들어가는 북송 이후에는 도교의 전용어로 머물지 않고, 수양을 통해 인간적 한계를 초월하는 어떤 경지를 지칭하는 용어로 유교 지식인들 사이에서 폭넓게 사용되었다고 보인다. 남송의 대유학자 주희 역시 유교적 수양

음은 경험적 지식의 축적에 따라 점진적으로 획득되는 것이라기보다는 종교적 가치판단에 근거한 신앙적 확신과 동시에 획득되는 것이라는 점에서, 비이성적인 것이라고 말할 수 있다. 갈홍이 증명하고자 했던 '신선의 존재'는 이러한 '신앙적 진리'였던 것이지 인식적 진리가 아니었다.

세상 사람들이 신선의 존재를 부정하는 이유가 경험과 지식의 부족 때문만은 아니라고 갈홍은 판단한다. 사유의 천박함과 좁은 안목, 그리고 세속적 관심에 의해 진실을 깨달을 수 있는 열린 이해가 결여되어 있기 때문에 초월의 세계를 상상할 수 없는 것이 인간의 현실이다. 좁은 소견과 작은 총명함을 전부라고 믿고 자기의 식견에 대해 지나친 확신을 가지는 속된 무리들의 정신 태도는 '성스러움'이 드러나지 못하게 가로막는 심각한 장애물로 작용한다. 갈홍은 그러한 아집에 사로잡힌 가짜 지식인을 매도하고 있다.

> 세상 사람들은 능히 손쉽게 얻을 수 있다고 생각되는 것은 존재한다고 말하고, 자기들의 역량으로 미치지 못할 것에 대해서는 그런 것이 존재하지 않는다고 단정을 내린다. 그렇게 본다면 이 세상에서 존재한다고 말할 수 있는 것이 대단히 적다.(「대속對俗」, 50)

세상 사람들은 가까이 있어서 알기 쉬운 것, 좁은 식견만을 배우는 데에 만족하고 또 그것을 지키기에 급급하다. 그런 좁은 식견

론의 목표로서 성인이 되는 것을 '초범입성'이라고 말하고 있다는 사실에 유의할 필요가 있다.

에 사로잡혀 선도仙道〔신선이 되는 방법〕를 엉터리없는 것이라고 말하고 황로黃老의 가르침〔도교의 다른 명칭〕을 망언이라고 말한다. 정말 한심한 일이 아닌가?(「지리至理」, 110)

내가 보기에 속유俗儒는 통속적이고 무능하여서 신선에 관한 일들을 전혀 받아들이려 하지 않는다. 그들은 약간의 총명함을 가지고는 있지만 그것에 지나치게 얽매이고 편벽된 생각을 가지고 있기 때문에 스스로 옳다고만 생각하고 자기의 생각을 고치려고 하지 않는다. 그들은 콩과 보리조차 구별할 수 없을 정도의 천박한 지식밖에 가지고 있지 못하다.(「색난塞難」, 136~137)

갈홍이 말하는 것처럼, 신선의 존재에 관해 모든 사람들이 동의할 수 있는 논리를 제공하는 것은 불가능하다. 비교적 객관적이라고 볼 수 있는 단순한 경험적 인식의 문제에 관해서조차 인식의 상대성이라는 현실을 완전히 극복하기가 쉽지 않다면, 일상적인 경험적 인식을 초월하는 신선의 존재에 관한 문제에 대해 손쉬운 해답을 바라는 것 자체가 식견의 부족일 수 있다. 따라서 갈홍은 "궁극적 이치〔至理: 신선의 존재에 관한 진실〕는 손쉽게 밝혀질 수 있는 것이 아니다. 그리고 신선의 존재를 믿지 못하는 것 또한 어제오늘의 일이 아니다."(「색난」, 138)라고 말한다.

신선 존재 증명의 방법

신선의 존재에 관한 논증은 경험론자에 대한 비판, 인간의 천박한

도를 탐구하여 신선이 되는 과정을 그린 도교 경전 (프랑스 국립도서관 소장)

의식에 대한 비판을 거쳐 자연 규율의 일반 원칙을 검토하는 데로 나아간다. 고대의 중국에서는 만물의 변화, 성공과 실패의 순환, 생명과 죽음의 반복을 가장 근본적인 자연의 규율이라고 이해하는 사상이 널리 퍼져 있었다. 『주역』의 순환론으로 대표되는 이러한 자연관은 종교학자 엘리아데가 고대 종교의 기본 관념이라고 말한 '영원회귀eternal return'의 이론과 대단히 유사하다. '자연 순환의 이론'이라고도 부를 수 있는 이 일반 원칙은 갈홍의 사상을 지배하는 이론이기도 하였다.

그러나 이러한 일반 원칙에 입각해서는 신선의 존재 문제에 관해 설득력 있는 답을 얻기가 쉽지 않다. 자연의 순환이라는 일반 원칙을 믿는 갈홍은 또 한편 이 일반 원칙의 예외성에 대해서도 주의를 기울인다. 「논선」에서 한 논자는 이러한 자연의 일반 원칙이라는 관점에서, "이 세상의 모든 사물은 처음(始)이 존재하면 반드시 그 결말(卒)이 존재한다. 그리고 존재(存)하는 모든 것은 반드시 죽음(亡)을 맞이한다."(「논선」, 16)고 주장하면서 불사에 관해 말하는 포박자의 신념에 대해 의문을 표시한다. 그 의문에 대한 갈홍의 대답은 상당히 길지만, 그의 근본 사상을 살필 수 있는 문장이기 때문에 인용해보자.

생명을 가진 것은 반드시 죽음을 맞고, 시작이 있는 것은 끝이 있다고 하는 말은 과연 자연의 대체적인 법칙이라고 할 수 있다. 그러나 모든 것이 그 법칙의 지배를 받는 것은 아니다. 어떤 것은 그렇고 또 어떤 것은 그렇지 않다. 이처럼 사물은 저마다 차이를 보이며 변화를 종잡을 수가 없는 경우가 많다. 기괴하고 규율이 존재하지 않으며, 이렇기도 하고 아니기도 하고, 처음은 하나지만 끝이 달라지는 등 하나의 법칙으로 사물을 전부 설명할 수는 없다. 시작이 있는 것은 반드시 끝이 있다고 말하는 사람이 많지만 그것도 사물의 성질에 따라 달라지는 것이기 때문에 그것을 '보편적인 법칙〔通理〕'이라고 말할 수는 없다. 예를 들어 여름에는 사물이 성장한다고 하지만 보리는 오히려 여름이 되면 시들어 버린다. 또 겨울이 되면 시든다고 하지만 대나무나 잣나무는 겨울에 오히려 무성해진다. 처음이 있는 것은 반드시 끝이 있다고 하지만 천지天地는 무궁하다. 생명이 있는 것은 반드시 죽는다고 하지만 거북이나 학은 장수한다. 양기가 왕성할 때에는 덥다. 하지만 여름에 서늘한 날이 없는 것은 결코 아니다. 음기가 극에 달하면 춥다. 그렇다고 해서 한겨울에 잠시 따뜻한 날이 없는 것도 아니다. 강물은 동쪽으로 흐르는 것이지만 북쪽으로 흐르는 물줄기도 적지 않다. 땅의 도는 지극히 고요한 것이지만 때로는 땅이 흔들리거나 무너지기도 한다. 물의 성질은 지극히 차가운 것이지만 더운 열기를 뿜는 온천도 있다. 불은 마땅히 뜨거운 것이지만 소구蕭丘에는 찬 기운을 뿜는 불꽃도 있다. 무거운 것은 가라앉는다고 하지만 남해에는 물위에 떠 있는 산이 있다. 가벼운 물건은 마땅히 떠오르는 것이지만 가벼운 새털조차 띄우지 못하는 물도 있다. 이와 같이 사물의 온갖 차이로 인해 사물의 법칙을 하나로 단정해서 결정을 내릴 수는 없는 것이다.(「논선」, 16~17)

갈홍이 자연법칙에 위배되는 것으로 들고 있는 예들은 반드시 타당한 것이라고는 생각되지 않는다. 그러나 갈홍의 목표는 그러한 예들을 통해 "태어난 것은 반드시 죽는다〔有生者必有死〕"라는 자연법칙의 관점에서 '불사의 신선'이 존재할 수 있는 가능성을 근본적으로 차단해버리는 입장에 대해 반격하고자 했던 것이다. 갈홍이 거론하고 있는 예외들의 타당성 여부는 논외로 하고서라도, 갈홍은 신선이 존재한다는, 다시 말해 죽지 않는 존재가 있다는 사실을 적극적으로 밝혀주지는 못하고 있다. 따라서 그의 주장은 신선의 존재 증명으로서는 대단히 빈약한 것이 될 수밖에 없다. 그런데 그런 한계는 갈홍의 논리가 빈약하다는 사실에 의해서만 발생하는 것은 아니다. 그것은 검증이나 반증을 초월한 모든 종교적 문제에서 공통적으로 발견되는 것이다. 다만 당시의 과학 수준에서 볼 때 당시로서는 선진적 지식을 지니고 있던 갈홍은 일반 상식의 선을 뛰어넘어 자연계의 다양성을 충분히 이해하였으며, 인간의 경험 세계를 초월하는 미지의 세계에 대한 깊은 관심을 가지고 그 비밀을 탐구하고자 하는 과학적 동기에 깊이 몰두하고 있었던 사실에 주목해야 한다.

물론 갈홍의 과학적 관심은 현대 과학의 관심과는 근본적으로 달랐다. 갈홍이 추구했던 과학적 지식은 범속한 현실에 대한 탐구를 목표로 삼지 않았다. 그의 목표는 신성한 세계의 질서를 드러내 보이고 있는 자연의 원리와 비밀을 탐구하는 것이었다. 그런 의미에서 신성한 세계를 대표하는 신선의 존재 문제가 갈홍에 있어서 과학적 탐구의 대상이라는 것은 자연스런 논리적 귀결이다. 우리가 중국 과학의 발전을 논할 때 '도교'를 반드시 언급해야 하는 이유는 도교가 초자

동정호를 건너고 있는 도교의 신 여동빈 (보스턴미술관 소장)

연적인 세계에 관한 지식을 탐구하는 과정에서 **부산물**로 얻어낸 수많은 자연과학적 지식을 축적하고 있기 때문이다.[7]

갈홍이 활동하던 위진 시대는 후한 시대의 혼란을 이미 경험하였고, 《오경》으로 상징되는 전통적 유교의 권위가 무너진 시대였다. 후한 말에 이르면서 경학이 쇠퇴하고 지식인들은 경학 이외의 잡학적 영역에 더 많은 관심을 기울였으며, 잡학적인 주변 학문을 통해 정통

---

7) 조셉 니덤Joshep Needham, 네이선 시빈Nathan Sivin 등의 연구 업적이 바로 이러한 관심을 웅변적으로 보여준다.

적인 권위를 행사하던 경학적 세계관에 대해 비판을 제기하고 새로운 세계 질서를 모색하고자 하는 의욕이 분출된다. (오늘날 논의가 진행되고 있는 근대에 대한 탈근대의 도전을 연상시킨다.) 갈홍의 신선 사상은 바로 그러한 시대 분위기 속에서 만들어졌다. 갈홍은 경서와 역사서를 폭넓게 연구하였을 뿐 아니라 스스로 잡사를 저술하고 잡기를 기록하는 등 패사잡전稗史雜傳에도 깊은 관심을 갖고 있었다. 이러한 갈홍의 관심은 그와 가까운 교우 관계를 맺고 있었던『수신기』의 저자 간보干寶와『산해경山海經』,『목천자전穆天子傳』,『초사楚辭』등에 주석을 단 곽박郭璞과의 교류를 통해 지속되고 확대되었다.

당시 신선술을 비판하던 유학자들은 경서 속에서는 장생불사를 목표로 하는 신선 방술에 관한 기록이 나타나 있지 않다는 것을 근거로 선도仙道를 엉터리 신앙이라고 비판한다.

> 불사를 추구하는 선도가 정말로 존재하는 것이라면, 오경은 왜 그것에 관해 말하지 않았으며, 주공周公과 공자가 왜 그것을 언급하지 않았겠는가? 그리고 성인들이 도세度世〔장생불사〕하지 않았던 이유는 무엇이며, 상지上智〔성인〕들이 장존長存〔장생불사〕하지 않은 이유는 무엇인가? 만일 선도가 존재함에도 주공이나 공자가 그것에 대해 알지 못했다면 그들을 성인이라 할 수 없을 것이고, 그들이 알고도 선도를 배우지 않았다면 그 이유는 선도라는 것이 엉터리이기 때문이다.(「석체釋滯」, 153)

유학자들의 신선 사상 비판은 경서의 정통주의적 입장에 근거를 두고 있다. 진리의 근원이며 표준인 '경서'가 말하지 않은 일, 그리고 진리의 체현자인 성인, 주공이나 공자가 말하지 않은 일이 있다면 그것은 정말로 존재하지 않거나 또는 언급할 가치도 없는 무의미한 일일 것이라고 유가적 정통주의자들은 주장한다. 그러한 유교 정통주의자들의 주장에 대해 포박자 갈홍은 "오경에서 말하고 있지 않은 일들은 무한히 많다. 그리고 주공·공자가 언급하지 않은 일 또한 적지 않다. 여기서 나는 그런 예들 중에서 만분의 일만 말해보겠다"고 말하면서 천문과 지리에 관한 방술가의 현란한 지식을 열거하고 그런 지식들을 담은 문헌들을 제시하여 유가 정통주의자의 비판을 물리친 후 다음과 같이 반문한다.

> 그렇다면, 내가 다시 물어보겠다. [위에서 나열한 천문과 지리에 관한 일들을 담고 있는] 육가六家의 서적들은 경전의 가르침인가? 대답은 물론 '아니다'일 것이다. […] 그러나 오경에서 찾아보아도 찾을 수 없고, 주공과 공자의 서적에서 구해보아도 구할 수 없는 이러한 일들이 모두 허망한 일들이라고 할 수는 없지 않겠는가? 하늘과 땅은 지극히 크고 넓어서 눈으로 볼 수 있는 것이라 해도 다 살필 수 없을 정도인데, 하물며 신비롭고도 신비로운 것, 오묘하고도 지극히 오묘한 일들을 어찌 모두 알 수 있겠는가?(「석체」, 154)

오경의 정통주의에서 자유롭게 경전經典과 주소注疏의 범위를 뛰어넘어 자유로운 정신의 비상을 맘껏 구가할 수 있었던 방사화方士化된 지식인들이 신선 사상, 즉 선도 사상의 담당자들이었던 사정은 쉽게 짐작할 수 있다. 자연의 비밀을 이해하기 위해 과학적 탐구 정신을 발휘하여 천문 및 지리의 제 현상을 연구하였던 무리들은 세계의 질서를 이해하고자 하는 학문적 호기심을 강하게 지니고 있던 방사들이었다. 도교의 중요 부분은 이 방사들의 지식을 계승하고 있다. 갈홍은 순수한 유가의 입장을 일탈하였던 방사적方士的 지식인, 혹은 도교적 지식을 충분히 흡수한 이단적 지식인이었다. 따라서 그는 정통 유가의 입장에 의해 이단시되고 무시당하던 방술 관계의 서적들을 폭넓게 섭렵하였다. 그러한 비정통적 지식으로 무장되어 있던 갈홍은 정통적 지식 체계인 유학의 한계를 비판하고, 유교의 이상적 인격체인 성인을 상대화시킨다.

성인은 '무소부지無所不知(모르는 것이 없음)', '무소불능無所不能(할 수 없는 일이 없음)'의 초인간적인 절대자가 아니라고 하면서 성인을 상대화시키는 관점은 후한 시대의 비판 사상가 왕충이 『논형』에서 그 발단을 제공한 바 있다. 『논형』「기괴奇怪」편에서 왕충은 일반인과 다른 특이한 성인들의 출생에 관한 신화를 비판하였다. 또 같은 책의 「실지實知」편에는 성인의 지식이 무한하다고 하는 일반의 믿음에 대한 의심이 제시되어 있고, 「문공問孔」편에서는 성현들의 말이 모두 옳은 것은 아니라는 비판이 실려 있다. 성현을 상대화는 갈홍의 생각은 후한 말기부터 제기되기 시작한 비판론의 연속선 위에서 이해되어야 한다.

갈홍의 궁극적인 목표는 신선의 존재를 부인하는 여러 관점에 담긴 문제점을 지적하면서 신선이 존재한다는 사실을 증명하는 데 있었다. 하지만 신선의 존재를 부정하는 논점의 한계를 지적하는 것에서 한발 더 나아가 적극적으로 신선의 존재를 '증명'하는 것은 결코 쉬운 일이 아님을 갈홍은 잘 알고 있었다. 「석체釋滯」에서 갈홍은 신선에 관한 일은 "신비롭고도 신비로운 것, 오묘하고도 지극히 오묘한 것〔玄之又玄, 妙之極妙者〕"으로서, 선도 자체는 지극히 미묘하고 손쉽게 밝힐 수 없는 어려운 문제임을 강조하고 있다. 나아가 그것은 '증명'에 앞서서 신앙의 차원에서 먼저 해결되어야 하는 문제임을 지적한다. 신선의 존재를 부인하는 속인들의 '불신不信'이 신선 존재의 확인을 가로막는 가장 큰 장애로 작용하는 것이다. 갈홍은 그 '불신'에 대해 이렇게 말한다.

> 이 세상에는 수만 가지 일들이 있을 수 있다. 그중에서도 신선과 관계된 도술은 다른 일들에 비해 훨씬 증명하기가 어려운 일이다. 〔……〕 해와 달이라고 해도 온 세상을 골고루 비추어주지 못하는 것인데, 어찌 사람이 자기의 작은 믿음〔고신孤信〕에 만족하여 안주하고자 하는가?(「금단金丹」, 73~74)

일반인의 좁은 식견으로 다 이해할 수 없는 것이 세상만사이다. 더구나 신비의 영역에 속하는 불사의 신선 세계를 이해하기란 더욱 쉽지 않다. 신선됨을 추구하는 것이 어리석은 일이라고 비웃음을 당할 수 있지만, "정말로 신선의 세계가 존재한다면 그 불사의 도를 얻은 사람들로부터 비웃음을 당할 수도 있지 않는가?" 파스칼의 '내기'를 연상시키는 신선 도교의 호교론자敎護論者 갈홍의 논변은 나름대로 진지함으로 가득 차 있다. 이어서 갈홍은 신선의 존재에 대한 자신의 신념이 '교험校驗'이라고 불리는 비교 추리의 방법에 의해 얻어졌다고 말한다.

> 포박자는 말한다. 신선의 도는 신비하여 알기가 어렵기 때문에 그것에 대해 의심을 품는 사람이 적지 않다. 그렇다고 나의 총명함이 다른 사람을 능가하는 것도 아니다. 〔……〕 나는 다만 '교험'에 의해 장생이 가능하며 신선이 되기 위해 다른 특별한 자질이 필요하지 않음을 알게 되었을 따름이다.(「지리」, 110)

'교험'은 비교와 확인을 통해 사실을 확증하는 귀납추리의 논증 방법이다. 그러한 논리적 증명 방식은 음양오행 사상의 완성자로 알려진 추연鄒衍이 "먼저 작은 것에 대해 검증하고 그것을 큰 것으로 확대시키고 나중에 무한한 것에까지 밀고 간다〔先驗小物, 推而大之, 至于無限〕"고 말한 유추의 논리적 방법에 바탕을 두고 있다. 그 방법은 후한의 왕충에 이르러 중요한 논리적 증명 방법으로 폭넓게 활용되었다. 갈홍은 자신의 논증법의 요점을 다음과 같이 말한다.

> 참된 지식은 수많은 사실들을 비교 검토〔교련校練〕한 연후에 올바른 증거를 가지고 그것을 확인하고〔징험徵驗〕 나서야 비로소 지식으로 성립할 수 있다.(「논선」, 18)

먼저 드러난 것에서부터 숨겨져 있는 것으로 나아가고, 쉬운 것에서 시작해서 어려운 것을 얻고, 작은 사실들의 검증을 통해 큰 문제를 증명해낼 수가 있다. 위의 절차들이 명확하게 된 연후에 아직 시험해보지 않은 사실까지도 밝히 알 수 있다.(「색난」, 140)

"작은 사실들의 검증〔소험小驗〕을 통해 큰 문제를 증명〔대효大效〕"한다는 것은 이미 증명된 사례들을 많이 수집하고 그 사례들을 비교 검토하고 귀납적인 결론을 얻은 후에 확대 유추를 통해 결론을 얻는 방법이다. 갈홍은 방술적, 유사 과학적 지식에 속하는 논증의 사례들을 다량으로 열거하면서 '신선의 존재 증명'을 위한 조건을 마련한다. 그리고 그 논변의 권위를 높이기 위해 갈홍은 고대의 역사적 기록과 고대 문헌을 근거로 제시한다. 그것은 그가 한편으로 부정한 권위주의 그림자에서 완전히 벗어날 수 없었던 시대적 한계를 노출시키는 것이기도 하였다.

어쨌든 갈홍은 역사와 전통의 권위를 다른 어떤 권위보다 높은 자리에 놓는 중국적인 태도를 고수하면서, 신선의 존재가 과거에서부터 확인되어온 사실이었음을 주장한다. 「논선」에서 말한 것처럼, "뭇 신선들에 관한 기록은 옛 문헌들, 즉 죽간과 비단에 가득하다〔列仙之人, 盈乎竹素〕"는 것이 최대의 논거였다. 갈홍은 한나라 때의 재사 유향劉向이 지은 『열선전』의 진실성을 믿어 의심치 않았고, 그 기록을 신선 존재의 최대 논거로 삼았다. 박학하고 정밀한 사유로 유명한 유향의 권위를 믿지 못한다면, 과거에 대해 알 수 있는 다른 더 좋은 방법이 과연 있을 수 있는가, 라고 갈홍은 생각했던 것이다. 오늘날 관점에서 보자면 증명이라고 할 수도 없는 '증명'에 의해 갈홍은 얼마나 많은 신봉자를 얻을 수 있었는지 의심스럽다. 그러나 엄격하게 말하자면 전혀 증명이 될 수 없는 호교의 입장을 펼친 갈홍의 '증명'은 비신자를 설득하기 위한 목적을 가진 저술이라기보다는, 불사에 대한 신앙과 신선을 향한 희구가 고대 중국의 보편 신앙으로 민중의 삶 속에 뿌리 깊게 퍼져 있었다는 사실을 확인하는 저술이라고 보는 것이 더욱 타당하리라고 생각된다.

갈홍 '신선가학'론의 한계

문헌의 권위를 이용하여 신선의 존재를 '증명'한 갈홍은 혜강의 「양생론」에서 제기되었던 신선의 자질 문제로 논의를 확대한다. 신선이 되기 위해서는 자연으로부터 특수한 기를 타고나야 한다는 "기품설"이 사실이라면, 신선이 되기 위한 추구, 노력은 의미가 없지 않은가? 이 문제는 사실 갈홍 신선론의 핵심이었다. 갈홍의 신선 존재론의 주안점은 신선의 존재를 증명하는 것보다는, '배움에 의해 신선이 될 수 있다'는 것을 주장하는 데에 있었다고 할 수 있다. 신선가학을 반대하는 논자들은 다음과 같이 말한다.

> 어떤 사람이 문제를 제기하였다. 노자나 팽조는 나무로 비유하자면 소나무나 잣나무처럼 장수한 사람들이었다. 그들은 그런 긴 수명을 자연으로부터 부여받은 것이지, 배움에 의해 얻은 것은 아니지 않는가?(「대속」, 46)

이 질문에 대해 갈홍은 "신선은 배움과 수양에 의해 도달할 수 있다[神仙可學]"는 입장을 견고하게 유지하려 한다. 갈홍은 특수한 기를 천부적으로 부여받음으로써 신선이 될 수 있다는 '기품설'을 그대로 인정할 수 없었던 것이다.

> 어떤 사람들은 그들[仙人]이 모두 특이한 기를 부여받았다[特稟異氣]고 말한다. 그러나 그들이 장생의 도를 얻은 것은 스승의 가르침을 통해 배운 금단의 복용의 결과이지 그들이 나면서 본래 장생의 비결을 획득[生知]하고 있었던 것은 아니다. [……] 선도는 손쉽게 얻어지는 것이 아니다. 그것을 수행하기 위해서 지켜야 할 수많은 금기 사항들이 뒤따른다. 처음부터 세상을 벗어나고자 하는 의지가 없거나 뛰어난 재주를 갖고 있지 않으면 그 금기 사항들을 모두 지켜낼 수가 없다. 일반인들은 마음에 쉽게 의심을 품고 중도에서 수련을 포기해버리거나 장생의 선도는 배움과 수행에 의해 얻을 수 있는 것이 아니라고 단정해버리곤 한다. 그러나 『선경』에서는 다음과 같이 말하고 있다. '단약丹藥의 복용과 수일守一의 정신 수련을 통해 하늘과 함께 생명을 마칠 수 있으며, 환정보뇌還精補腦와 태식胎息의 호흡으로 인해 무한한 생명을 누릴 수 있다'고.(「대속」, 46~47)

'특이한 기를 부여받은' 사람, '나면서부터 장생의 비결을 획득한' 사람이라면 수련을 거칠 필요도 없이 신선이 될 수 있다는 입장, 즉 혜강의 「양생론」에서 제시되었던 입장은 한대의 신비주의적 유교의 유행과 함께 널리 퍼진, 성인은 타고난다는 "성인생지설聖人生知說"과 밀접한 관계가 있었다. 성인은 배움에 의해 만들어지는 존재가 아니라 하늘이 부여해준 초자연적인 능력의 표현이다. 신선 역시 성인과 마찬가지로 신성한 초월적 능력이 선천적으로 주어진 존재라고 전통적인 신선론자들은 이해한다.

그러나 갈홍의 '신선설'은 그런 '생지生知'적 관점에 대한 직접적인 대안을 제시하고 있다. "장생불사는 노력에 의해 얻을 수 있다. 신선이 될 수 있는 특별한 종자가 따로 있는 것은 아니다〔長生之可得, 仙人之無種〕"라고 갈홍은 「지리至理」편에서도 단언하고 있다. 신선이 되는 관건은 배움과 수행이다. 갈홍의 표현대로 말하자면, '적학積學(배움의 축적)'에 의해서 신선이 될 수 있다. 배움에 힘쓰고 수행을 게을리 하지 않는 사람에게 신선의 삶으로 통하는 문은 열려 있다. 갈홍은 "배움에 의해 신선이 될 수 있다〔神仙可學〕"의 입장에서 당시 신선가에서 유행하였던 관점, 즉 특별한 기를 타고나야 신선이 될 수 있다는 '특품이기설特稟異氣說'을 비판한다.

어떤 사람이 물었다. 옛날의 선인들은 배움과 수련〔學〕에 의해 장생불사를 얻을 수 있었다고 말하는 사람이 있는데, 사실은 그들이 특이한 기를 타고났기 때문에 그렇게 된 것이 아닙니까? 이 물음에 대해 포박자는 이렇게 대답했다. 그게 무슨 말인가? 그들은 책상자를 지고 스승을 찾아다녔으며, 성실하게 수련의 공을 쌓고, 이슬을 맞으며 위험을 무릅쓰고 비바람 속에서도 온갖 어려움을 극복하면서 그들이 발견한 장생의 도를 열심히 믿고 수련의 공功을 쌓았다. 그들은 끝까지 위험과 곤란을 극복하면서 순수한 마음과 깨끗한 행동으로 다른 생각을 전혀 갖지 않고서 정진하였기 때문에 마침내 신선이 될 수 있었다. […] 재물과 여색을 보고도 마음의 갈등을 일으키지 않거나 세상의 이야기를 듣고서도 뜻이 흔들리지 않는 사람은 만 명 중의 하나만 있어도 이미 많은 것이라고 할 수 있다. 도를 구하려는 사람은 소털처럼 그 수가 많지만, 정작 도를 얻은 사람은 기린의 뿔만큼이나 드물다.(「극언極言」, 239)

갈홍은 '포박자'의 입을 빌려 말한다. '득도', 즉 신선됨의 완성은 온갖 어려움을 무릅쓰고 세상의 유혹을 극복하면서 수련에 정진한 결과라고. 신선이 되는 것은 신선이 되기 위한 특수한 자질('이기異氣')을 선천적으로 타고난 사람에게만 부여되는 특권이 아니다. 그렇다고 해서 그야말로 아무나, 누구나 아무런 조건 없이 신선이 될 수 있는 것은 아니다. 갈홍이 말하는 '가학가지可學可知'에는 엄격하게 요구되는 절차와 까다로운 조건이 붙어 있다.

위의 인용문에서 말하는 굳은 결심과 오랜 시간에 걸친 공부라는 주체적인 조건 이외에도, 훌륭한 지도자를 만나 올바른 길을 나아가야 한다는 외적인 조건도 신선이 되기 위해서는 거의 절대적이다. 갈홍은 도의 수행에 있어서 '올바른 스승[明師]'의 역할을 대단히 중요하게 생각한다.[8] 이러한 수행의 절차상의 문제 이외에 배움에 의해 신선이 될 수 있다는 '가학가지'의 주장은 중대한 제한을 전제로 하

---

8) 요시카와 타다오吉川忠夫는 갈홍의 사승 관계를 탐색한 「明師攷」에서 신선술에 있어 스승의 중요성에 대한 갈홍과 도교의 입장을 논하고 있다. 吉川忠夫, 『六朝精神史研究』(同朋社, 1986) 참조.

고 있다. 그 제한은 당시 사람들을 사로잡고 있던 숙명설宿命說 또는 정명설定命說에서 비롯된 것이었으며, 갈홍의 신선설이 내디딘 큰 걸음을 한 발 뒤로 끌어당기는 커다란 한계였다고 본다. 갈홍의 '신선가학론'은 숙명론과 결합하면서 실제적으로 '가학가지'의 여지를 상당 부분 축소시키게 되었고, 그가 비판하는 '기품설'의 수준으로 후퇴하는 결과를 초래한다. 그러나 갈홍은 그러한 문제점을 그다지 주의 깊게 고려하지 않는 듯이 보인다.

선경仙經을 통해 볼 때 성인이 된 사람은 모두, 그들이 하늘로부터 명을 받을 때에 신선이 되는 자연의 기를 받고 태어났음을 알 수 있다. 따라서 그들은 태 안에 있을 때에 이미 도를 믿는 본성을 가지고 있었으며, 자라서 의식을 갖게 된 후에는 마음으로부터 신선의 길을 좋아하기 때문에 반드시 명사明師를 만나 신선이 되는 법술을 배워 마침내 신선이 될 수 있었다. 만약 그러한 신선의 기를 명으로서 받지 않았다면, 그는 신선이 존재함을 믿지 않을 것이고, 따라서 구하지도 않을 것이며 또 구한다고 해도 얻을 수가 없을 것이다. 〔……〕 성인의 별자리에 해당하는 사람은 성인이 되고, 현인의 별자리에 해당되면 현인이 된다. 문인의 별자리에 해당되면 문인이 되고, 무인의 별자리에 해당되면 무인이 되며, 귀족·부자·가난한 자의 별자리에 해당되면 각각의 별자리에 따라 그렇게 운명이 정해진다. 신선의 별자리에 해당되는 기를 받으면 신선이 될 것이다. 또 신선이며 동시에 성인이 되는 별자리가 있고, 치세의 성인이 되는 별자리도 있으며, 두 종류의 성인을 겸할 수 있는 별자리도 있다. 〔……〕 장거자張車子의 이야기에서 알 수 있는 것처럼 인간은 태어날 때부터 운명이 정해져 있다. 만일 신선이 되는 운명을 타고나지 않았다면 신선을 사모하는 마음을 갖지 못할 것이다. 또 마음으로 신선됨을 바라지 아니하고서 그것을 구해 신선이 된 사람은 없었다. 더구나 신선됨을 구하지 아니하고서도 신선이 된 사람은 없었다. 옛날부터 오늘에 이르기까지, 높은 식견과 재주를 가지고 있으면서도 신선의 존재를 믿지 않은 사람도 있었고, 일반인과 다름없는 평범한 재주를 가지고 있으면서 배움과 수행에 의해 신선이 된 사람도 있었다. 어떤 사람은 많은 재주를 가지고 있으면서도 신선의 일에 관해서는 무지하였고, 또 어떤 사람은 다른 일에는 무지하면서도 신선의 이치에는 통달한 경우가 있었다. 이런 것이 바로 '천명'이 그렇게 되도록 한 것이 아니라면 다른 무엇이겠는가?(「변문辨問」, 224~226)

갈홍이 인용하고 있는 '선경'은 당시 유행하였던 숙명론, 즉 인간의 운명과 별자리의 연관을 믿는 점성술적인 신앙을 보여주는 문헌이었다. 갈홍의 논점은 인간의 운명이 별자리의 기와 관계가 있다는 숙명론의 확인, 그리고 그런 운명에 의해 신선의 완성 여부가 결정된다는 것이다. 신선이 되는 것, 그 이전에 신선이 되기 위해 노력하는 마음, 신선의 존재를 믿는 믿음마저도 철저하게 '운명〔命〕'에 의해 결정된다고 갈홍은 말한다. 이런 갈홍의 주장이 '신선가학론'과 정반대의 입장, 다시 말해 갈홍 이전에 신선설의 일반 이론이었던 '기품설'과 얼마나 다른지 우리는 그 차이를 거의 발견하기가 어렵다. 여기서 우리는 갈홍의 신선설의 이중성 내지는 한계를 지적하지 않을 수 없다.

한대에는 기화氣化 사상과 천명사상이 결합하여, 사람이 하늘에서 받은 기와 하늘의 별자리(성수星宿)가 긴밀한 상관관계를 가지고 있다고 믿는 숙명론 내지 정명론이 확고부동한 일반인의 신앙으로 자리 잡고 있었다. 왕충의 『논형』에서도 우리는 그런 신앙을 확인할 수 있다. 『논형』의 「명의命義」편에서는 인간의 품성(하늘에서 부여받은 성질)과 성숙, 그리고 인간의 운명은 밀접한 연관을 가지고 있다고 말한다.

굳고 강한 본성〔性〕을 타고난 사람은 기가 왕성하고 체질이 튼튼하다. 본성이 굳고 강한 사람은 수명이 길기 때문에 요절하지 아니한다. 타고난 본성이 유약한 사람은 기가 담백하고 힘이 없기 때문에 수명이 짧아 빨리 죽는다. 따라서 '유명〔生死有命〕'이라고 했는데, 운명〔命〕이란 곧 본성〔性〕을 가리키는 것이다. 빈부와 귀천 또한 하늘이 부여한 본성에 달려 있다. 하늘의 기를 받고 별들의 정精을 얻음으로써 인간의 운명이 정해진다. 별들은 하늘 위에 있고, 하늘은 상象〔별의 운행〕을 가지고 있다. 따라서 부귀의 상을 얻으면 부귀를 얻을 수 있고, 빈천의 상을 얻으면 빈천해질 수밖에 없다. 따라서 '부귀는 하늘에 달려 있다〔富貴在天〕'고 말한다. '하늘〔天〕에 달려 있다'는 것은 무슨 뜻인가? 하늘〔天〕에는 백관百官이 존재하고, 뭇 별은 그 백관을 대표한다. 하늘은 하늘의 기를 퍼뜨리고, 별은 별의 정을 인간에게 내려준다. 하늘이 퍼트리는 기는 별들의 기를 담고 있다. 사람은 그 기를 받으면서 생명을 얻고, 그 기를 품고 있기 때문에 성장한다. 귀한 기를 얻은 사람은 귀하게 되고 천한 기를 얻으면 천하게 된다. 귀함에는 높고 낮음의 차별이 있고, 부에도 많고 적음의 차이가 있다. 그런 차이는 모두 별자리의 성질에 의해 결정되는 것이다.

왕충의 이론은 갈홍이 앞에서 인용한 '선경'의 입장과 완전히 일치한다. 갈홍은 왕충에 의해 잘 정리된 '성수운명론星宿運命論'을 신선사상에 응용하였다. 한 걸음 나아가 갈홍은 성명론 혹은 숙명론을 '도'의 이론과 결합시키고 있다. '도'는 무위자연이다. 노자·장자에 의해 확립된 전형적인 도론은 포박자의 신선 사상에 와서 운명설과 결부된다. '도'는 무위자연으로서 사람의 인위적 노력과 작위적 의도를 초월한 대자연의 이법을 의미하는 상징이다. 우주 대자연의 규율이자 이법인 도는 우주에 존재하는 모든 존재자의 운명을 지배한다는 의미에서 우주의 섭리라고 부를 수 있다. 인간도 예외 없이 '도'에 의해 그 운명이 결정된다. 인간은 우주 대자연의 체계 속에 놓여 있는 자연의 일부분이다. 사람이 수련을 통해 신선이 된다는 것은 영원한 자연의 질서를 체득하여 자연과 능동적인 하나가 되는 것을 의미한다. 그러한 자연이 인간에게 부여한 질서, 그것이 곧 운명이다. 인간은 그 운명의 수혜자일 뿐, 인간이 그 운명을 조정할 수는 없다. 갈홍은 신선이 되기 위해서는 인간의 능동적인 의지와 노력이 필수적이라고 주장하면서도〔神仙可學〕, 그의 시대를 사로잡고 있던 숙명론적 인간관을 완전히 탈피할 수는 없었던 것이다. 「색난塞難」편에서 갈홍은 "만물이 기를 받는 것, 그것 또한 자연이다〔萬物感氣, 幷亦自然〕"라고 주장한다. 사물이 태어나면서 나름대로의 성질을 가지고 태어나는 것, 그것이 곧 '자연'이라면, 그 생래적 자연을 변경시키기 위해 노력하는 것은 오히려 자연을 거스르는 인위적 작위로 해석될 수 있다. 여기서 갈홍의 신선 사상은 도가적 무위자연의 이론과 교묘하게 결합된다.

> 생명의 길고 짧음은 이미 나면서부터 정해지는 것이다. 사람이 모태에 있으면서 자연의 기를 받고 생명을 부여받을 때에 그에 해당하는 별자리가 결정된다. 하늘의 도는 무위로서 사물의 저절로 그러함〔自然〕에 맡겨져 있기 때문에, 친하고 소원함, 이것과 저것의 차이가 있을 수 없다. 운명이 생명의 별에 속하면 그 사람은 반드시 선도를 좋아하게 될 것이고, 선도를 좋아하는 사람은 신선되기를 구하여 반드시 성공할 수가 있다. 운명이 죽음의 별에 속하면 그 사람은 선도를 믿지 아니할 것이므로 신선이 되기 위한 수련에도 힘을 쏟지 않을 것이다.(「색난」, 136)

갈홍의 '신선가학론'은 이와 같이 성명설(숙명설)이라는 조건 위에서 성립한다. 인간의 '운명'은 신선이 되느냐 안 되느냐 하는 것뿐만 아니라, 신선이 되기 위해 노력할 수 있는가 아닌가 하는 것까지도 결정한다. 그러한 모든 것이 운명이며 자연이다. 여기서 우리는 갈홍이 애써 도달한 가학론이 다시금 운명론의 울타리로 되돌아가버리는 것을 본다. 개인의 철저한 자기 수행의 노력에 의해 신선이 될 수 있다는 진정한 의미의 '가학론'은 후대의 내단론에서 완성되기를 기다려야 한다.

 불사 수행의 이론적 기초
─도와 하나되는 삶, 완성을 향한 도교적 상상력

도의 수행론적 함의

'도'는 중국 각 종교가 제시하는 완성의 이념을 이해하고자 할 때 가장 먼저 짚고 넘어가야 할 근본적인 개념이다. 종교적 신념의 구체적 내용의 차이를 떠나 개념의 형식만을 살핀다면, 중국 종교는 거의 예외 없이 도를 체득하여 '도와 하나되는 삶'을 사는 인간을 완성된 인간으로 제시한다. 그중에서도 특히 도교 전통은 몸의 수련을 통해 도와 하나되는 득도를 궁극적 목표로 제시하고 있기 때문에, 인간의 완성으로서 도의 수행과 체득에 관해서 말할 때에 도교를 가장 먼저 떠올리지 않을 수 없다.

도 그 자체의 개념적 원리적 성격에 관해서는 이미 수많은 논의들이 제시되어 있기 때문에 그것을 다시 반복하는 것은 큰 의미가 없다. 하지만 여기서는 중국 문화를 가장 중국 문화답게 만들었다고 할 수 있는 '도교'에서 지향하는 종교적 궁극 목표를 이해하기 위한 전제로서, 도에 대해 최소한의 합의점을 지적하고 넘어갈 필요가 있다.

문자학적 의미에서 '도'는 행위와 사상의 통일체를 지칭하는 개념 기호이다. 도는 동작 혹은 행위를 나타내는 요소(行行, 지之)와 생각 혹은 사람 그 자체를 나타내는 요소(수首)로 구성되어 있다. 그 두 요소로 구성된 도의 본래 의미는 길, 즉 사람이 다니는 길이다. 『설문해자』에서는 "도는 사람이 다니는 길이다. 일정한 방향을 향해 나아가는 것을 도라고 한다〔道, 所行道也, 一達謂之道〕"라고 도의 문자적 함의를 제시하고 있다. 도(길)는 일정한 방향을 향해 뻗어 있어서, 사람을 그 방향으로 인도하는 지표로서 역할을 한다는 뜻이 그 설명 속에 담겨 있다. 중국의 고대 문헌에서 도는 많은 경우, 사상적 의미가 전혀 담기지 않은 단순한 '통행로'라는 의미에서 그 말이 널리 사용되고 있었다.

『설문해자』에서 이미 어느 정도 암시되어 있었던 것처럼 도는 사람, 사물, 자연의 존재 방식을 결정하는 규율 내지 원리라는 뜻으로 의미가 확대된다. 도 개념의 의미 확대는 춘추시대에 와서 거의 일반화되는 경향을 보이는데, "하늘의 도는 멀고, 사람의 도는 가까이 있다. 멀리 떨어진 하늘에서 발생하는 천문 현상의 변화를 근거로 인간사의 길흉화복을 예측하는 것은 불가능하다〔天道遠, 人道邇, 非所及也, 何以知之〕"(『좌전』, 소공 18년, 하오월夏五月)는 정자산鄭子産의 발언은 도를 사물의 원리라는 의미로 사용하는 좋은 본보기다. 도는 자연과 인간을 포함하여 모든 존재를 지배하는 규범이자 원리라고 보는 확대된 도 관념은 노자와 장자, 공자 등 고대 철인들을 거치면서 그 내용이 더욱 풍부해진다.

특히 본론에서 문제 삼는 도교/도가의 도론道論은 고대 철인들이 정립한 도의 규정을 바탕으로 전개되었으며, 그러한 도론에 근거하여 우주 자연의 규율이자 인간 존재의 근거가 되는 도를 체득하여 도와 하나가 되는 삶을 완성하고자 하는 도교적 양생 수양론이 수립되기에 이른다. 도와 수양론의 결합을 이해하기 위해 도교/도가가 제시한 도론의 내용을 간략하게 살펴보자.

도교적 도를 가장 핵심적으로 정립한 문서는 말할 필요도 없이 『도덕경』이다.[1] 『도덕경』은 철학적 의미로 확대된 도에 관한 고대 중국의 다양한 담론을 종합하면서, 우주 만물의 근거가 되는 형이상학적 근원이 '도'라고 규정한다. 도의 여러 다양한 성격은 근본적으로 『도덕경』이 정립한 도론에서 파생되는 것이라고 할 수 있다. 여러 학자들의 연구를 개관해볼 때, 『도덕경』의 도는 대체로 다음과 같은 몇 가지 특징을 가지고 있다.[2]

---

1) 『도덕경』의 저자가 누구인가의 문제에 대한 장기간에 걸친 학계의 토론에도 불구하고, 그 문서의 저자를 확정하는 것은 어려운 것 같다. 일단 『도덕경』의 저자가 '노자'라고 하는 『사기』의 지적은 그 자체가 이미 역사적 사실로서 신빙성이 결여되어 있다. 『사기』에 묘사된 '노자'의 전기 자체가 역사적 기록이 아니라 신화적인 성격이 강한 기록이다. 그것은 이미 신화화된 노자의 전기(선화仙話)에 불과하다. 여기서는 『도덕경』의 저자가 누구인지에 대해서는 더 이상 묻지 않고, 『도덕경』의 도를 중심으로 서술한다. 신화화된 노자의 전기가 형성되는 과정, 그리고 그 신화화된 노자가 도교적 지평 안으로 편입되는 과정에 대해서는 吉岡義豊, 『道教と佛教 1』(國書刊行會, 1959) 및 楠山春樹, 『老子傳說の研究』(創文社, 1979)에 자세하게 서술되어 있다.
2) 도의 성격과 특징을 논하는 수많은 연구 성과가 쌓여 있지만, 陳鼓應의 『老子今注今譯』(中華書局)의 「서론」 부분이 도의 성격을 종합적으로 잘 개괄하고 있다.

도홍경 초상
(타이베이 국립미술관 소장)

첫째, 도는 천지만물의 근원이다. "도는 만물의 핵심이다〔道者, 萬物之奧〕"(62장)라든가, "도는 만물의 으뜸인 것 같다〔似萬物之宗〕" 혹은 "천제보다 앞서 존재하는 듯하다〔象帝之先〕"(4장) 등은 도의 근원성을 표현하고 있다.

둘째, 도는 다른 창조자의 창조 행위를 기다리지 않고 스스로 존재한다.

셋째, 도는 무와 유라는 존재의 근본 형식을 통일하는 근원적 통합의 원리이다. 따라서 도는 있음과 없음, 생성과 소멸, 존재와 비존재, 삶과 죽음 등등의 대립적 힘을 통합하며, 그 자신은 생성과 소멸을 뛰어넘는 근원성을 지니고 있다.

넷째, 존재의 근원인 도는 인간의 감각적 인식을 초월한다. 인간의 인식은 근본적으로 상대적이며, 기호〔名〕를 통해서만 사물을 파악한다. 그러나 도는 그런 상대성을 넘어서 있으며, 따라서 모든 기호적 제약을 벗어나 있다. "도를 이름 붙여 말할 수 있으면 그것은 이미 도가 아니다〔道可道非常道〕"라든지, "도는 항상 이름을 넘어서 있다〔道常無名〕"(32장) 등은 개념의 한계를 넘어서 있는 도의 절대성을 표현하는 말들이다.

다섯째, 무명이고 무형인 도는 없는 듯하지만, 사실 모든 것의 생성과 창조의 근원이다. 『도덕경』에서 도는 무한하며 무형이고, 생성하고 소멸하는 존재의 상대성을 초월해 있는 절대적 생명의 원리로 설정되어 있다.

도교적 수양론과 관련하여 주목해야 할 사실은 도가 단순히 우주의 개관적 근원일 뿐 아니라 인간의 구체적인 생명의 근원이기도 하다는 점이다. 『도덕경』에서는 도의 근원성과 본래성을 표현하기 위해 '자연'이라는 개념을 사용한다. 도는 무엇보다는 '자연' 그 자체이다. 도덕경에서 말하는 '자연'은 오늘날 영어로 네이처Nature라고 번역되는 실체적 자연을 의미하지 않는다. 하지만 '자연'이라는 개념이 실체적인 자연 현상뿐만 아니라 인위적인 조작이 가미되지 않은 사물의 본래적이고 순수한 상태를 가리킨다는 점을 염두에 둔다면, 『도덕경』의 '자연'에는 분명 도의 본래성과 근원성이 온전히 보존된 원초의 순수 상태라는 함의가 담겨 있다는 사실을 인정해야 할 것이다. 도 개념에 담긴 추상성과 모호성을 극복하고, 사물 존재 그 자체에 내재하는 본래적 순수성이라는 의미를 담아내기 위해 '도'와 '자

연'을 병치시킨 것이라고 이해할 수 있다.[3]

도교는 인간의 현실이 질곡 상황에 처해 있는 것으로 진단하고, 도와 자연으로 대표되는 존재의 순수성을 회복함으로써 현실의 질곡을 극복할 수 있다고 주장한다. 따라서 엄밀한 주석학적 토론을 유보하고 말한다면, 도교의 '자연'은 인간이 실현해야 할 본래의 이상적 상태, 존재의 시초로 회귀하여 발견할 수 있는 본래성, 순수성, 근원성을 지칭하는 상징어이다. 그리고 이 지점이 도교의 도론과 인간학이 만나는 가장 중요한 고리이다. 도와 하나가 된다는 것은 결국, 다양한 수행의 방법을 통해 인간이 존재의 본래성, 순수성을 회복하고 인위적 조작에 의해 파괴되기 이전의 본래적 있음('자연')으로 되돌아간다는 구원론적 함의, 수양론적 함의를 담고 있다. 도교 수행론은 도에 의해 근거 지워진 인간의 본래성을 회복하는 것을 목표로 삼는다.[4]

---

[3] "도법자연道法自然"이라는 도덕경의 언설은 상당히 복잡한 의미 내용을 담고 있는 것이지만, 분명한 것은 도를 단순히 자연Nature이라고 이해할 수 없다는 사실을 단적으로 보여준다. 천꾸잉陳鼓應은 『老子今注今譯』에서 『도덕경』의 '자연自然'이 존재의 본래성, 순수성을 담아내기 위해 사용된 말이라고 풀이한다.

[4] 도의 회복, 나아가 도에 의해 근거 지워진 본래적 인간성을 회복할 것을 지향한다는 의미에서 『도덕경』은 수양론적 함의를 가진 문헌으로 읽을 수 있다. 『도덕경』의 초기 주석서 가운데 하나인 "하상공주河上公注"는 『도덕경』의 도론과 메시지 전체를 수양론적 관점, 특히 기의 수행이라는 관점에서 읽어내려고 한다. 다른 한편 도가 사라진 현실을 극복하여 평화롭고 순수하고 자유로운 삶이 실현되는 사회를 만들고자 하는 이상주의적 열망이 담긴 정치론으로서 『도덕경』을 읽어낼 수 있는 가능성도 부정할 수 없다. 이처럼 고전은 다양한 읽기의 관점에 의해 거듭날 수 있는 열린 텍스트이다. '텍스트'란 그것이 숭배되어야 할 문헌이 아

니라 다양한 읽기의 관점에 의해 읽히기를 기다리는 중립적인 문서라는 의미이다. 고전은 믿고 숭배해야 할 캐논canon(경전)이 아니라 읽고 이해하고 재해석되어야 할 텍스트이기 때문에 시대의 거리를 뛰어넘어 여전히 우리의 관심의 대상이 될 수 있다. 우리 사회는, 읽고 이해해야 할 문서를 쉽사리 경전으로 고정화시켜 단 하나의 읽기 관점을 고집하고, 다양한 해석을 용납하지 않는 캐논적 태도가 아주 뿌리 깊게 잔존하고 있다는 느낌이 든다. 김용옥의 노자 해석을 비판한 김경숙은 노자 읽기의 다양한 가능성을 무시하고 '노자는 이렇게 읽어야 한다'는 사실을 강조하는 편협한 시각에서 김용옥의 해석을 비판하고 있다. 그러한 시각에서는 고전이 '옳은' 읽기와 '틀린'('다른'이 아닌) 읽기만이 존재하는 닫힌 문서가 되고 만다. 고전의 읽기에 관한 한 옳고 틀리고의 해답은 있을 수 없다. 얼마나 현실적 정합성을 지닌 설득력을 가지고 있는가 하는 것이 문제가 될 뿐이다. 엄밀하게 말하자면 고전은 말이 없다. 고전을 말하는 사람은 고전 그 자체에 대해 말하는 것이 아니라 고전을 통해 '자기'의 말을 전달하고 있는 것이다. 고전의 세계와 자기의 세계가 융합된 지평의 합일을 이야기하는 것이다. 김용옥의 노자 읽기에 전적으로 '공감'하는 것은 아니지만, 인문학적 토론은 '무엇을?'이라는 사실 인정의 차원에서는 사실의 옳고 그름에 대한 것이지만, 한 단계 더 나아가 그 사실에 '왜?'를 묻는 차원으로 나아가면 옳고 그름의 문제가 아니라 '그럴 듯함'의 문제로 전환한다. 김용옥의 한문 해석 능력을 비난하는 사람도 있지만, 그 문제도 마찬가지다. 전혀 한문의 기본 원리도 모르는 사람이 헛소리한 것이 아니라면('무엇'을 묻는 차원) 독자적인 읽기의 전략('왜'를 묻는 차원)을 무시한 채, 기초 실력 운운하는 발언 자체가 바로 기본 소양이 부족함을 드러내는 것이 아닐까 생각한다. 김용옥의 문제는 그가 한문을 제대로 이해하지 못한다거나, 원문을 잘못 읽었다는 데 있지 않다. 그의 잘못은 스스로의 읽기를 절대시하는 바로 그 독단성과 오만함에 있다. 고전의 메시지를 어떻게 해석하든, 인간은 결국 함께 더불어 살아가야 하는 존재이며, 그 더불어 살기의 윤리를 깨닫지 못하는 사람에게 지식은 오히려 위험한 무기가 될 수 있다.

최진석의 노자 읽기는 이런 사상 풍토에서 대단히 높이 평가해야 할 노작이다. 노자의 원음을 살려내고자 하는 최진석의 노력은 결국 노자를 그 글이 만들어진 텍스트의 맥락 속으로 되돌려놓는 문헌학적 과정을 통해, 노자를 객관화하고, 그 객관화된 노자를 현실의 관점에서 다시 읽어냄으로써 자칫 죽어버린 골동품일 수 있는 그 텍스트를 오늘날 우리에게 말을 건네는 생생한 문서로 되살려내고 있다. 세계 학계에 내놓아도 손색이 없는 중요한 노자 읽기의 한 방식이 우리 학계에서 생산되었다는 사실에 큰 자부심을 느낀다. 최진석, 『노자의 목소리로 듣는 도덕경』(소나무, 2002) 참조.

『도덕경』에서 도론은 도의 근원성을 이론적으로 확인하는 데에서 그치는 추상적 언설이 아니다. 『도덕경』은 비판적 현실 인식을 바탕에 깔면서, 근원적인 도에로의 복귀 혹은 도의 회복을 역설하는 데 그 주안점이 주어져 있다. 『도덕경』의 저자 혹은 편자가 도의 근원성과 무위성, 자연성을 강조하는 이유는 인간의 삶이 도의 근원성에서 멀어져 있다는 사실을 역설적으로 강조하기 위해서이다. 그러한 현실 비판을 통해 인간의 삶이 궁극적으로 도의 존재 모델을 따라서 재편성되어야 한다는 구원론적 이상을 역설한다. 종교는 현실을 극복해야 할 문제 상황으로 이해하고, 그 현실을 돌파할 수 있는 방법과 방향을 제시한다. 그런 점에서 『도덕경』 전체는 **삶의 근원적 변화를 촉구하는 소망이 담긴 전형적인 종교 담론이다.** 삶과 세계의 근원적 변화를 추구하는 구원론적 소망은 현실을 긍정하면서 현실 속에서 추구될 수도 있고, 현실을 전면 부정하면서 추구될 수도 있다. 도교는 현실 부정과 긍정의 두 스펙트럼을 동시에 보유하는 독특한 체계를 가지고 있다. 도교적 신념의 출발점에 자리 잡고 있는 『도덕경』은 도의 근원성에 근거하며 변화의 방법과 방향을 제시하는 전형적인 종교 사상으로서의 구조를 가지고 있다. 마치 기독교가 하느님 나라를 말하고, 불교가 열반이나 정토를 말하는 것처럼 『도덕경』은 도와 하나된 상태, 도의 근원성을 회복하는 득도의 삶을 인간의 삶이 추구해야 할 목표로 제시하고 있는 것이다. 도덕경에서 제시된, 도와 하나되는 삶을 실현하는 것을 지향하는 도교 수행의 주요한 이론적 내용을 정리해가는 것이 이 글의 주요 내용이다.

득도의 수행으로서의 '무위無爲non-action'

도교 의례는 도교의 신성한 가치를 현실 속에 구현하고자 하는 형식화된 몸짓이다. 그것은 '도와 하나됨[與道爲一]'을 지향하는 몸짓이다. 도교 의례는 그 자체가 거대한 수행의 몸짓으로 이해될 수 있다. 그 몸짓은 공동체적 목적을 위해 실천되는 집단적 몸짓일 수도 있지만, 명상과 관상 등 지극히 개인적인 몸짓일 수도 있다. 도교적 몸짓은 폭넓은 스펙트럼을 가지고 있다. 도사道士는 도교에서 의례적 몸짓을 실천하는 의례 전문가이다. 도교의 도사는 가톨릭의 신부나 불교의 승려와 마찬가지로, 도교 공동체 내부의 일정한 규율에 따라 엄격한 훈련을 거쳐 의례 전문가로 길러진다. 그 수련 과정은 도교 의례의 절차와 의례적 몸짓을 습득하는 것으로 이루어져 있다. 대단히 복잡한 세부 절목을 가지고 있는 도교 의례의 완결된 절차를 처음부터 끝까지 실천하기 위해서는 긴 수련 과정이 필요하다. 의례 전문가로서 도사는 자기가 실천할 수 있는 몸짓의 난이도, 즉 수행 정도에 따라 정해진 위계질서 속에 편입된다.[5]

---

5) 가톨릭의 서품 제도나 불교의 승직 제도와 대단히 비슷하게, 영어식으로는 '오디네이션 랭크ordination rank'라고 부를 수 있는, 교계 조직 질서에 따른 등급이 부여되는 것이다. 외형적 조직 공동체로서 도교 공동체 내부의 위계는 곧 그 공동체에 소속된 성원, 즉 도사의 수행 수준과 일치되는 것으로 인정된다. 모든 교계 조직이 그러하듯이 도교의 교계 조직에 있어서도 위계의 정점에 속한 인물은 도교적 진리, 가르침에 가장 가까이 다가서 있는 존재로 설정되어 있다. 가톨릭의 엄격한 위계질서에 따르면 교황이 하느님의 진리를 구현하는 현실의 대표자인 것처럼, 도교의 교계 조직에서 본다면 교황과 같은 유일한 중심은 아니지만 장천사는 도교적 진리를 구현한 대표자로, 나아가 도교적 진리의 체현자로 볼 수 있다. 그러나 위계질서를 절대시하는 공고한 조직의 실현은 종교 공동체의 경직

현실의 불완전함을 극복할 수 있는 방향을 모색하는 종교 사상인 도교의 진단에 따르면 현실의 부정적 질곡은 인위적 조작의 과잉에서 결과하는 피폐함에서 비롯되는 것이다. 앞에서 본 것처럼 도는 자연성, 포용성, 포괄성 그리고 시원성을 동시적으로 표현하는 전체성을 상징하는 개념이다. 인위적 조작에 의한 세속적 힘의 과잉은 도의 성스러운 전체성을 숨막히게 만든다.『도덕경』은 세속적 힘이 작용하는 의욕 과잉의 상태를 '유위'라고 지칭하며, 도의 자연성 내지 시원성을 의미하는 '무위'와 대립시킨다. 무위는 도의 성스러움이 있는 그대로 실현되는 상태, 사물의 본래 그대로의 상태이다. 즉 자연 상

성을 낳기 마련이다. 따라서 그 위계질서를 무시하거나 부정하는 자유로운 움직임이 나타날 수밖에 없다. 종교의 신비주의적 성향은 그러한 깨달음의 위계를 설정하려는 교권 제도에 대한 반발로 출현하기도 한다. 도교에서도 교권의 중심주의에서 벗어나 있는 자유로운 수행자의 출현이 일상화되어 있다고 볼 수 있다. 특히 송대는 그러한 자유 수행자들이 폭발적으로 등장한 정점이었다. 도교 내부에는 그 수를 알 수 없을 정도로 다양한 종파들이 존재하는데, 그러한 다양성은 권위의 절대적 중심이 존재하기 않기 때문에 나타나는 현상이다. 도교의 역사는 어떤 의미에서는 국가 권력과 결합한 어느 특정 종파가 다른 종파를 권위적으로 통합하려는 교권 수립의 역사라고 볼 수 있다. 현재 우리가 가지고 있는《도장》은 명나라 시점에서 용호산龍虎山 장천사의 정일파正一派가 교권 통합에 성공한 결과물이라고 볼 수 있다. 그러나 그 이후에도 도교는 끊임없는 분파를 만들어냈기 때문에 오늘날 도교 교권의 최종적인 승리자가 누구인지는 여전히 알 수 없다. 중국에서 도교는 살아 있는 종교 현상이기 때문이다. 특히 우리나라처럼 도교의 교권 조직이 일찍이 무너져버린 곳에서는 그러한 자유로운 수행자 혹은 자유로운 의례 실행자들이 저마다의 권위를 주장하며 종교적인 실천을 하는 경우가 일상화되어 있다. 우리나라에서는 도교적 수행 혹은 의례는 공식적으로는 사라졌지만, 근대 이후에 나타난 다양한 신종교를 통해서 새로운 옷을 입거나 무당을 비롯한 민간의 종교 전문가의 종교 활동과 결합되어 오늘날까지 이어지고 있다.

태이고, 시원 상태이고, 도의 포용성과 완전성이 작동하는 완전함의 상태이다.

나아가 '무위'는 그러한 도와 하나되는 삶을 실현하고자 하는 근원적 몸짓을 지칭하는 수양론적 용어이기도 하다. 존재의 근원인 도를 회복하고자 하는 종교적 이상을 도교에서는 '반박返樸', '귀진歸眞' 등 회귀의 메타포를 사용하여 표현한다. '반박' 혹은 '귀진'은 도교의 근원적 성스러움을 회복하는 것이다. 무위는 아무것도 하지 않음이 아니라 도의 근원적 성스러움을 실현[歸眞]하고자 하는 적극적인 몸짓으로서의 무행위, 무조작이다. 도와 하나되는 삶을 실현하기 위한 구체적인 수행법으로서 무위는 그 자체가 중요한 의례적 몸짓이다. 마치 요가나 선禪이 가만히 앉아 있음을 통해 존재의 본래성을 회복하고자 하는 적극적 몸짓인 것과 마찬가지로, 무위의 수행은 도의 포용성, 자연성, 순수성을 파괴하는 인위적 욕망의 과잉을 치유하는 역설적이지만 적극적인 몸짓이다. 그것은 욕망과 유위에 의해 훼손된 도의 근원성과 자연성을 회복하는 치료적 몸짓이자 이념이다. 무위는 욕망에 의해 발동되는 파괴적 몸짓이 아니다. 그것은 도교적 진리와 하나되는 수행적 몸짓이며, 도인導引, 토납吐納, 복기服氣, 행기行氣, 존사存思, 좌망坐忘 혹은 심재心齋 등 다양한 기의 수련법으로 구체화된다.[6]

---

[6] 흔히 기공氣功이라고 부른 도교의 수련은 위에서 열거한 다양한 기의 훈련과 정신의 훈련을 포괄적으로 지칭한다. 도교 기공이 가장 발전된 형태가 다름 아닌 내단 수련법이다. 구체적인 기의 다양한 수련법에 대해서는 체계적인 다른 글을 마련하고 있다.

팔선八仙인 종리권鍾離權
(클리브랜드미술관 소장)

도교는 현실의 질곡, 인간을 사로잡고 있는 질병의 고통, 천재지변의 고통, 전쟁의 고통 등등 모든 종류의 실존적 고통을 극복하여 삶에 궁극적 변화를 초래하기 위한 다양한 종교적 몸짓을 실천한다.[7]

7) 어느 정도 도식적으로 말한다면, 도교적 의례의 몸짓을 크게 두 흐름으로, 공동체 전체를 대상으로 실천되는 공동체적 의례와 개인의 몸(마음)을 수련하는 개인적 의례로 나누어볼 수 있을 것이다. 전자의 공동체 의례는 대개 도교에서는 과의科儀라고 불리는 집단적 의례liturgy이며, 개인적 수련은 기공 및 정신 수련

탈주와 변화를 추구하는 도교의 몸짓은 다양한 양식으로 이루어져 있기 때문에 그 종류를 다 열거하는 것은 거의 불가능하다. 하지만 도교 의례의 다양한 몸짓은 한마디로 존재의 근원적인 힘을 회복하는 것, 즉 '득도'를 목표로 삼는다. 도교 의례 그 자체를 도교적 진리를 실현하려는 수행적 몸짓으로 이해한다면, 도의 근원적 힘을 회복하는 '무위'는 무행위가 아니라, 도와 하나되는 것을 목표로 삼는 몸짓을 총체적으로 지칭하는 것이라고 이해할 수 있다.

실제로 '무위'의 상태에 도달하기 위해서는 과정으로서 실천해야 할 다양한 세부적 항목이 있다. 처음부터 단박에 최고도의 무위 상태, 즉 도와 하나된 상태에 도달하는 것은 불가능하며, 그 최고 상태에 도달하기 위해서는 단계적 발전이 요구된다. 도교적 몸짓의 전문가, 도교 의례의 전문가인 도사는 그 몸짓을 단계적으로 실천하고, 그 결과 도와 하나됨을 실현한 사람들이다. 그리고 도와 하나되는 몸짓을 수행하는 사람들, 그 결과 도와 하나된 사람들은 도교적 의미의

을 포함한다. 도교 의례는 개인 차원의 것이든 공동체 차원의 것이든 궁극적으로는 현실의 질곡을 벗어나, 신선 세계의 완전함을 실현하는 것을 목표로 삼는다는 점에서 동일한 지향을 가진 몸짓이다. 도사는 개인의 수련을 통해 도와 하나되는 힘을 획득한다. 공동체 의례의 실천은 그러한 내면 수련을 전제로 한다. 따라서 의례 전문가로서 도사의 의례 집전 행위와 기 수련은 연속적이다. 도교 과의의 구조와 의미에 관해서 중요한 연구 성과로는 Kristofer Schipper, *Le Corps Taoiste*(Fayard, 1982)를 반드시 참조해야 한다. 그리고 Isabelle Robinet, *Taoism*(California University Press, 1990) 제3장은 도교 의례의 기본 구조를 잘 설명한 개요로서 참조할 수 있다. 중국에서 나온 연구서인 張澤洪, 『道教齋醮科儀研究』는 사천대학 도교 연구소의 박사학위 논문으로, '황록재黃籙齋'를 중심으로 도교 의례의 구조를 잘 그리고 있다.

불사성을 획득한다.[8] 도교적 의미의 불사성을 획득한 사람을 도교에서는 신선[9]이라고 부른다.

  신선이 되기 위해서는 신선이 되기 위한 방법을 실천해야 한다. 도교의 의례, 특히 개인적 수행은 도교적 의미의 불사不死(도와 하나됨)를 획득하는 몸짓이다. 도교적 수행은 크게 몸의 수행과 마음의 수행으로 범주화할 수 있다. 그러나 수행의 두 방향은 방법론적 구분일 뿐이지 실제 수행에 있어서는 구분이 되지 않는다. 구분이 되지 않는다기보다는 그 둘은 분리되어 실행되어서는 안 된다. 그 두 방향의 수행이 통합적으로 실행되어야 함을 역설하기 위해 도교 수행, 특히 내단 수행에서는 "성명쌍수性命雙修"를 강조한다. 약간 거칠게 말한다면, 명命의 수행은 몸의 수행이고, 성性의 수행은 정신의 수행이다. 이론가에 따라서는 그 둘 사이의 위계를 강조하는 경우도 있지만, 궁극적 목적으로서 그 둘 사이를 완전히 분리하는 경우는 없다. 그리고 그 두 방향의 수행은 도교적인 몸과 마음의 이론 구성과 대응한다.

---

[8] 도교의 내부 해석에 의하면 그렇다. 그러나 종교의 내부 해석의 진실성을 따지는 것은 우리의 목적이 아니다.

[9] 도사는 다른 말로 진인眞人이라고 불리기도 하며, 신선은 가장 널리 보편적으로 사용되는 명칭이다. 신선 이외에도 도인道人, 신인神人, 지인至人 등 다양한 명칭이 사용되는데, 그 개념들은 각각 뉘앙스의 차이가 있긴 하지만, 도교적 진리인 도를 획득하여 도와 하나됨을 실현한 존재[與道合一], 도교적 깨달음을 획득[得道]한 도교의 이상적 인간을 지칭하는 개념으로서 내포하는 바가 동일하다.

도교 수행에서의 몸과 마음

육체(形)와 영혼(神) 혹은 몸(身)과 마음(心)의 관계 문제는 도교를 포함하는 중국적 인간관, 수양론을 이해하는 데에 있어 대단히 중요하다. 왜냐하면 도교 혹은 중국 종교가 일반적으로 추구하는 깨달음 혹은 득도는 궁극적으로 몸과 마음의 문제로 귀결되기 때문이다. 먼저 원리적으로 말하자면 도교 또는 중국 종교 일반에서 깨달음은 단순히 추상적인 이해의 문제로 그치는 것이 아니라 항상 몸의 차원이 결부된 종교 경험으로 이해되었다. 득도는 구체적인 몸짓을 수반하며, 구체적인 몸짓을 통해 도달할 수 있는 존재의 특별한 차원의 경험으로 이론화된다. 몸은 깨달음이 발생하는 장소이다. 특히 도교는 깨달음이 발생하는 장소로서의 몸을 중시하는 역사를 강하게 지니고 있다.

먼저 중국의 사상 종교 전통, 특히 도교에서 몸과 마음 그리고 그 둘의 관계 문제에 대한 입장을 간단히 살펴보자. 중국 전통에서 몸과 마음은 궁극적으로 '분리'되는 것으로 인식되지 않는다. 그렇다고 해서 이론화 과정에서 몸과 마음을 '구분'하는 의식마저 없었다고 말할 수는 없다. 먼저 형形은 무엇보다도 구체적인 형태를 지닌 육체, 형체, 나아가 물질을 의미하는 개념이다. 반면 형과 대비되는 신神은 눈에 보이지 않지만 인간이나 생명체를 성립시키는 데 없어서는 안 되는 어떤 요소를 가리킨다. 정확하지는 않지만 서양적인 이분법을 적용해본다면, 형은 육체 혹은 물질이고, 신은 정신 혹은 정신적 실재를 가리킨다고 단순화할 수 있을지 모른다. 하지만 물질과 정신, 형과 신은 단절된 실체가 아니라, 상호 소통이 가능한 열린 구조를 가진다는 점은 기억해야 한다. 나아가 도교의 신 개념에서 특히 주목되어야 할 점은 신이 인간의 정신뿐만 아니라 우주적 자연적 신령[神明], 그리고 인간의 내면에 내재하는 신적 존재로서 체내신體內神[10] 혹은 생명체의 중심으로서 인간의 영혼, 나아가 귀신 등을 동시에 포괄적으로 가리키는 개념으로 폭넓게 사용된다는 점이다. 그런 점에서 그 신은 서구적 의미의 정신과 정신적 존재, 신적 존재를 포괄한다. 하지만 도교적인 형신론形神論에서 가장 중요한 측면은 그 형과 신이라는 대립적인 두 범주가 서로 배타적이고 닫힌 범주로서가 아니라 서로 소통적이며 상호 전환이 가능한 열린 범주로 이해되고 있다는 사실이다.

초기 도교 경전인 『태평경』에 보이는 형신 관계 혹은 몸과 정신의 관계에 대한 중요한 언설을 예로 들어 설명해보자. (1)"사람은 혼돈의 기, 즉 원초적인 기에서 태어난다. 그 기는 생명력의 정수인 정精을 낳고, 그 정이 고도화되어 영혼[신神]을 낳는다. 신은 다시 명명을 낳는다. 인간을 구성하는 기는 본래 음양의 기이며, 그 기가 고도화되면서 정으로 전환되고, 정은 다시 신으로, 신은 다시 명으로 전환된다."[11] (2)"기가 가득하면 거기에서 영혼[신]이 나타나고 기가 끊어지면 영혼[신]도 함께 죽어버린다."[12] (3)"신과 정이 기에 대해

---

10) 도교의 체내신 개념은 도교 특유의 신 관념과 결부되며, 도교의 신체 기법, 기의 수련과 연결되어 상당히 중요하다. 자세한 것은 이 장의 주석 20을 참조.
11) "夫人本生混沌之氣, 氣生精, 精生神, 神生明. 本于陰陽之氣, 氣轉爲精, 精轉爲神, 神轉爲明."(『太平經合校』王明 校註本, 中華書局), p. 739.
12) "人有氣則有神, 氣絶則神亡."(같은 책, p. 96)

가지는 관계는 마치 물고기가 물에 대해 가지는 관계와 비슷하다. 기가 끊어지면 신과 정이 흩어지는 것처럼, 물이 없어지면 물고기가 죽는다."[13] (4) "기가 흩어지면 죽고 기를 얻으면 산다."[14] (5) "사람은 한 몸을 가지고 있으며 그 몸은 정신과 더불어 합쳐 하나가 되어 있다. 몸〔형形〕은 죽음을 지배하고 있으며 정신은 삶을 지배한다. 그리고 정신과 몸〔형〕이 함께 하나가 되어 있을 때에는 생명을 유지〔길吉〕할 수 있지만, 정신과 몸〔형〕이 분리될 때에는 불행〔죽음, 흉凶〕이 발생한다. 곧 정신이 몸을 떠나는 것이 죽음이고, 정신과 몸이 하나로 합쳐 있는 것이 삶이다. 정신과 육체〔형〕의 분리가 일어나지 않고 하나가 될 때 장생불사가 가능해진다."[15]

『태평경』의 언설은 몇 가지 점에서 중요하다. 첫째, 태평경의 저자(들)는 『장자』 혹은 『관자』에서부터 정식화되는 고대 중국의 기론적 관점을 계승하면서 인간(을 포함하는 모든 사물)이 우주적 원기元氣(기)로 구성된다고 주장한다. 둘째, 기로 형성된 인간은 육체라는 유형적 측면과 정신 혹은 신이라고 불리는 무형적 측면이 통합되어 있는 존재이다. 셋째, 유형적 측면인 육체는 인간을 죽음으로 이끌어간다. 반면 정신은 인간을 불멸로 이끌고 가는 힘을 가지고 있다. 다시 말해 인간의 육체적 측면은 속의 원리인 반면에 정신적 측면은 성스러움의 원리이다. 넷째, 인간을 형성하는 육체적 요소와 정신적 요소

---

13) "神精有氣, 如魚有水. 氣絶神精散, 水絶魚亡." (같은 책, p. 727)
14) "失氣則死, 有氣則生." (같은 책, p. 309)
15) "人有一身, 與精神相合幷也. 形者乃主死, 精神者乃主生. 相合則吉, 去則凶. 無精神則死, 有精神則生. 相合則爲一, 可以長存也." (같은 책, p. 716)

는 사실상 분리되어 존재해서는 안 된다. 육체가 인간을 죽음으로 끌고 간다고 해서, 무형적 정신이 육체와 분리되어 별개로 독립되어 존재할 수는 없다. 마찬가지로 정신이 생명을 부여하는 힘이라고 할지라도, 육체와 분리된 정신이 독립적으로 인간을 영원한 생명으로 이끌고 간다는 것은 아니다. 도교에서 추구하는 장생불사는 어디까지나 정신과 육체가 하나로 통합되어 존재하는 상태를 지속시키는 것을 의미한다. 여기서 주의해야 할 점은 정신이 육체와 분리된 채로 영원히 지속할 수 있다는 정신 불멸, 혹은 영혼 불멸의 입장을 도교가 주장하는 것은 아니라는 사실이다. 다섯째, 인간의 생명을 형성하는 바탕이 되는 기를 순수하게 고도의 차원으로 고양시키는 수련에 의해 인간 생명은 활성화되어 불사의 상태로 유지될 수 있다. 생명의 원리인 정신의 바탕도 기이고, 육체를 형성하는 기질의 바탕도 결국 기와 다름 없다. 따라서 도교의 불사 수련은 결국 기의 수련을 통해 몸과 정신을 충실하게 만드는 훈련이다. 마치 호수에 맑은 물이 가득 넘치고 그 물 속에 건강한 물고기가 뛰어놀듯이. 여섯째, 기의 순수화와 충실화는 단계적인 고도화 과정을 거쳐 최후의 단계에서는 궁극적인 도와 하나가 되는 신적인 상태에 이른다. 그 신적인 단계는 신이라고 표현되기도 하지만, 『태평경』에서는 그 최후의 깨달음을 표현하기 위해 밝음(明) 혹은 빛(光)의 상징을 사용한다. 시기적으로 훨씬 나중에 등장하는 내단 문헌에서는 도교적 완성 상태를 '일점영광一點靈光'이라는 빛의 메타포를 사용하기도 하는데, 그 표현은 사실상 『태평경』의 '명명'과 일맥상통한다.[16]

도와 하나됨을 추구하는 도교의 수련에서 형신문제形神問題가 중요한 이유는 형과 신이 서로 소통 가능한 열린 범주로 이론화되고 있다는 점 때문이다. 도교에서는 인간을 포함한 우주의 모든 사물이 기로 형성되어 있다고 이해한다. 그러한 근원적 기론氣論의 관점에서 보자면 유형적인 것이든 무형적인 것이든 존재하는 모든 것은 기로 이루어진다. 오늘날의 용어로 정신이라 번역되는 신이나, 육체라고 번역되는 형은 모두 기로 이루어져 있다는 점에서, 구성 요소의 측면에서는 그 둘 사이에 근본적인 차이는 없다. 하지만 도교 수행의 관점에서 본다면, 그 둘 사이에는 엄연한 질의 차이, 혹은 순수화의 정도에 따른 양상의 차이difference of modality는 존재한다. 그러한 양상의 차이로 인해 다음에 살펴볼 기의 세 양상(精·氣·神)과 관계된 수련의 단계에 대한 이론적 구상이 제시될 수 있었던 것이다.

정精·기氣·신神의 의미

도교에서 몸과 마음의 수행은 몸과 마음을 구성하는 뿌리라고 할 수 있는 기의 수행에서 시작된다. 도교의 다양한 수행적 몸짓을 결국 기의 수련 문제로 귀결된다고 말할 수 있을 정도로 도교 수행에서 기 개념은 중요하다. 기에서는, 인간이 몸은 물론이고 우주를 구성하고 있는 질료라고 이해되고 있다.[17] 기는 가시적으로 보이는 인간의 몸

---

16) 『태평경』의 형신론이 도교 형신론의 이론 전체를 대표한다고 단정할 수는 없지만, 대체로 그 입장은 나중에 도교 사상사의 전개에서 기본적 경향을 보여준다고 할 수 있을 것이다. 도교의 수양론, 특히 내단의 이론에서 기 수련의 단계론과 관련된 자세한 형신 관계론은 더욱 자세한 문헌적 검토를 기다리는 영역이다.
17) 기의 의미에 관한 토론은 끝이 없다. 여기서는 간단하게 질료라는 개념을 사용

을 형성하는 기반일 뿐 아니라, 소위 말하는 인간의 정신을 이루는 기반이며 생명력을 유지하는 근거라고 이해되기도 한다. 도교에서는 인간의 육체와 정신을 엄격하게 분리된 것으로 보지 않는다. 육체와 정신은 구분되는 것이긴 하지만, 그것을 구성하는 질료(기)라는 측면에서 볼 때, 그 둘의 경계는 엄밀하지 않다. 따라서 앞에서도 본 것처럼, 인간을 몸과 정신이라는 엄격한 이원적 구조를 근거로 이해하는 관점 그 자체가 도교적이지 않다. 도교적으로 말하자면 인간은 다양한 레벨level을 가진 기氣로 구성되어 있으며, 그 기의 레벨 사이에 엄격한 구획을 긋는 것은 가능하지 않다. 낮은 레벨의 기는 가시적인 육체를 구성하고, 높은 레벨의 기는 정신이라고 불리는 높은 단계의 생명력과 관련이 있다. 기의 차원에서 볼 때 도교는 인간을 정精, 기氣, 신神이라는 양상이 다른 세 차원의 기로 구성된 존재로 이해한다. 그 때 낮은 단계의 기는 육체와 보다 밀접한 관계가 있고, 높은 차원의 기는 굳이 서양식으로 말하자면 정신이나 영혼과 더 밀접한 관계가 있다. 그리고 인간을 형성하는 양상이 다른 기들 사이에는 상호 전환이 가능한 열린 구조를 가지고 있다. 도교의 기 수련은 이러한 기본적인 인간관, 즉 양상이 다른 세 차원의 기의 종합에 의해 인간이 형성되어 있으며, 그 기들 사이에는 상호 전환이 가능하다는 관점을 배경으로 삼을 때에만 이해할 수 있다.

한다. 그러나 그것이 단순한 물질적 원소라고만 이해해서는 안 된다는 것에 대해서는 수많은 논의가 진행되어 있다. 대체로 생명력의 근간으로서 물질을 이루는 바탕이라고 이해해야 한다는 것이 학계의 입장이다.

기의 수련은 인간을 구성하고 있는 단순한 질료적 기(그것을 도교에서는 기질이라고 부른다)를 보다 높은 차원의 기로 전환할 수 있다는 신념을 전제로 하여 실행된다. 유형적 질료에 가까울수록 그 기는 차원이 낮은 기이다. 질료적 기는 인간을 세속에 묶어두는 부정적 힘으로 작용한다. 그 기는 현실의 질곡을 대표하는 상징어로 사용되기도 한다. 굳이 성과 속의 구분을 적용한다면, 기는 속俗의 영역에 속하는 것이며 인간의 삶을 속박하는 것이다. 도교에서 추구하는 해탈, 자유, 득도는 속의 차원을 뛰어넘어 성聖의 영역으로 들어가는 것이다.[18]

도교에서는 기의 수련을 통한 기질적 차원으로부터의 탈피, 나아가 고차원적인 기의 상태로의 진입, 마지막으로 신의 단계에 도달하는 득도의 과정을 일련의 단계론적 메타포로 묘사하는 방식이 일반화되어 있고, 내단학에서는 그러한 발전 과정을 대체로 네 단계로 설명한다. 그 단계 전체를 기질을 변화시키는 과정이라고 본다면, 도교의 기 수행은 결국 속secular의 차원에 속하는 기질을 벗어나서 성스러움의 차원의 신sacred에 이르는 일련의 과정을 포함하는 이론이다.

[18] 나중에 다시 말하겠지만, 도교에서는 수준이 낮은 질료적 단계의 기를 '음'으로 범주화하고, 그 기를 높은 수준으로 승화시켜감에 따라 양의 범주로 옮아가는 것으로 단계를 만들어 이해한다. 그 과정은 '음陰 반음半陰, 반양半陽 양陽'으로 도식화할 수 있다. 완전한 양[純陽]의 단계에 도달한 인간이 도와 하나가 된 신선이다. 그리고 도교에서는 범속한 현실을 벗어나 자유롭고 완전한 존재, 즉 신선으로 넘어가는 그 과정을 '초범입성超凡入聖'이라고 표현한다. 나는 엘리아데에게서 유래하는 성과 속이라는 용어를 사용했지만, 도교적 맥락을 고려하면서 말한다면, 범속凡俗과 신성神聖이라는 표현이 더욱 적절하다고 생각한다. 앞에 있는 7장의 주석 6 참조.

내단학에서는 정기신의 단계론을 수련의 단계론과 연결시키며 다음과 같은 과정을 제시한다. (1)축기築基(기질의 변화에 돌입하기 위한 기초 수련 단계), (2)연정화기鍊精化氣(인간의 원초적인 생명 에너지를 고차원의 생명 에너지로 끌어올리는 수련), (3)연기화신鍊氣化神(고차원의 기 에너지를 더욱 고차적인 정신 에너지로 끌어올리는 수련), (4)연신환허鍊神還虛(가장 승화된 형태의 기가 무無의 상태, 즉 모든 것의 근원이며 모든 것의 귀결점인 도와 하나되는 합일의 경지)[19]

도교에 있어 성스러움은 다양한 용어로 표현된다. 신은 그중에서도 대표적인 것이다. 신은 성스러움이 실현된 상태, 속의 속박을 벗어버린 상태의 기를 가리키는 도교 특유의 개념이다. 신 역시 기의 한 양상이지만, 세속을 형성하는 일반적인 기와 질적으로 다르다. 신이라는 용어는 초현실적인 존재, 영어로는 디어티deity와 직결되는 개념이기 때문에 오히려 그 개념의 참 의미를 이해하는 데 쉽지 않은 점이 있다. 도교적으로 신은 수련을 거쳐 가장 높은 수준으로 고양된 기를 가리키는 개념이다. 동시에 신은 인간의 역량을 초월하는 신령 혹은 그 신령과 동일한 차원으로 고양된 신적인 존재를 가리키

---

19) 기氣 수련의 단계론에 관해서는 더욱 자세한 논의가 필요할 것이다. 도교의 내부적 관점을 그대로 인정하면서 수련의 단계를 서술하는 연구는 여럿이 있지만, 그러한 수련 과정론의 의미를 비판적이면서도 비교종교학적인 관점에서 정리할 필요가 있을 것이다. 특히 요가의 수련 단계에 관한 논의, 서양 연금술에서의 단계적 발전에 관한 논의 등이 적절한 참조 대상이 될 수 있을 것이다. 나는 그 점에 관해 다른 글을 준비하고 있다. 일단 『오진편悟眞篇』(중화서국 표점본)의 역주자 왕무王沐의 해설은 도교 내부의 관점을 일목요연하게 정리하고 있다.

는 개념이기도 하다. 나아가 신은 도교의 독특한 신 관념인 체내신 體內神[20]을 가리키는 개념이기도 하다. 그리고 그 천상에 거하는 우주적 신은 도의 현현이다. 체내의 신은 인간에 내재한 도의 현현이다. 결국 도와 신은 그 내포하는 함의가 동일하다. 나중에 보겠지만 도인, 진인, 지인 또는 신인이라고 불리는 도를 획득한 인간에 대한 명칭은 결국 내용적으로는 동일한 것이다. 기를 수련하여 가장 순수하고 완전한 기, 즉 신의 상태로 끌어올리는 존사存思 혹은 수일守一의 수행은 체내신의 존재를 인정하고 그 신이 적극적으로 몸의 주인이 되도록 만드는 훈련이다. 그것은 다시 말하자면, 속의 지배를 벗어나서 성스러움이 실현된 존재로 삶의 차원을 높이고자 하는 훈련이다. 우주의 근원이고 생명의 근원인 도가 우리 몸속에 실현되고, 몸을 통해 우주 전체를 도의 차원으로 끌어올리려는 노력이 그것이다.[21]

---

20) 도교 상청파에서 극에 달하는 체내신 관념은 모든 도교 기공 이론에서 수용되는 것은 아니지만, 우주적 신이 도의 현현이라는 사실에 대해서는 이견이 없다. 그리고 기의 고양된 상태로서 신이 도와 하나가 된 상태, 우주적 이법의 운행 속에 참여한 상태를 가리키는 상징어라는 점에 대해서는 도교 내부적으로 이견이 있을 수 없다. 체내신 관념과 그 신의 존사를 통해 신을 몸속에 보존하여 불사를 획득할 수 있다는 수련법에 대해서는 상청파의 중요 경전인 『황정경』, 『대동진경』을 참조할 수 있다. 상청파의 중요 수련법인 체내신의 존사에 관한 연구 문헌은 이미 많이 있지만, 대표적인 것으로는 Michel Strickmann, "The Mao Shan Revelation"(T'oung Pao, vol.LXIII, Leiden, 1977)이 있고, 일본 학자의 연구로는 神塚淑子, 『六朝道教思想の研究』(創文社, 1999) 제1장 「眞誥について」를 참조.

21) 기가 도에서 비롯되는 것으로 보고, 기의 수련을 통해 도와 하나가 될 수 있다는 관점, 그리고 기는 도와 상통할 뿐 아니라 인간의 생명력의 근거이며 동시에 인간의 물질적 기초라는 주장은 도교 문헌 도처에서 보이는 도교의 상식적인 관점이다. 특히 도교에서 기의 수련과 도의 획득을 동일 선상에서 이해하는 기

도교 수행과 성스러운 시간: 생기生氣와 사기死氣

기 수련에 있어 기의 순수화 정도에 따라 정기신을 단계론적으로 나누어보는 관점에 못지않게 중요한 것은 기를 죽은 기(사기死氣)와 살아 있는 기(생기生氣)로 나누어보는 관점이다. 정기신이 기의 수련 정도 및 수준에 관한 문제라면, 사기와 생기의 구분은 존재의 상태를 시간의 맥락에서 성과 속으로 나누어보는 것이다. 기는 구체적인 시간 속에 존재하는 우주와 생명의 근원이다. 그러나 기에 의해 가득 채워진 공간이 균질적이 아닌 것처럼, 시간도 균질적이 않다. 신의 영역에 속하는 하늘은 성스러운 공간이지만, 지상은 하늘에 비해 질이 낮고 기의 수준도 낮다. 즉 하늘에 속한 것보다는 지상에 속하는 것이 가치론적으로 열등하다. 지상은 속의 영역에 속한다. 시간 계열에 있어서도 기의 이원성은 유지된다. 앞에서 본 것처럼 본래적으로는 기[22]와 도는 동일시될 수 있지만, 현실적으로 기는 도의 차원에서 멀어져 있다. 즉 성과 속의 이원성의 지배를 받고 있다. 기의 근원적 본래성이 있는 그대로 긍정되지 않는다. 존재를 바람직한 상태와 바람직하지 않은 상태로 나누어보는 종교의 이원적 관점이 시간과 연관하여 기를 설명하는 데에도 그대로 적용되고 있는 것이다. 이러한 시간적 이원성에 따라 성스러운 시간대에 속하는 기가 생기(생명

공적 관점에 대해서는 『운급칠첨雲笈七籤』 권56의 「원기론元氣論」에 자세하게 나타난다. 「원기론」은 도교 기공의 이론 체계를 이해하기 위해 반드시 검토해야 할 중요한 문헌이다. 그리고 같은 책 권57에 실린, 당唐의 사마승정司馬承禎의 작품이라고 알려진 「복기정의론服氣精義論」도 대단히 중요하다.

22) 도교에서는 본래적인 순수한 '기'를 일상적이고 속된 세상을 구성하는 기氣와 구별하기 위해 굳이 기炁라고 쓰기도 한다.

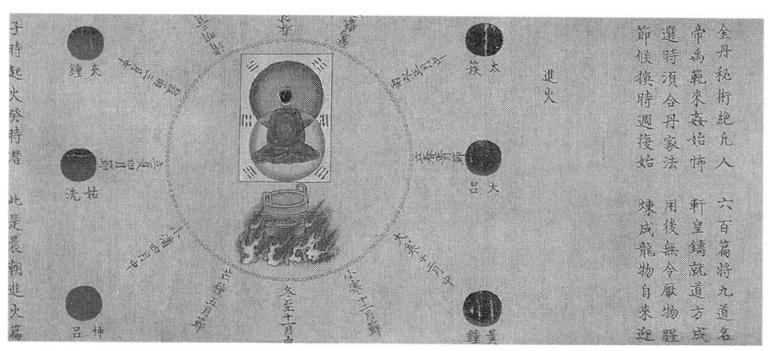
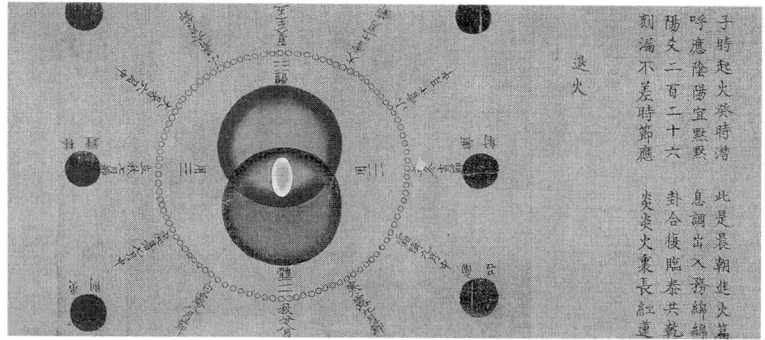

화후도火侯圖
내단 수련의 시간관념을 보여준다. 양과 음의 시간을 확인할 수 있다. (베이징 백운관 소장)

의 기)이고 속된 시간대의 기가 사기(죽음의 기)이다. 생기와 사기라는 이원적 관념은 기가 두 가지 차원으로 나누어져 있다는 생각이 구체적인 기의 수련에 있어서는 시간의 관념과 결합하여 다듬어진 것이다.

도교에서 기의 수련은 반드시 시간의 관념[23]과 결합되어 진행된다.

---

[23] 도교 기 수행의 정점이라 할 수 있는 내단 수련법에서는 수련 과정을 설명함에 있어 다양한 시간 계열을 중시한다. 그 과정을 대략 단계적으로 말하자면, 첫 단계가 '약생지시藥生之時', 즉 생명의 기가 생성되는 시간이며, 그 다음 단계가 내적으로 생성된 순수한 기를 모아 내단의 프로세스에 진입시키는 과정, 즉

불사 수행의 이론적 기초　195

자연을 구성하는 바탕이 되는 기는 자연의 우주적 리듬과 분리되지 않기 때문이다. 도교의 기 수행을 실천할 수 있는 바람직한 시간(성스러운 시간)의 계열은 생기가 지배하는 시간이며, 기 수행을 해서는 안 되는 바람직하지 않은 시간(속의 시간) 계열은 사기가 지배하는 시간이다. 생기는 생명의 원리이며, 사기는 죽음과 연관된다. 여기서 중요한 것은 사기를 배제하고 생기를 수련하여, 기 본래의 근원성을 최대한 활성화시키고 그 근원적 기를 도의 차원으로 끌어올리는 것이다. 송대 이전의 내단內丹 이론을 집약한 『도추道樞』「회진會眞」편에서는 하루의 시간을 생기의 시간과 사기의 시간 두 계열로 분류하면서 내단 수련의 과정을 설명하는 전형적인 사유를 보여준다.

> 자시(밤 11시부터 새벽 1시)부터 오시(오전 11시부터 오후 1시)는 기가 생성되는 시간이다. 이때에 기를 모아 단을 만드는 수련을 실행할 수 있다. 자시에는 신기腎氣가 생성되고, 묘시에는 간기肝氣

'채약지시采藥之時'이다. 그렇게 모아진 기는 목욕(목욕지시沐浴之時)이라는 세련화 과정과 팽련(팽련지시烹煉之時)이라는 정련 과정을 거치면서 고도로 순수한 기로 승화되고, 마침내 도와 하나가 되는 마지막 단계, 즉 증도탈승지시証道脫升之時로 완성된다. 내단학의 프로세스와 각 단계의 의미에 관해서는 학계에서 아직 충분한 연구가 이루어지지 않은 실정이다. 일단 서양의 연구 성과로는 Isabelle Robinet, *Taoism*이 있는데, 일련의 내단 연구를 정리하고 있는 마지막 장이 유용한 참고가 될 것이다. 중국의 문헌은 양적으로는 많지만, 수련 각 단계의 구체적인 의미에 대한 도교 내부의 해석을 비판적이고 객관적으로 해명하는 연구 성과는 거의 없는 것 같다. 사적인 측면에서의 내단 이론에 관해서는 任繼愈 주편, 『中國道敎史』(上海古籍出版社, 1990) 참조. 일본에서는 이시다 히데미, 『기: 흐르는 신체』(이동철 옮김, 열린책들, 1994)를 참조할 수 있을 것이다.

가 생성된다. 그리고 오시에 이르러서는 신기와 심기心氣가 서로 교류하며 기가 쌓이고 체액을 생성한다. 그리고 그 기가 단전으로 흘러들어가 현주玄珠 장생의 약, 즉 단약이 만들어진다.[24]

자시에서 오시에 이르는 여섯 단위의 시간은 생명의 원리인 생기가 지배하는 시간대이므로 기의 수련은 이 시간 동안에 실천되어야 한다. 한편 오시부터 자시까지는 죽음의 원리인 사기가 지배하는 시간대이므로 그 시간 동안에는 기 수련을 피해야 한다. 시간의 흐름과 기의 생·사를 연결시켜 설명하는 도교적 관점은 음양 관념에 근거한 이원적 원리에 뿌리를 내리고 있다고 말할 수 있다. 시간적 흐름을 음과 양의 이원론으로 풀이하는 해석에 따르면, 하루를 구성하는 열두 단위의 시간 중 자시에서 오시에 이르는 여섯 단위의 시간은 양에 속하고 다시 오시에서 시작하여 자시에 이르는 시간대는 음에 속한다고 설명한다. 기의 수련은 반드시 생명의 힘이 약동하는 양기가 활동하는 시간대에 실행되어야 하며, 기가 위축되는 시간대에 기를 수련하는 것은 자연의 리듬에 역행하는 것이 된다.

기가 생성되는 생기의 시간과 기가 위축되는 사기의 시간에 대한 『도추』의 관점은 도교의 상식으로, 고대 도교에서부터 널리 공유되는 것이었다. 예를 들어 갈홍은 『포박자』에서 도교 기공 양생술을 비롯한 도교 방술을 체계적으로 정리하면서, "기의 수련〔행기行氣〕은

---

24) "夫自子至午者, 氣生之時也, 可以用聚氣還丹焉. 子之時, 腎氣生, 卯之時, 肝氣生. 至于午之時則腎氣交乎心氣, 積氣生液, 還于丹田, 是爲玄珠長生之藥也."(『道樞』「會眞」)

반드시 생기의 시간에 실행해야 한다. 사기의 시간에 기를 수련해서는 안 된다. 옛날 선인들이 육기六氣[25]를 수련했던 것은 바로 그런 이유 때문이었다. 하루의 낮과 밤에는 열두 단위의 시간이 있는데, 한밤(자시)에서 한낮(오시)에 이르는 여섯 단위의 시간은 생기가 지배하며 한낮에서 한밤에 이르는 다른 여섯 단위의 시간은 사기가 지배한다. 사기가 지배하는 시간대에 기를 수련하는 것은 무익하다"[26]라고 하면서 기 수련의 시간에 큰 비중을 두고 있다.[27]

'순양純陽'의 획득과 불사不死

다음으로 도교의 기 수련에 있어 양의 시간이라는 관념과 연계하여 '순양純陽'이라는 개념에 대해 살펴보자. 도교의 내면 수련 전통의 완성이라 할 수 있는 내단 수련에서 특히 중시되는 '순양'이라는 개념은 성스러운 시간을 의미하는 양陽 개념과 연계되어서도 중요하

---

[25] '육기六氣'는 자시에서 오시에 이르는 여섯 단위의 시간대에 속하는 기, 즉 생기를 의미한다.
[26] "夫行氣當以生氣之時, 勿以死氣之時也. 故曰仙人服六氣, 此之謂也. 一日一夜有十二時, 其從半夜至日中六時爲生氣, 從日中至半夜六時爲死氣, 死氣之時, 行氣無益也."(『抱朴子』內篇「釋滯」)
[27] 시간뿐 아니라 수행의 공간(장소)도 대단히 중요하다. 기의 수련은 기의 순수함이 확보될 수 있는 조용한 곳(특별한 수행의 장소로서 도관道觀이나 정실靜室 등등)이나 산속이 바람직하다. 도교의 이상적 인간은 아무래도 세속적 힘이 강하게 작용하는 도시보다는 성스러움의 기운을 머금고 있는 산에 더 어울리는 것 같다. 수행을 중요한 종교적 의례의 실천이라고 본다면, 의례에서 일반적으로 중시되는 시간과 장소의 비균질성, 비균등성에 대한 인식과 맥을 같이한다고 볼 것이다. 예배는 정해진 특별한 시간에 정해진 특별한 장소에서 행해지는 것이 요구된다는 점을 상기하자.

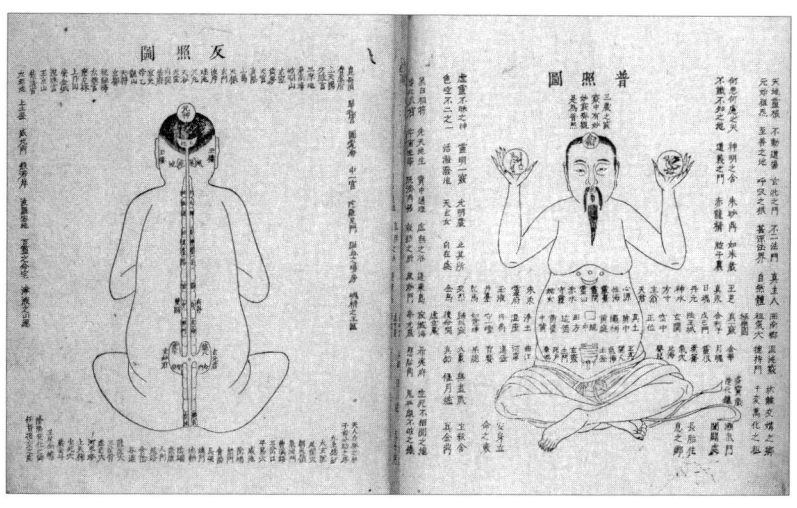

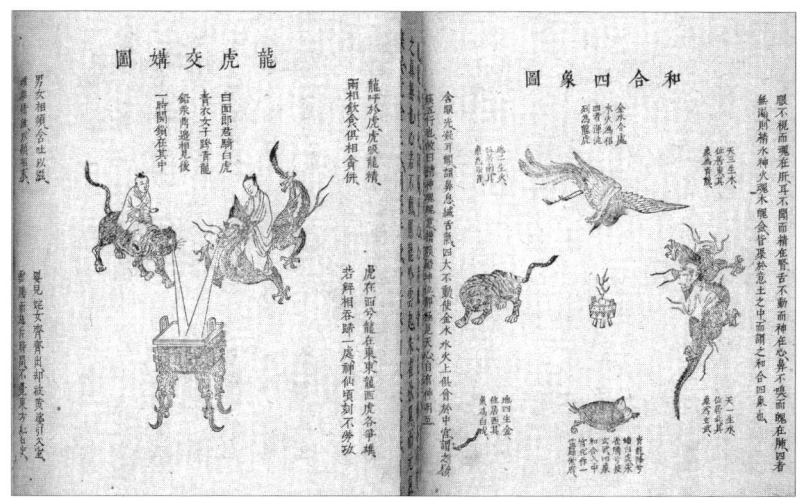

『성명귀지性命歸旨』에 나오는 성명도性命圖

내단 수행의 과정을 나타내는 지침도이다. (런던 영국도서관 소장)

지만, 세계를 '신神(선仙)·인人·귀鬼'의 삼부 세계로 나누어보는 도교의 기본적 세계관의 견지에서 그 중요성을 인정할 수 있다. 도교에서 인간은 양과 음이 결합된 반성半聖·반속半俗의 존재이다. 음양론적으로 말하자면 인간은 음과 양의 결합체로서 성과 속의 중간 영역에 속한다. 육체를 구성하는 낮은 수준의 기, 즉 기질만을 놓고 본다면 인간은 속俗의 영역에 속하는 존재이지만, 정신을 구성하는 순수한 기는 성스러움의 영역에 속하고 따라서 속의 영역을 벗어날 수 있는 가능성을 가진 존재이다. 도교에서는 그 성스러움의 영역을 양의 영역이라고 범주화한다. 따라서 육체를 구성하는 기질의 한계를 벗어나서 순수한 기(신神)의 영역으로 진입하는 것을 도교에서는 반음半陰·반양半陽의 중간 차원을 벗어나 순수한 양의 영역으로 진입한다는 단계론적 변화의 메타포를 이용하여 설명한다.

당송 시대에 있어 도교 내단학의 이론 수립과 관련하여 대단히 중요한 이론적 문헌인 『종려전도집鍾呂傳道集』에서는 음양의 관점에서 인간과 신선, 그리고 귀신의 차원에 대해 다음과 같이 말하고 있다. "신선은 하나가 아니다. 순수하게 음기로만 구성되어 있고 양기를 가지고 있지 않은 존재는 귀신이다. 순전한 양기로 이루어져 있고 음기의 요소를 가지고 있지 않은 존재는 신선이다. 음기와 양기가 골고루 섞여 있는 존재는 인간이다. 그런데 오직 인간만이 귀신이 될 수 있고, 또 신선도 될 수 있다. 젊은 시절부터 수련을 하지 않고 함부로 정욕을 발산하고 뜻하는 바를 좇기만 하는 사람은 병들어 죽어서 나중에는 귀신이 된다. 그러나 그러한 사실을 깨닫고 수련을 거듭하여 범속함을 뛰어넘어 성스러움의 영역으로 들어가는〔超凡入聖〕사람은 기질의 한계를 벗어버리고 신선이 될 수 있다. 신선에는 다섯 등급이 있고, 수련의 법에는 세 등급이 있다. 그 법을 수련하고 안 하고는 인간에게 달려 있지만 공이 이루어진 결과는 사람의 분수에 달려 있다."[28]

기의 수련은 저급하고 범속한 존재의 범주를 벗어나 신성한 존재의 범주로 진입하는 것을 목표로 삼는다. 도교에서는 그 범속함의 범주를 음이라고 규정한다. 인간의 욕망과 자기 파괴적 욕구에서 비롯되는 질병, 죽음 등 인간을 구속하는 존재의 질곡을 음의 범주에 소속시키고, 그러한 존재의 질곡을 극복하여 나아가는 완전함의 상태를 양의 범주에 소속시킨다. 도교에서 양은 죽음을 극복한 존재의 차원, 인간의 범속한 현실을 벗어나고자 하는 도교적 이상을 지칭하는 개념으로 널리 사용되었으며, 당송 시대의 내단학을 대표하는 유명한 도사들은 순양의 경지, 즉 신선의 경지를 추구하는 그들의 이상을 정양자正陽子(종리권鍾離權), 순양자純陽子(여동빈呂洞賓), 화양華陽(시견오施肩吾), 자양紫陽(장백단張伯端), 중양重陽(왕철王喆), 단양丹陽(마옥馬鈺) 등의 이름[號]을 통해 잘 보여주고 있다.

기를 음과 양, 두 범주로 나누고 양의 범주에 높은 가치를 부여하는 관념은 『주역』에서 유래한 것이다. 도교 양생가들은 『주역』의 음양 범주와 시간적 추이에 따라 음에서부터 양으로 변화하는 음양 소식消息의 이론을 행기, 복기, 태식 등 다양한 기 수련법에 널리 응용

---

28) "仙非一也. 純陰而無陽者鬼也. 純陽而無陰者仙也. 陰陽相雜者人也. 惟人可以爲鬼, 可以爲仙. 少年不修, 恣情縱意, 病死而爲鬼也. 知之修鍊, 超凡入聖, 而脫質爲仙也. 仙有五等, 法有三成, 修持在人, 而功成隨分者也."(『鍾呂傳道集』「論眞仙」, 卷1, 上海古籍出版社, 1989)

하였고, 도교 수련에서 순양 개념은 그 결과 도출되었다. 「연릉군연기법延陵君鍊氣法」에서는 당나라 도사 오균吳筠의 대표작 「현강론玄綱論」을 인용하면서 도교 수련법의 순양 관념을 음양 소식의 관점과 연결시키고 있다. "양기가 조금이라도 남아 있으면 귀신이 될 수 없고, 음기를 조금이라도 남겨두면 신선이 될 수 없다. 원양元陽의 기는 양기이며, 음식물의 기는 음기이다. 따라서 수도하는 사람은 항상 먹는 음식을 줄이고 욕망을 절제해야 한다. 원기가 몸속을 운행할 수 있도록 훈련을 거듭하면, 양기가 왕성해지며 음기는 저절로 소진되어버린다. 양기가 왕성해지고 음기가 쇠진하면 온갖 질병이 발생하지 않고 정신이 안정되고 육체도 기쁨을 얻을 수 있으며, 그때에 비로소 장생불사를 기대할 수 있게 된다."[29]

도교적 불사의 의미

종교는 인간과 사회의 근원적 변화를 요청하는 문화적 가치 체계이다. 따라서 각 종교가 지향하는 완성의 이념과 그것에 도달하는 방법론적 논리를 검토해본다면 각 종교의 근본 가치 지향을 분명히 이해할 수 있다. 그러나 거대한 종교적 담론의 세계를 형성하고 있는 도교의 완성의 이념을 간단히 정리하는 일은 쉬운 작업은 아니다. 나는 그 문제에 접근하기 위한 방법으로, 도라는 근원적인 관념을 중심으로 도교적 완성의 이념을 정리하기로 하였다. 흔히 도교에서 말하

---

[29] "纖毫陽氣不盡, 不爲鬼, 纖毫陰氣不盡, 不爲仙. 元陽卽陽氣也, 食氣卽陰氣也. 常減食節欲, 使元氣內運. 陽氣旣壯, 卽陰氣自消. 陽壯陰衰, 卽百病不作, 神安體悅, 可覬長生."(『雲笈七籤』 卷61, 「延陵君鍊氣法」.)

는 '완성된 인간' 하면 떠올리는 불사의 관념이나 그 불사를 달성한 존재로서 신선은 도교의 완성의 이념을 이야기할 때 반드시 언급해야 하는 중요한 개념이다. 하지만 신선이란 무엇인가 혹은 신선이 되기 위해서는 어떻게 해야 하는가 하는 관점에서 그 문제에 접근하는 것은 자칫 종교 연구의 대상이 되어야 할 진리 주장을 있는 그대로 긍정하고 그 진리 주장을 변호하기 위한 호교론적 논술에 그치고 말 위험이 있다.

따라서 신선을 이야기하기 전에 반드시 거쳐야 하는 근본적인 물음이 있다는 전제를 가지고 이 문제를 풀어나가야 한다. 더구나 각 종교 전통의 자기 변호적 세계관이나 가치관을 있는 그대로 다시 서술하는 것에 대해 비판적 태도를 가지고 있는 종교학적 관점을 적용하면서 도교의 신선이나 불사를 논하기 위해서는 전통적인 사상사논의 내지 방법과 다른 태도가 요청된다.

우선 도교의 불사를 문자적 의미에서 죽지 않음이라고 이해할 수 있는가 하는 물음을 던져야 한다. 그 물음은 도교의 불사가 거짓이라거나 엉터리없는 신념이라고 보는 것은 아니다. 다만 도교 내부의 진술을 있는 그대로 문자적인 진실이라고 보아서는 곤란하며, 현재적 시점에서 다시 읽히고 해석되어야 하는 상징적 언어라고 하는 관점에서 그 문제에 접근해야 한다는 것이다.

간단하게 말하자면 도교의 불사 내지 신선은 도교적 완성태를 묘사하는 하나의 종교적 상징어 내지 기호라고 이해해야 한다는 것이다. 나는 그 상징 기호의 의미를 해독해내는 것이 종교 연구자의 임무라고 생각하며, 그 관점에서 도교가 지향하는 완성된 인간상에 대

생명을 관장하는 남극노인 (베이징 고궁박물관 소장)

한 물음을 풀어가야 한다고 본다. 상징어로서 신선 개념은 도교가 이 세상을 설명하고 그 세계에 의미를 부여하는 넓은 의미의 도교적 세계관의 맥락 속에서 참된 의미를 획득한다.

　장자에서부터 도교(도가)적 이상인으로 등장하는 진인, 신인, 도인은 무위를 실천함으로써 세속적 속박을 벗어버린 자유로운 존재들이다. 도교적 자유는 세상의 속박을 완전히 탈각한 상태를 지칭한다. 그 속박에는 죽음이라는 속박도 포함된다. 인간을 속박하는 궁극적 한계인 죽음을 벗어난 존재들이기에 그들은 불사자들이다. 도교에서 불사와 자유와 무위 그리고 득도는 동일한 내포를 가지는 개념이다. 무위를 통해 자유에 도달할 수 있고, 자유에 도달하면 무위를 실천할 수 있고 도를 얻을 수 있다. 또한 도를 얻어야 비로소 자유로울 수 있고, 무위에 이를 수 있다. 무위에 도달하여 도를 얻은 사람은 죽지 않는다. 진인은 도의 본래성authenticity을 획득한 사람이기 때문에 참된 인간 '진인authentic man'이다. 그는 도와 하나가 된 인간이기 때문에 '도인man of the Tao'이라 부를 수도 있다. 그리고 인간으로서 도를 획득함으로써 인간의 유한한 속박과 현실의 상대적 한계를 벗어나 신적인 존재로 승화되었기 때문에 '신인divine man'이라 불리기도 한다. 그리고 그 신적인 상태로 고양된 인간은 때문은 세상에 살지 않는다.

세상을 벗어나 존재의 본래적 순수함이 보존되어 있는 산속에 살거나 하늘로 비상하는 그는 '신선'이기도 하다. 그는 인간의 삶을 내리누르는 모든 무게로부터 자유롭기 때문에 그 무게를 벗어나 하늘로 비상할 수 있다. 그는 구름을 타고 비상할 수 있고, 물속이나 불에 뛰어들어도 몸을 상하지 않고, 삶과 죽음의 경계를 마음대로 노닐 수 있다. 산은 순수와 성스러움의 상징이다. 또한 상승과 비상은 자유로움의 전형적 상징이다. 그러한 자유를 획득한 사람, 무위를 실천하는 사람, 도를 얻은 사람, 죽지 않는 사람이 바로 '신선immortals'이다. 신선에 관한 상상적 관념은 고대부터 존재했고, 『장자』와 『열자』 그리고 『회남자』를 거치면서 도교적 종교 세계 안으로 편입되어 들어왔다. 그러나 그러한 신선과 불사에 관한 상상적 관념이 도교적 이론 체계 안으로 정식으로 편입되고 체계화된 것은 갈홍의 『포박자』에서였고, 마지막으로는 당송기의 내단학에서 완성된다.

  신선이 된다는 것은 도교적 의미의 궁극적 가치를 실현하는 것을 뜻한다. 도교가 제시하는 그 궁극적 가치는 도道, 즉 길이라는 말로 표현된다. 따라서 그 길(도) 역시 도교의 궁극적 진리, 가치를 지칭하는 상징 기호의 하나이다. 따라서 도교의 불사, 신선, 혹은 완전한 인간을 이해하기 위해서는 도교적 의미의 길(도) 개념을 먼저 이해해야 한다. 도교적 의미의 길(도)의 개념을 이해한다면, 사실 도교의 신선이나 불사 개념을 이해하는 것은 어려운 일이 아니다. 왜냐하면 신선이나 불사는 결국 그 도를 체득한 존재, 도와 하나된 존재의 상태를 의미하기 때문이다. 나는 그러한 논의의 방향을 염두에 두고, 도교적 의미의 도 개념을 먼저 정리한 다음, 그 도와 하나되는 도교적 실천의 문제에 관심을 돌리고자 하였다. 여기서 또 우리가 부딪치는 문제는, 도를 체득하는 도교적 실천의 종류와 방법이 무한히 다양하다는 사실이다. 도교의 방술과 실천법을 하나하나 서술하기 위해서는 여러 권의 책이 필요할 정도로 그 세계는 방대하다. 따라서 나는 구체적인 방술과 신선술을 서술하는 방법을 취하지 않고, 도교 방술과 신선술을 관통하는 중요한 몇 가지 관념, 나아가 도교의 신선술을 이해하기 위해서는 반드시 알아야 하는 중요한 개념을 해명하면서 도교에서의 신선 방술의 정신과 의미를 해명하고자 시도했다.

 아홉 도는 생명을 살리는 힘
— 도 교 와 치 유 의 상 상 력

종교와 치유

치유는 종교의 가장 중심적인 주제 가운데 하나이다. 세계에 존재하는 대부분의 종교 전통에서 치유healing와 성스러움holiness은 마치 동전의 양면처럼 맞닿아 있다. 성립기의 종교는 거의 예외 없이, 자기의 가르침이 세상을 치유하는 능력을 가지고 있다고 선포한다. 기독교는 물론이고 불타의 초기 설법 중에서 유명한 독화살의 비유를 상기해보면 그러한 사실을 쉽게 알 수 있다. 세상에 병이 존재하기 때문에 종교(가르침)가 필요하다고 주장하는 것이다. 종교의 창시자는 대개 치료의 전문가, 세상을 건강으로 이끄는 의사, 혹은 스승임을 자처한다. 이처럼 질병의 치유에 관한 이론과 실천은 종교 전통의 권위와 직결된 대단히 중요한 문제이다. 따라서 그 체계를 얼마나 잘 구성하느냐에 따라 종교의 성공 여부가 판가름된다고 해도 틀리지 않을 것이다.

종교의 신성성과 치유 내지 건강은 깊은 관련을 맺고 있다. 일상의 언어 용법이 그러한 관련을 드러내고 있다. 영어에서 육체적·정신적 건강을 뜻하는 '헬스health'와 신성을 의미하는 '홀리holy'가 의미적 관련을 맺고 있고, 독일어에서 신성을 뜻하는 '하일리게heilige' 역시 의미적으로 연관이 있다. 프랑스어에서는 '상테santé(건강)'와 종교적 신성(생saint)이 의미적으로 밀착되어 있으며, 영어에서 성인을 가리키는 '세인트saint'와 '세인트리니스saintliness' 등등의 단어가 역시 건강을 나타내는 말과 의미론적으로 연결되어 있다.

이처럼 서양의 종교 전통에서 종교와 건강의 밀접한 상관관계는 일상적인 언어의 차원에서 쉽게 발견할 수 있다. 동양의 종교 전통에서는 종교적 신성성과 치유의 밀접한 관계를 일상 언어에서 손쉽게 찾을 수는 없지만, 종교와 건강을 연결시키는 관념이 없었던 것은 아니다. 예를 들어 유교적 인간이 획득해야 할 이상적인 가치로서 인仁은 심신의학적 관점에서는 기의 소통이 원활한 상태라고 해석된다. 기의 소통이 정체되어 신체의 일부가 마비되어 있는 경우는 인仁에서 멀어진 상태라고 본다. 마목불인痲木不仁이라는 표현이 바로 그것이다. 동양 종교, 도교에서 건강 및 인간의 현실적 성공이 신적인 존재의 개입과 밀접한 관계가 있다는 사고방식은 널리 퍼져 있었다. 흔히 우리가 미신이라고 비하하는 무속에서도 종교와 현실적 행복을 연결짓는 관념은 자연스럽게 존재한다. 순수하게 정신적 차원으로만 종교를 한정시키지 않는다면, 이 세상에서의 물질적 풍요와 정신적인 완성을 동시에 기원하는 것은 어쩌면 아주 당연한 종교의 존재 이유라고 말할 수 있다.

종교의 신성성과 건강 혹은 치유 사이의 뗄 수 없는 상관관계는, 흔히 '세계종교' 혹은 '보편 종교'라고 불리는 위대한 종교 전통에서도 어김없이 존재한다. 그런 종교 전통에서 질병은 단순하게 육체적 질환이라는 제한된 의미를 가지고 있지 않다. 오히려 '세계종교'에서 질병은 단순히 병리학적인 문제라기보다는 영혼의 문제, 정신의 문제로 이해된다. 따라서 그것은 직설적인 언어를 통해서가 아니라, 항상 상징적이며 은유적인 언어로 표현될 수밖에 없는 것이었다. 그렇다고 해서 '세계종교'들이 육체적인 것과 정신적인 것을 분리해서 생각하는 이원론적인 관점을 가지고 있었다고 말할 수는 없을 것이다.

육체인가 정신인가

육체와 정신을 엄격하게 나누어보는 관점은 근대 서양 사상의 풍토에서 형성되었다. 그 이전에는 동양과 서양을 막론하고, 정신과 육체의 엄격한 분리를 주장하는 종교 사상을 발견하기가 쉽지 않다. 그렇지만 근대적 의미의 이원론과는 성격이 다르기는 해도, '세계종교'는 언제나 육체적인 원리와 정신적인 원리의 상호 작용으로 인간을 설명하는 이원론적 경향을 가지고 있었다. 더구나 거의 모든 종교는 육체에 비해 정신(영혼)을 더욱 중시하는 사상을 가지고 있었다는 사실을 간과해서는 안 된다. 그 점에서, 서양의 이원론에 대해 동양의 일원론을 당연시하는 주장, 동양의 문화는 정신 지향적이고 서양의 문화는 물질 지향적이라고 하는 통속적인 동서 문화 비교론은 문제가 있다. 그 논리는 서양적인 것과 동양적인 것의 차이를 처음부터 전제하고, 서양적인 것의 자리에 서양의 근대 사유를, 동양적인 것의 자리에는 막연하게 전통이라고 불리는 과거의 사유를 가져다놓는 안이한 비교 방식에서 나온 것이라고 말할 수 있다. 동양과 서양을 비교하는 방식이 애초부터 잘못된 것이거나 동양과 서양의 사상을 깊이 있게 분석하지 못한 성급한 일반화의 결과라고 할 수 있다. 우리는 동양과 서양을 손쉽게 대비시키는 모든 논의를 되씹어보는 신중함을 가져야 할 것이다.

정신적인 것과 육체적인 것은 근원적으로 분리되지는 않지만 구별은 된다고 하는 일원적 이원론의 관점은 어떤 면에서는 가장 넓은 의미의 종교적 사유 양식에 속한다고 말할 수 있다. 정신과 육체를 이원적으로 구분하고, 육체를 악의 근원으로 폄하하는 정신 우위의 사유 방식 역시 많은 문화권에서 널리 볼 수 있는 현상이었다. '영지주의靈知主義gnosticism'라고 불리는 그 사유는 비단 서양에서만 독특하게 나타나는 것은 아니었다. 어떤 의미에서는 도교나 유교의 상당 부분이 영지주의적 사유를 가지고 있다고 말해도 과언은 아니다. 거의 모든 '세계종교'는 육체보다는 정신에 우위를 부여하는, 현세 부정적인 관점을 보편적으로 지니고 있다. 종교사회학자 막스 베버의 말을 빌리자면, 그것은 '세계종교의 현세 부정적 성격'이라고 부를 수 있는 특징이다.

여기서 우리는 세계종교의 현세 부정적 성격에 주목한다. 그러한 현세 부정적 성격은 세상을 초월하고자 하는 구원론적 관심으로 자연스럽게 이어진다. 대체로 종교는 이 세상이 신적 본질, 존재의 본래 상태에서 멀어진 타락 상태에 놓여 있다고 보고, 세상을 비판한다. 그 타락 상태를 질병이라고 표현하기도 한다. 현실적 존재로서의

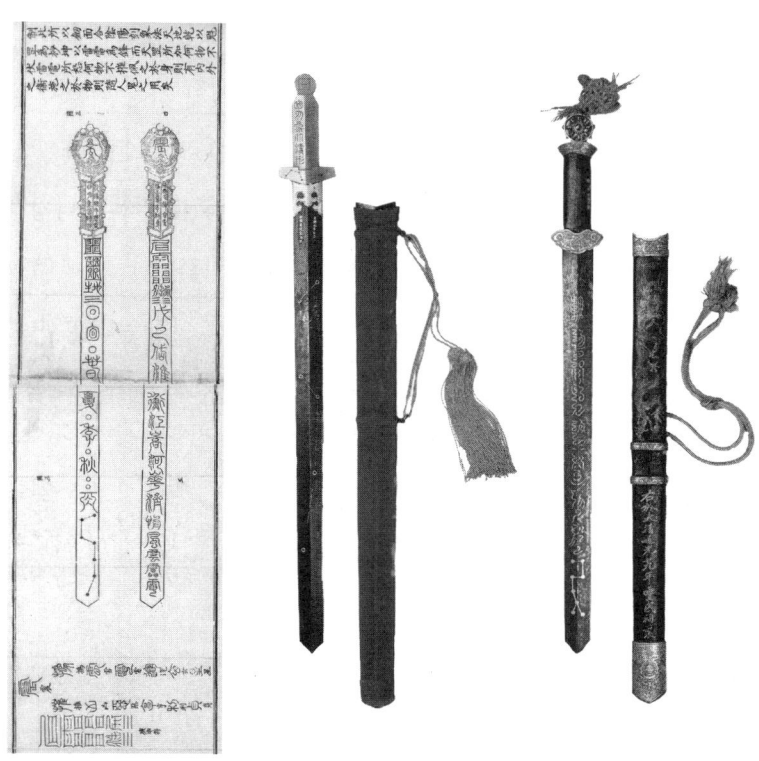

도교 의례에 사용되는 검

도교 의례에서 칼은 거울과 함께 가장 중요한 법기法器이다. 그 두 법기는 악령의 정체를 밝히고 제압하는 상징적 의미를 가진다. (왼쪽: 프랑스 국립도서관, 오른쪽: 뮌헨 국립도서관 소장)

인간은 타락한(=병든) 세계에 속해 있다. 질병의 영향 아래 있는 인간을 구원하는 것이 종교의 목표이다. 그것을 **구원론적 관심**이라고 부른다. 수많은 종교에서는 존재의 본래 상태를 회복하는 것은 성스러움을 회복하는 것이며, 성스러움의 회복은 질병(=타락)으로부터의 해방과 건강(=구원)을 가져다준다고 주장한다. 유교나 샤머니즘처럼 현세를 긍정하는 경향을 가지고 있는 종교도, 현실을 있는 그대로 완전한 것이라고 수용하지는 않는다.

'영혼'의 치유

앞에서 우리는 종교에서 말하는 질병은 육체적인 것에 머물지 않고 영혼의 영역으로 확대되는 문제이고 상징적인 문제라고 말했다. 상징은 인간의 심층적 측면을 표현하는 언어 내지 표상이다. 상징적 차원에서 종교적 질병은 곧바로 영혼의 질병과 연결된다. 종교 역시 인간의 심층적 차원과 연관된 문제이기 때문이다. '영혼'은 눈에 보이는 어떤 것이 아니다.

앞에서 말한 정신과 육체의 이분법은 종교적 차원에서 말하자면 정확한 것이 아닐지도 모른다. 왜냐하면 종교에서 우위를 부여하는 정신은 엄밀하게 말하자면, 육체와 대립 관계에 있는 정신이 아니라 인간의 존재 심층에 자리 잡고 있는 생명의 근원을 의미하기 때문이다. 육체와 정신의 대립을 초월하는 총체로서의 인간의 핵심, 그것을 우리는 영혼이라 부르고자 한다.

하나의 실체로서 '영혼'이 과연 존재하느냐 하는 질문에 대해서 대답하는 것은 우리의 능력 밖의 일이다. 다만 종교는, 육체와 정신의 이원적 대립을 통합하는 어떤 힘 혹은 전인격의 중심체를 '영혼'이라는 개념을 설정하여 설명하는 이론과 실천의 체계라고 보자는 것이다. '영혼'은 눈에 보이는 것이 아니기 때문에 육체와는 근본적으로 다른 차원에 속한다. 보이지 않는다는 바로 그 이유 때문에 '영혼'은 항상 정신과 혼동되기도 하고 정신적인 원리의 한 양상으로 이해되기도 했다. 그렇지만 육체와 대립되는 사유의 중심인 정신과 '영혼'은 다르다. 그 차이는 그것이 육체와 대립되는 것으로 이해되는가, 아니면 육체와 정신을 뛰어넘으면서 통합하는 어떤 것으로 이해되는

가에 있다.

육체가 인간의 표층의 문제라면 영혼은 인간의 심층에 속하는 것이다. 따라서 그것은 상징으로밖에 표현할 수 없는 영역이다. 여기서 심층이란 단순히 눈에 보이지 않는다는 의미만은 아니다. 종교가 문제 삼는 질병은 단순한 육체의 질병이나 정신의 질병이 아니라 '영혼'의 질병이다. 그 질병은 정신과 육체를 아우르는 전인격의 통합체가 심각한 위기에 처해 있다는 진단이다. 또 하나 중요한 것은 '영혼'은 항상 '성스러움'과 이어져 있는 인간 현상이라는 사실이다. 성스러움 역시 인간 심층의 문제이기 때문에 상징을 통해서만 표현될 수 있는 영역이다. 종교는 성스러움에 관한 사유라고 정의내릴 수 있다. 결국 종교는 '영혼'을 문제 삼을 수밖에 없다. '인간이란 성스러움과의 연관 속에서 삶의 의미를 발견하는 존재' 라는 자각에서 비롯된 문화현상이 종교이다.

지금까지의 이야기를 다음과 같이 요약할 수 있다. 종교는 근본적으로 인간을 성스러움과의 관련 속에서 의미를 발견하는 존재라고 본다. 성스러움과의 관련을 통해 인간이 존재의 의미를 획득하는 것이 불가능해지는 상황을 종교는 '질병'이라는 상징을 사용하여 표현한다. 그 질병은 인간의 정신과 육체를 통합하는 전인격체의 중심인 '영혼'이 건강하지 않기 때문에 발생한다. 그 '영혼'이 앓고 있는 질병을 치유하는 것이 종교의 근본적 목적이다. 종교는 '성스러움'의 회복을 통해 '영혼'의 질병을 치유하고, 의미의 회복을 가져올 수 있다고 주장한다. 그러한 구원적 목적을 달성하기 위해 종교는 교리를 구성하고 실천의 체계를 형성한다. 세계의 위대한 종교 전통에서는 현세적 삶이란 악하거나 잠재적인 악을 내포하고 있기 때문에 극복되거나 교정되어야 할 것이라고 본다. 적어도 현실을 있는 그대로 완전히 긍정하는 종교는 존재하지 않는다. 현실은 항상 '영혼'을 파괴하는 힘을 지닌 것이기 때문에 경계해야 할 대상인 것이다. 종교는 현실의 불완전함 혹은 악에 의해 '영혼'이 위기에 빠지는 상황에 대한 진단과 치유의 체계이며 무수한 구원의 상징들을 포함하고 있다.

유교의 도와 도교의 도

도는 중국에서 발생하고 전개된 종교인 도교와 유교의 중심 이념이다. 도의 치유적 기능은 유교와 도교가 공통으로 인정하는 것이다. 도교라는 명칭으로 인해 우리는 도가 마치 도교의 전유물인 듯한 인상을 받을 수 있지만 실상은 그렇지 않다. 심지어 불교에서조차 도는 부처의 불법을 의미하는 용어로 사용되고 있을 정도니, 중국의 종교 전통에서 도의 적용 범위가 얼마나 넓은지 추측할 수 있을 것이다. 중국의 종교 전통에서 '도'는 기독교의 하느님이나 그리스도와 마찬가지로 종교적 이념의 핵을 이루는 중심 상징이며, 중국적 성스러움의 근원이다.

그렇지만 유교와 도교라는 두 종교 전통의 차이점이 전혀 없는 것은 아니다. 굳이 그 차이를 지적하자면, 유교는 사회적·윤리적 차원에 초점을 맞추고 있기 때문에, 거기서 도는 사회적이고 윤리적인 가치와 결부되는 경우가 많다. 도의 치유적 기능에 대해서 보자면, 유교의 도는 사회적인 가치의 혼란과 무질서를 치유하는 데에 초점을 두고 있다고 할 수 있다. 반면 도교는 보다 민중적인 차원에서 작용하며 신체적이고 심리적인 차원의 질병에 더욱 관심을 가진다. 도교의 도는 사회적 가치에 관심을 기울이지 않는 것은 아니지만, 더 근원적인 생명의 문제 및 생로병사라고 하는 민중의 실제적인 삶의 고통을 치유하는 데에 더욱 초점을 맞추고 있다고 평가할 수 있다.

사상적 측면에서 도교의 도는 사회적 윤리적 가치가 만들어지기 이전의 본래적 삶의 조건에 관심을 기울인다. 도교에서의 인간과 생명의 본래성은 사회적 가치가 등장하기 이전부터 존재가 본래적으로 가지고 있던 순수함이다. 그것을 도교에서는 자연이라고 명명한다. 도교에서는 사회적 가치가 우위를 차지하는 상황이 출현하면서 인간의 본래성은 순수함을 상실하고 타락의 길을 걷게 되었다는 기본 관점을 가지고 있다. 도교는 인간 사회와 문명에 대해 근본적으로 부정적인 시각을 견지한다. 그리고 사회의 형성과 문명으로 인해 초래된 순수성의 왜곡을 치유하는 본원적인 힘을 가지고 있는 것이 도라고 역설한다.

나아가 도교에서는 도의 본원적인 힘이 신격화되어 우주론적으로 고양된 존재를 신이라고 부른다. 원리적으로 도교의 신은 자연의 이법이자 생명의 원리인 도의 현현이다. 다시 말해 도교의 신은 도 그 자체가 세계 속에 존재하는 특수한 양식의 하나이다. 도교의 신 체계를 연구해보면, 무수한 민중의 신이 도교의 체계 안으로 들어와 있는 현상을 관찰할 수 있다. 하지만 원리적인 차원에서 말한다면 도교의 신은 도의 현현이기 때문에 대단히 추상적인 존재라고 말할 수 있다.

예를 들어 도교의 최고신인 원시천존은 도교신의 추상성을 단적으로 보여준다. 원시천존은 도교의 최고신이지만, 결코 인격적인 존재로서 인간의 세계에서 활동하지 않는다. 도상학적으로 원시천존이 인격화된 양식으로 그려지는 경우는 있지만, 원시천존이 인격신으로 인간의 삶에 적극적으로 개입하는 경우는 거의 없는 듯하다. 그는 다만 우주의 이법으로서, 나아가 우주의 최고 원리로서 도의 다른 모습으로 존재하는 것일 뿐이다. 그는 도의 변형으로서 신격화된 존재인 것이다. 도가 무색 투명한 원리인 것처럼, 원시천존도 무색 투명한 신이라고 할 수 있다.

그래서인지 도교가 민중적인 영역에서 성대한 발전을 이룩한 송대(10~13세기)의 시점에서 원시천존은 더 이상 도교의 최고신으로서의 지위를 유지하지 못하고 옥황상제라는 신에게 최고신의 자리를 내어주고 마는 현상이 발생한다. 옥황상제는 보다 현실적이고 활동적인 신이었던 것이다. 이 현상은 중국 종교의 역사를 연구할 때에 대단히 중요하고도 재미있는 주제 중 하나이다. 어쨌든 도교가 민중의 신앙으로 확산되는 과정에서는 본래적인 도교의 신들이 지닌 추상성을 극복하고 보완하기 위해 민중의 신들을 체계 안으로 포섭하기도 하고, 기독교의 성인에 해당하는 신선이라는 특별한 신적 존재를 상정하여, 그들을 신앙의 대상으로까지 확대해나갔던 것이다. 이 과정에서 도가 신격화된 존재라는 도교의 본래적인 신 관념이 다소 희석되는 현상이 발생하였다.

도교 의례와 종교적 치료

여기서 우리가 관심을 가지는 문제는, 종교 체계로서의 도교에서 근본원리인 도의 치료적 기능에 관한 이론과 실천이다. 도교는 거대한 사상 체계이기 때문에 이 문제를 간단하게 요약하는 것은 쉽지 않지만, 약간의 무리를 감수한다면 다음과 같이 정리해볼 수 있을 것이다.

첫째, 앞에서 살핀 것처럼 도교는 우주의 이법이며 궁극적 원리인 도를 종교적 이론과 실천의 중심에 놓는다. 그리고 도가 신격화되어 표현된 것이 원시천존을 정점으로 하는 도교의 신의 체계pantheon이다. 도교의 모든 신들은 도의 현현이고, 도의 현현의 완전성 정도에 따라 신 체계 내부의 위계가 설정된다. 도의 권능을 완전하게 드러내고 있는 신이 최고신이고, 그 표현의 정도가 낮은 신은 하위의 신이다. 그리고 도가 현현하는 방식은 무한하다. 따라서 도교 신의 수는 무한하기 때문에, 신의 계보를 단순화시켜 정리하는 것은 불가능할 뿐만 아니라 무의미하기까지 하다. 물론 특정 시점에서 특정 교파가 정리한 자기들의 신 계보를 제시하는 것은 가능하지만, 그것이 곧 도교 전체에 타당한 신 체계의 전모라고 보아서는 곤란하다. 도홍경이 『진령위업도』에서 제시한 신의 위계는 상청파라는 특수한 도교 종파의 관점에서 정리한 신의 계보일 뿐인 것이다.

둘째, 의례의 차원에서 도교는 그 성립의 당초에서부터 치료적 기능을 특별히 강조하는 종교 운동이었다. 물론 애초에 그것은 세련된 신학을 갖추지 못한 민중적 종교 단체에 불과했다. 말하자면 엉성한 신종교였던 것이다. 그러나 도교는 점차 우주적 원리인 도를 이념의 중심에 놓고, 민중적 치유의 경험적 주술 의례를 결합시키면서, 거대한 규모를 가진 종교 운동으로 발전한다. 종교 운동으로서의 도교는, 도의 현현인 신성한 존재의 힘을 질병의 치료에 연결시키는 이론을 완성해간다. 그 결과 질병의 치료는 단순한 민중적 주술의 차원을 벗어나 고도의 우주론적 근거를 획득하게 된다. 민중적 차원의 주술 의례가 도의 이념과 결합된 세련된 신학으로 발전하여 고급스런 종교 의례로 승화된 것이다. 도와 그것의 현현인 신적 존재의 힘, 즉 신성함을 배경으로 하는 도교의 치료 의례는 스스로를 정통적인 도를 근거로 삼는 치료 체계라고 주장한다.

그 과정에서 도교는 정통적 신성함(도)의 근거를 갖지 않는 민중적 주술적 의례를 '이단'으로 배제하는 전략을 구사한다. 도교의 의례(도술道術)와 민중적 주술(무술巫術)의 경계선은 사실 대단히 모호하다. 하지만 이념적인 차원에서 도교는 그들의 의례적 실천이 도의 힘을 이용하는 의례(도술)라는 사실을 강조하고, 그렇지 못한 민중적 차원의 의례(무술)를 사술邪術이라고 물리친다. 도교의 역사에서 끊임없이 제기되는 도道와 무巫의 대립과 갈등은 바로 그러한 의례(술術)의 신성성 혹은 정통성 여부에 관한 갈등이다. (『장자』에서 이미 그러한 갈등이 나타나고 있다.) 그 갈등은 오늘날 대만이나 홍콩의 도교에서 볼 수 있는 오두烏頭(검은 모자를 쓴 정통 도교 의례 전문가)와 홍두紅頭(붉은 두건을 머리에 두른 민중적 주술의 전문가)라는 의례 전문가의 이원화 현상으로까지 그 흔적을 남기고 있다.

세련된 도교의 체계 안에서는 가장 신성한 힘을 가진 최고 수준의 의례는 인간 행위의 차원으로 환원될 수 없는 궁극적인 것이다. 따라서 그것은 인간의 작위적 실천 행위를 초월한다. 그것은 '도' 그 자체로 존재하는 것이다. 그 궁극적 도는 현실적인 종교적 실천의 장에서는 정통의 의례 체계를 수련한 '도사'라는 종교 전문가의 행위를

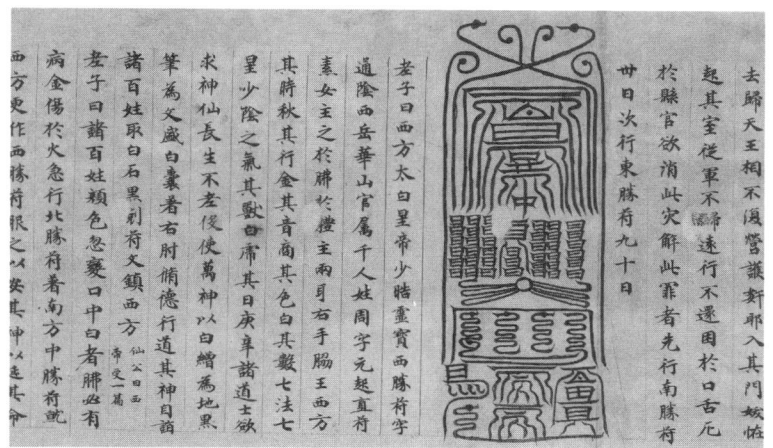

도교 의례에 사용되는 부적 (프랑스 국립도서관 소장)

통해 구현된다. 도사의 권위에 의해 도가 현실에 적용된다. 이때 사회에 편재하는 사악한 힘과 그것에서 유래하는 질병을 치유하는 의례를 '법'이라고 부른다. 도사는 제왕의 법, 즉 도교의 최고신인 천제天帝들의 법을 실행하고 형을 집행하는 대리인이라고 상상된다. 도사가 수행하는 도교 의례 그 자체를 '법'이라고 부르는 이유가 거기에 있다. 도교 의례의 실행에 있어서 도사의 의례적 행동들은 관공서의 명령, 즉 법을 집행하는 형식을 취한다는 사실에 주의해야 할 것이다. (도교 의례에 사용되는 부적은 일종의 종교적 공문서라고 할 수 있다. 부적에는 도사가 부리는 도교 신장神將, 물리쳐야 할 귀신, 악령 등이 표시된다. 또 그 공문서가 제왕의 법률 집행이라는 것을 보이기 위해, 고대 중국의 공문서에서 사용하던 '급급여율령急急如律令'이라는 표현을 사용한다.) 도교 의례는 천신(도)의 명령에 따라 이 세상의 사악함(질병)을 물리치는 연극·연회적 구조theatrical structure를 가지고 있으며, 신의 명령을 집행하는 도사는 연극의 주인공이며 법의 제정자인 천신의 관리로 인식되었던 것이다.

셋째, 도교의 도는 우주적 원리로서 자연계의 질서를 관장한다. 동시에 그것은 인간의 삶에 관여한다. 즉 도교의 도는 자연과 인간을 관통하는 근본 원리이다. 도교에서는 자연의 이법인 도를 체득하여 도와 하나가 되는 삶을 사는 것을 종교적 이상으로 생각한다. 인간의 실존적 한계를 벗어나 성스러움의 근원과 연결되는 삶을 살기를 지향했던 것이다. 현실이 한계에 사로잡힌 부정적인 것이라면, 그 한계로 말미암아 인간의 영혼이 손상을 입고 질병을 앓는 것이라고 한다면, 한계를 벗어나기 위해 신성함의 근원으로 돌아가 자연의 본래적 순수성을 회복하는 것은 아주 자연스러운 종교적 소망이라고 볼 수 있다.

우주의 힘과 인간의 내적인 힘 사이에 어떤 연관성이 있다고 하는 **우주적 상응의 이론**theory of co-relation은, 사실은 근대 이전의 '세계종교'에서 일반적으로 나타나는 세계관이었다. 중국에서 '**천인상관**天人相關' 내지 '**천인합일**'이라고 부르는 그러한 상응의 이론은 특별히 중국에만 존재하는 것은 아니었다. 도교는 현실의 인간이 처한 정황을 부정적인 것으로 판단하고, 본래적 순수함 내지는 우주적 이법의 원리에 적합한 자기를 완성해야 한다는 상응의 세계관을 전형적으로 보여주는 종교 사상을 가지고 있었다. **천인합일**(하늘과 하나가 된다)이니 **여도합일**(도와 하나가 된다)이니 하는 숙어들은 바로 그러한 상응적 세계관 속에서 자연스럽게 등장한 종교적 신념이었다. 그것은 서양의 신비주의 전통에서 추구하는 신적인 원리와의 합일, 신과 하나가 되는 경험과 대단히 유사한 것이었다.

넷째, 도교는 위에서 살핀 우주적 상응의 이론을 관철시키기 위해 독특하게 중국적이라고 말할 수 있는 설명 방식을 개발한다. 그것이 바로 기의 사유이다. 서양의 고대와 중세의 사유, 인도의 종교 사상 속에서도 기와 유사한 설명의 논리는 존재하고 있었다. 에테르ether라든지 프뉴마pneuma라든지 프라크리티prakrti 등이 그것이다. 그러나 중국적 기의 사유가 독특하다는 것은, 기가 세계를 구성하는 질료적 원리의 차원을 벗어나 우주적 이법의 차원으로 발전하고 있는 경우를 다른 사상 체계에서는 발견할 수 없다는 점 때문이다.

나아가 도교는 특별히 기의 우위를 공식적으로 인정하는 이론 체계를 발전시켰다는 점에서, 같은 중국 문화에 속하는 유교와 차이가 있다고 볼 수 있다. 유교의 경우 기가 존재의 원리로서 승격되는 것은 송대 신유학 이후의 일이며, 기 우위의 사유와 이理 우위의 사유가 공존하다가 주자학에서 이 우위의 사유가 유교의 정통 이념으로 자리를 잡는다는 사실을 고려할 때, 기가 이법의 차원으로 승격되는 것은 도교적이라고 볼 수 있다는 것이다. 도교와 종교적 치료의 관련을 살필 때는 기가 핵심적인 개념으로 등장한다. 이 문제에 관해서는 뒤에서 다시 살펴볼 것이다.

다섯째, 도교의 의례 전문가인 도사는 훈련과 수련을 통해 도를 내적인 힘으로 내재화시키는 기술을 습득해야 한다. 도교 의례는 한마디로 말하자면 신성한 도, 우주적 신적 힘을 이용하여 세상의 질병을 치료하는 치료 의례이다. 도교적으로 볼 때 개인적 차원에서 질병은 사악한 기가 인체 내부로 침입함으로써 발생한다. 사회적 차원의 질병이나 재난 역시 사악한 기의 유포에 의해 일어난다. 사악한 기는 사기邪氣라고도 불리며, 종교적으로는 마귀 혹은 악귀로 형상화되어 나타난다. 기독교에서 선한 신에게 적대하는 악한 우주적 힘을 사탄이니 마귀니 하고 부른 것과 비슷한 것이다. 도교에서 악이란, 자연의 정상적인 기의 흐름을 역행하는 비정상적인 기에서 비롯된다. 선악의 문제를 정상적인 기와 비정상적인 기로 설명하는 도교의 방식을 우리는 자연주의적인 윤리관이라고 부를 수 있다.

중요한 것은 도교의 모든 방술과 종교적 의례는 도가 지닌 신성한 힘을 이용하여 세상에 발생한 질병을 치료하는 목표를 가지고 있다는 점이다. 일반인들의 관심의 표적이 되고 있는 내단술이나 장생의 비법들 역시 그러한 치료의 맥락에서 바라보아야 한다. 그것은 도사 개인의 차원에서는 내면적 생명력을 강화시키는 기술이다. 우주적 신이나 도의 힘을 이용할 수 있을 만큼 충분히 강한 내면적 힘, 도교에서 신이라고 부르는 내적인 힘, 그것을 생명력이라 해도 좋고 영혼이라고 불러도 좋을 것이지만, 그 힘을 강화시키는 것이 도교적 수련의 일차적 목적이다.

또 하나 도교에서는 우주의 원리(도)가 신격화된 신성한 존재를 신이라고 부르고, 인간의 내면적 생명력의 정수도 역시 신이라고 부른다. 이것 역시 우주적 상응 이론의 한 양상이다. 외적인 자연계의 신과 인체 내부에 머무르는 신체신身體神은 상응 관계에 있다. 그리고 내적인 생명력을 강화하는 내단술 등의 비법은 결국은 내면에 존재하는 신적 존재들, 즉 신체신을 강화시키는 방법이다. 외부의 신이 무수한 것처럼 신체신의 수도 무한하다. 내적으로 강화된 내면의 신과 외부의 신이 서로 호응하여 힘을 발휘하게 만드는 것이 도교 의례의 궁극적 목표라고 할 수 있다.

　도사 개인이 도의 힘을 올바르게 내면화시키고, 그 결과 내적인 생명력을 얼마나 충실하게 보유하고 있느냐는 그 개인이 의례의 전문가로서 초월적인 신성함을 얼마나 잘 이용하여 악한 기, 혹은 귀신을 얼마나 잘 물리칠 수 있는가와 직결되는 문제이기 때문에, 도교 의례의 한 부분으로서 대단히 중요하다. 말하자면 도사는 우주적 신의 명령을 집행하는 장수이며 관리이기 때문에, 귀신과 대적하여 싸울 수 있는 힘을 충분히 갖추어야 한다는 것이다. 내단의 수련은 오늘날 도교 의례의 맥락과 분리되어 내적인 기의 수련을 통해 생명력의 강화를 목적으로 삼는 일종의 체조로서 보급되고 있지만, 그러한 체조의 바탕에는 여전히 도교적인 세계관이 살아 숨쉬고 있다는 사실을 잊어서는 안 될 것이다.

기氣는 세계를 해석하는 신화

　도교에서는 질병을 무엇보다도 기의 문제로 설명하고 있다. 그 점에서 중국 의학과 도교는 동일한 기반을 가지고 있다고 말할 수 있다. 여기서는 편의상 도교의 관점에서 논의를 전개해보자. 도교는 인간의 신체, 즉 몸은 기로 이루어져 있다는 전제를 가지고 출발한다. 기가 무엇인지를 현대적인 언어로 설명하는 것은 쉬운 일이 아니지만, 굳이 말하자면 그것은 우주에 존재하는 온갖 사물의 질료적 근원이다. 심지어 개념적으로만 존재하고 눈에 보이지 아니하는 귀신이나 영혼, 심지어 신적 존재들도 모두 기의 모임과 흩어짐으로 설명할 수 있으니, 기를 단지 물질적 질료라고만 말하는 것은 정확하지 않다. 그래서 일부 사람들은 기가 물질적이고 동시에 정신적인 어떤 것이며, 눈에 보이는 것은 물론이고 눈에 보이지 않는 현상, 심리적이고 정신적인 현상, 초월적인 현상 등 존재하는 모든 것을 가능케 하는 무엇이라고 말하기도 한다. 그것이 물리학에서 말하는 에너지와 상당히 유사한 무엇이라고 주장하는 사람도 있고, 또는 단순한 물질 에너지가 아니라 정신적이고 생명적인 현상을 포괄하는 에너지라고 말하는 사람도 있다. 그런가 하면 그것이 우주에 편재하는 어떤 힘이라고 보는 사람도 있고, 물질과 정신이 분리되기 이전의 근원적인 질료(原質, Prima Materia)라고 말하는 사람도 있다.

나는 기가 무엇인지 한마디로 설명하는 것은 불가능하다고 생각하는 입장에 있다. 잘 알지 못해서 그렇기도 하지만, 기는 앎을 넘어서 있는 세계 해석의 원리이기 때문에, 기가 무엇인지 안다는 주장을 한다면 그것이 오히려 잘못된 것이 아닐까 생각하는 것이다. 그럼에도 불구하고 나의 입장을 밝히지 않을 수는 없다.

간단히 말하자면 도교에서 말하는 기란 세계를 해석하는 신화적 서술의 체계이다. 고대 중국의 우주 창조 신화는 여러 갈래가 있다. 도교의 사상적 배경이라고 말할 수 있는 『장자』에 나오는 '혼돈 신화'는 도교적 창조 신화의 원형으로 볼 수 있을 것이다. 그 신화에 따르면 세계의 질서가 만들어지기 이전에 우주는 거대한 혼돈이었다. 그 신화는 혼돈을 신적인 존재로 묘사하지만, 혼돈은 사실 텅 빈 공간, 무한한 공간이다. 그리스 신화에서 우주가 생성되기 이전에 존재했다고 하는 카오스가 바로 그러한 텅 빈 공간이다. 우리가 영어의 카오스를 혼돈이라고 번역하는 것은 어떤 면에서는 대단히 정확하고 적절한 번역이라고 볼 수 있다. 이처럼 혼돈은 텅 비고, 컴컴한 무정형의 아득함이라는 이미지를 가지고 있다.

중국 철학자 중에서 기철학의 완성자로 유명한 장횡거張橫渠(1020~1077)는 우주의 최초의 상태를 '태허太虛'라고 말했다. 그 '태허'가 바로 혼돈을 다른 말로 설명한 것에 지나지 않는다. 혼돈이든 태허든 그것은 우주적 존재의 근원으로서의 기를 표현하는 다양한 방식들의 하나이다. 도교 신화에서, 존재하는 모든 사물의 근원은 기이다. 기독교 신화에서 근원적 질료인 물과 하느님의 영의 작용에 의해 세계가 탄생했다면, 도교의 신화에서는 근원적인 질료인 기에서 세계가 탄생한다. 그런 의미에서 중국적 프리마 마테리아는 물이 아니라 기라고 말할 수 있겠다.

원초적 기는 어둡고 아득하여 아무런 형체를 가지지 않는 '어떤 것'으로 그려진다. 그 아득하여 형체를 가지지 못한 원초적인 기, 즉 혼돈이 파괴되면서 우주의 질서가 만들어진다. 창조는 원초적인 무엇의 파괴와 죽음에서 발생한다는 창조 신화의 문법이 충실하게 반영되어 있는 것이다. 혼돈의 파괴로 인한 창조는 빛과 어둠의 분리에서 비롯된다. 기의 논리로 설명을 하자면, 원초적이고 통합적인 기는 음과 양의 두 원리로 분할이 된다는 것이다. 음과 양은 우주에 존재하는 모든 대립적인 힘과 양상을 설명하기 위해 도입된, 기 이론 체계를 구성하는 핵심적인 일부분이다. 밝은 것, 가벼운 것, 순수한 것, 남성적인 것 등은 양의 영역이며, 어두운 것, 무거운 것, 탁한 것, 여성적인 것은 음의 영역이다. 여기서 자연스럽게 하늘은 양, 땅은 음이라는 결론이 나온다. 가볍고 밝은 기는 상승하여 하늘이 되고, 무겁고 탁한 기는 하강하여 땅이 되는 것이다. 그리고 이어서 해와 달, 별과 혹성이 만들어진다. 온갖 생명의 탄생도 기의 조화를 통해 가능해지는 것이다.

인간 존재도 예외가 될 수 없다. 인간은 온갖 생물 중에서 가장 순수한 기로 구성된 생명체라는 점에서 차이가 날 뿐이다. 인간을 구성하는 기는 음과 양의 가장 완벽하고 순수한 조합체이기 때문에, 도교는 인간이 우주에서 특별한 지위를 가지는 신령스런 존재라고 생각하는 것이다.

인간은 이러한 기로 구성된다. 기는 인간의 육체를 이루는 질료일 뿐만 아니라 인간의 정신과 영혼을 구성하는 원질이기도 하다. 따라서 인간이 건강하고 행복하게 살기 위해서는 본래적인 기의 조화가 유지되어야 한다고 말한다. 인간은 태어날 때에는 순수한 기가 완전한 조화 상태에 있지만, 나이가 들어가면서 본래적 조화가 파괴되어 간다는 것이 도교의 기본 관점이다. 신체와 정신을 구성하는 음기와 양기가 조화로움을 유지하는 것이 도교적 인간의 목표라고 한다면, 그것은 단순히 육체 건강의 조건일 뿐만 아니라 종교적 성스러움의 조건이기도 한 것이다. 이처럼 도교에서는 건강과 성스러움이 기를 매개로 연속되어 있음을 알 수 있다.

몸을 구성하는 것은 기이기 때문에 기의 수련에 의해 몸의 건강과 조화를 유지하거나 회복할 수 있다는 생각이 자연스럽게 나올 수 있다. 그런데 도교에서 말하는 건강은 단순히 질병 없음의 상태 이상의 의미가 있다. 앞에서 본 것처럼, 인간의 신체는 우주적 힘과 관계되어 있는 몸이기 때문에, 그곳은 우주적 신들과 상응 관계에 있는 신체의 신들이 머무는 신의 거처이기도 한다. 여기서 우리는 다시 한번 **도교의 기가 성스러움**에 관한 상상 체계와 연결되는 것을 볼 수 있다.

도교적 상상 체계에서 신체의 건강을 유지하는 것은 신들이 신체에 머무는 조건을 만드는 종교적 의무가 된다. 건강하지 않다거나 병에 걸렸다는 것은, 신들의 거처로서의 신체가 더 이상 신을 받아들일 수 없는 상태로 파괴되었다는 것을 의미한다. 신이 몸의 주인이라면, 주인이 자신을 보호하고 방위하는 시스템을 갖추지 못한 엉성한 집을 떠나는 것은 어쩌면 당연한 일인지도 모른다. 안전하고 건강한 신체를 유지하기 위해서는, 본래 인체를 구성하는 기의 조화를 확보할 필요가 있다. 그런데 현실적으로 신체는 항상 위험에 직면해 있기 때문에, 도교는 먼저 신체를 건강하게 유지하기 위한 테크닉을 개발하였다. 내단술을 비롯한 **도교의 장생 방술**은 모두가 신체의 건강을 확보함으로써 **신체의 성스러움**을 유지하기 위한 목적을 가지고 있다.

도사란 누구인가

도교의 종교적 이념을 이해하기 위해 가장 중요한 개념은 '자도自度' 및 '도인度人'이다. '자도'란 개인적 차원에서 종교적 완성에 도달하는 것이다. 한 개체로서 인간은 우주의 축소판이며 우주적 신성성과 상응 관계를 맺고 있는 소우주이기 때문에, 신체의 신성성을 확보하는 것이 종교적 완성의 첫 번째 조건이다. 건강한 신체를 유지하여 체내신과 공존하는 삶을 사는 것이다. 도사가 수련에 의해 내면적 생명력을 확보하는 것이 내단의 본래적 의미라고 앞에서 말했지만, 그것은 '자도'의 차원에 해당하는 것이다.

그런 다음 개인의 종교적 목표는 타인을 구제하는 것으로 향해야 한다. 개인의 건강과 안위만을 위해 안주하지 않고, 세상을 위해 스스로를 희생하는 이타적 실천이 요구되는 것이 바로 '도인'이다. ('도度'란 구원을 의미하는 도교적 술어로서 불교의 도渡와 연관이 있다.) 그러나 그 '도인'이 막연한 희생정신을 의미하는 것은 아니다. 도교는 거대한 의례의 전통이다. 기독교나 불교가 사랑이나 자비라는 이념적 원리를 강조하는 반면, 도교의 '도인'은 구체적인 의례의 실천을 통해 실현되는 것이다

의례 전통으로서의 도교를 대표하는 가장 중요한 경전은 사실 『도덕경』이나 우리에게 『장자』로 널리 알려져 있는 『남화진경』 등과 같은 사상서가 아니라 『도인경度人經』이나 『북두경北斗經』 등 치료 의례를 구체화한 의례 문헌이라는 사실을 눈여겨볼 필요가 있다. 우리나라에서 '도교' 하면, 흔히 무無의 사상이나 도道의 철학, 혹은 소요와 자연의 철학을 설파하는 낭만주의를 떠올린다거나, 기의 수련과 결부된 신비주의적 체계라고 보는 관점이 일반화되어 있다. 그런데 이러한 인식은 민중의 삶에서 도교가 어떤 의미를 가지는지에 대한 종교적 이해가 결여되었기 때문에 생긴 편견이다.

하여튼 의례 전통으로서의 도교에서, 무게 중심은 '도인(인간의 구제)'에 있다고 말할 수 있다. 물론 '자도(자기 구제)'가 중요하지 않다는 의미가 아니다. 다만 '도인'이 도교적 이념과 실천의 궁극 목적이라는 사실을 나는 강조하고 싶은 것이다. 종교 전문가인 도사의 존재 의의는 바로 '도인'을 실현하는 데에 있다. 도사가 내적 생명력을 획득하기 위한 수련에 대단히 많은 시간을 바치는 이유도 역시

'도인'을 위한 힘의 획득이 목표이기 때문이다. 타인의 고난과 질병을 구제한다는 숭고한 목적은 아름다운 것이지만, 그에 합당한 준비가 결여된 낭만적인 의도만으로는 그 목적을 달성할 수 없다. 선무당이 사람 잡는 우를 범해서는 안 된다는 것이다. 그래서 스스로의 구원(자도)은 다른 사람의 구원(도인)을 위한 전제로서 반드시 요구된다. 남을 가르치고 구원하기 위해서는 먼저 충실한 공부가 필요한 것과 같은 이치이다. 도사는 자신의 신체를 수련하고 건강한 기의 조화를 획득한 다음, 우주적 힘을 내면화시켜야 한다. 앞에서 말한 것처럼 도사의 의례적 임무는 재난과 질병을 물리치는 것이다. 우주적 힘을 이용하여 개인의 병고는 물론이고 사회적 재난, 질병을 물리치는 의례를 집행한다. 그것이 도교에서 말하는 '도인'의 본래적 의미이다.

우리는 앞에서 도와 기가 무엇이라고 엄격하게 규정짓지 않았다. 아니 규정을 지을 수가 없었다. 그렇지만 도교의 도와 기를 보는 몇 가지 논점은 분명하게 제시했다. 도교적 맥락에서 도는 자연의 이법이며, 도교의 신은 도가 신격화된 것이라는 사실, 따라서 도는 도교적 신성함의 근원이라는 사실이 첫 번째 논점이었다. 두 번째 논점은, 상응의 원리에 의해서 우주적 이법인 도와 우주적 신은 인체 내부의 신체신과 연속되어 있고, 따라서 도교 의례는 내면화된 우주적 힘을 이용하여 사악한 힘을 물리치는 치료 의례를 핵으로 삼는다는 것이다. 이 두 논점에서 세 번째 논점이 제기된다. 즉 우주적 힘과 내면적 생명력은 하나의 원리에 의해 맺어져 있다는 논점이 그것이다. 부연하자면 우주적 원리이며 신성함의 근원인 도는 인간의 내적인 힘의 근원인 기와 결코 다르지 않다는 것이다.

언뜻 보면 이러한 주장은 중국 사상의 기본적 이념을 이해하지 못한 결과가 아닐까 하는 우려를 낳을 수 있다. 도는 궁극적 원리이고, 기는 현상적 질료인데, 그 둘이 하나라는 주장은 형이상학의 차원과 형이하학의 차원을 혼동한 것이 아닐까? 그렇지만 이러한 우려는 종교적 설명의 체계를 지나치게 논리적으로 파악하려고 하는 논리 과잉에서 나온 것일 수 있다고 생각한다.

나는 앞에서 도와 기의 설명 체계를 신화적 사유의 한 양상으로 본다는 관점을 제시했다. 중국의 도를 서양의 철학 체계에서 등장하는 형이상학적 원리라고 이해한다면, 기와 도를 하나로 보는 것은 분명 차원을 혼동한 결과라고 말할 수 있을지 모른다. 하지만 서양의 형이상학적 사유라고 하는 것은 현상과 실재를 구분하는 이원론적 사유의 산물이다. 그러나 중국에서의 기론이 독특한 이유는, 현상과 실재를 분석적으로 나누지 않고 뭉뚱그려 전일적인 연관성 속에서 파악한다는 데 있다. 그래서 우리는 기를 단순한 물질적 질료라고만 볼 수 없다고 말했던 것이다. 그런 맥락에서 기는 현상과 실재를 관통하는 원질이다. 존재하는 것(현상)과 존재의 이법(실재)은 기의 논리에 의해 하나로 통합될 수 있다. 도교가 근본적으로 기일원적氣一元的 입장을 취한다는 것은 현상과 분리된 이법을 인정하지 않는다는 뜻이기도 하다.

창조 신화의 예를 통해서 그 문제를 다음과 같이 설명해볼 수 있을 것이다. 유대교와 기독교의 창조 신화에서는 원질인 물, 즉 혼돈이 창조의 전제 조건으로 등장한다. 그리고 창조가 완성되기 위해서는 하느님의 말씀, 즉 로고스logos가 작용해야 한다. 창조는 창조적 원

도교의례를 집행하는 도사 (캔자스시티 넬슨 아트킨스미술관 소장)

질과 창조를 가능하게 만드는 힘으로서 로고스라는 이원적 체계를 요구한다. 기독교 신화에서는 원질의 바깥에 존재하는 신의 선재성, 혹은 로고스의 선재성이 창조의 작업에 더욱 근원적이다. 그러나 도교의 창조 신화에서는 혼돈, 즉 원초적 기가 스스로 내재하는 자체의 성질 분화에 의해 우주적 질서를 만들고 세상을 만들어간다. 이때 도는 원질 바깥에 독립적으로 존재하는 것이 아니라 원질(氣) 내부에 혹은 원질 그 자체와 함께 있는, 그대로 자연스럽게 존재하는 우주의 원리이자 질서이다. 그리고 그 내재적인 도는 하나의 우주적 이법으로 객관화되기도 한다. 선험적으로 존재하는 도가 사물을 가능하게 만드는 것이 아니라 기의 자기 전개에 의해 자연스럽게 존재하는 세계가 있고, 도는 그 존재하는 것의 이법으로서 존재하는 것과 함께 있는 것이다. '존재하는 것'과 '존재를 가능하게 하는 것'은 분리되지 않는다. 기독교의 로고스와 달리 도교의 도는, 물질에 앞서 있거나 물질 바깥에 독립적·초월적으로 존재하는 것이 아니다.

그러한 생각은 과거의 도교 이론가들에 의해 이미 제시되어 있는, 도교적 상식이었다. 도교의 기론과 수련법의 상관관계를 명확하게 서술하고 있는 『양성연명록』이라는 책에서는 『복기경』을 인용하면서 다음과 같이 말한다. "**도는 곧 기이다**〔道者氣也〕." 원리인 도는 원질인 기와 분리되지 않는다. 역시 원질로서 기는 그 자체에 도라고 하는 창조적 원리를 내포하고 있다. 이 명제는 도교에서 도와 기의 상관관계를 가장 단순하고 명확하게 제시한다. 위의 설명은 단지 도교의 상식적 입장을 부연한 것에 불과하다. 나는 이 명제가 기로써 사물을 완전히 설명하는 기일원론의 자연스러운 귀결이라고 생각한다.

도교의 신체론 혹은 생명관

'도와 기가 하나'라는 명제는 실제적인 도교의 수양론 체계 속에서는 조금 복잡한 양상을 띠고 나타난다. 앞에서도 말한 것처럼, 도는 세계의 이법이고 동시에 생명력의 원천이다. 종교적 상상력 속에서, 생명의 원천인 도는 우주를 지배하는 최고신으로 상정되기도 한다. 따라서 도는 신성한 힘, 신으로 간주되었던 것이다. 한편 기는 보다 구체적인 생명과 연결되어 있는 것으로 여겨진다. 서양 학자들이 기를 바이털 포스vital force라든지 바이털 에너지vital energy라고 옮긴 것은 그런 의미를 살리기 위해서였다. 그런데 문제는 인간의 신체를 구성하는 기, 즉 인간의 구체적인 생명을 구성하는 기가 현실적으로는 완전한 순수의 신적神的 상태에 있지 않다는 사실에 있다. 도교의 모든 수행 체계는 생명의 힘인 기를 수련하여 순수하게 만드는 것을 목표로 삼는다고 말할 수 있다. 물질을 구성하는 생명 에너지를 신적인 차원으로 승화시키는 것이라고 한다면 더 쉽게 이해될 수 있지 않을까?

여기서 우리는 '정기신'론이라고 부를 수 있는 도교의 신체론 내지는 생명관을 살펴보아야 할 것이다. (정기신에 대해서는 앞에서도 여러번 살펴보았다.)

도교의 신체론은 인간의 신체가 기의 덩어리와 다름없다는 도교의 근본 명제에서 출발한다. 그런데 현실적으로 인간의 신체를 구성하는 기는 순수한 이상 상태에 있지 않다. 원론적으로 볼 때 도와 기는 하나로 이어지는 연속선상에 있지만, 궁극적 생명(도)과 현실적 생명(기) 사이에는 언제나 뛰어넘기 어려운 틈이 존재한다. 만일 현실적 생명이 그 자체로 궁극적 생명과 동일한 것이라면, 애초부터 종교가 존재할 이유가 없을 것이다. 종교적 사유는 현실을 초월하는 궁극적 실재를 현실적 삶과 연결시키고, 또 한편으로는 삶과 그 궁극 실재를 단절시키는 역설적 프로그램을 가지고 있는 문화 현상이다. 현실과 이상의 거리를, 종교는 '질병'이라고 진단한다. 앞에서 누차 강조한 것처럼, 도교에서는 존재의 궁극적 이상 상태를 도 혹은 신이라고 표현한다. 그 도와 현실을 구성하는 기는 하나인 것이다. 궁극적 이상과 현실은 본래적으로 구분되는 것은 아니다. 하지만 현실적으로 궁극적 도와 현실적 기는 (질적으로는) 하나가 아니다. 이처럼 도와 기는 하나이면서 하나가 아닌, 역설적 관계에 놓여 있다.

그러한 역설을 해명하기 위해서 도교는 기일원론의 관점에서 인간의 현실태와 궁극적 완성태를 연속적으로 파악하는 이론을 제시했다. '정기신'론이 그것이다. 그러나 그 연속은 단순한 연속이 아니라 자기 부정의 고통을 통해 도달하는 본질적 차원의 차이를 전제로 삼는다. 현실적으로 인간의 신체, 생명을 구성하는 생명의 원천을 그들은 정精이라고 불렀다. 우리가 남성의 생명액을 정액이라고 부른 것도 그런 사고에서 나온다. 그러나 정은 정액이라는 물리적 생리적 액체를 가리키는 말이 아니다. 물론 정액이나 정자와 무관하지 않지만, '정기신'론에서 말하는 정은 기의 한 양상이며 실체적인 어떤 것이 아니라 상징적인 생명 에너지이다. 인간의 생명 에너지인 정은 틀림없이 기의 한 양상이다. 그런 면에서 정은 기이다. 그러나 정과 기 사이에는 차원의 이질성이 가로놓여 있다. 기는 생명의 원천 에너지이지만, 구체적인 생명, 특히 인간의 구체적인 생명력을 말할 때에는 정이라는 개념을 사용한다는 것이다. 따라서 기와 정은 같으면서도 같지 않은, 역설적 관계를 가진다. 나는 그 차이를 '양상modality'의 차이라고 말했다. 뿌리는 다같이 기이지만, 현실적으로는 양상이 다르다는 것이다.

중국적 이해에 따르면, 모든 존재하는 것은 기의 결합이다. 인간과 동물 혹은 물질 사이에 나타나는 차이는 근본적인 차이가 아니라 동일한 기가 순수함의 정도의 차이에 따라 드러나는 정도의 차이일 뿐이다. 인간을 구성하는 기는 일반 동물이나, 식물 혹은 광물을 구성하는 기에 비해서는 순수하다. 그러나 신적 경지에 도달하기에는 아직 멀었다. 그 신적 경지란 당연히 도와 하나가 되는 경지일 것이다. 인간이라는 생명체를 구성하는 기와 정은 동물의 그것에 비해 순수성이 높다. 하지만 도와 하나되는 경지에 이르기 위해서는 갈 길이 멀다.

  인간은 자기의 생명을 구성하는 기와 정을 보다 높은 차원으로 끌어올릴 수 있는 유일한 존재이다. 인간이 도달할 수 있는 최고의 수준은 자연의 이법, 우주의 원리, 즉 도와 하나가 되는 차원에 도달하는 것이다. 인간의 내면적 생명력이 최고 경지에 도달했을 때, 인간의 기는 신적 상태에 도달한다. 도교에서는 그 상태를 역시 신이라고 부른다. 도를 신격화시켜 신이라 부르는 것처럼, 인간의 내면적인 신성함인 신은 신체 내부에 머무르는 신성한 존재인 신체신과 동일시된다. 신 역시 기의 한 양상이다. 기의 수련에 의해 도달하는 가장 순수한 양상의 기가 바로 신이다. 이처럼 기와 정과 신은 셋이지만 하나인 관계에 있다. 나는 그 관계를 본질에 있어서는 하나이지만 양상은 다른, 하나이면서 셋인 관계라고 이해할 수 있다고 본다.

  이러한 논리는 다분히 기독교에서의 삼위일체론을 연상시킨다. 그리스 교부 신학자들은 삼위일체를 설명하기 위해, 그리스 철학의 본질 개념과 실체 개념을 변형시켜 삼위(성부, 성자, 성신)는 본질(우시아)에 있어서는 하나이지만 실체(휘포스타시스)에 있어서는 다르다는 이론을 만들었다. 그러나 도교의 정기신을 반드시 기독교의 삼위와 대응적 관계가 있는 개념으로 이해할 필요는 없다. 사유의 유사성이 있다고 해서 그것이 곧바로 신앙적 전제가 동일한 것이라는 생각으로 이어져서는 곤란하기 때문이다.

도교의 정기신론 체계 속에서 인간은 육체적인 존재이며 동시에 정신적 존재로 구상되고 있다는 점에 주목할 필요가 있다. 도교적 사유에서는 육체와 정신을 단절적으로 파악하지 않기 때문이다. 인간의 정신, 혹은 사유 능력이나 영적인 힘은 육체와 별개의 근원에서 나오는 것이 아니다. 기의 순수성의 차원이 제고되어감에 따라, 의식이 없는 물질의 단계에서 점차 의식을 갖춘 존재로 나아간다. 세상에 존재하는 다른 어떤 물질이나 생명체의 기보다 인간의 기는 순수하기 때문에 인간의 의식은 수준이 높다. 인간은 정신적인 존재인 것이다. 이때 정신이라는 개념은 서구적 개념을 번역한 것이므로, 도교적 정신 개념과 혼동을 불러일으킬 수 있음에 주의해야 한다.

　이런 식의 개념 혼동은 우리가 본래 가지고 있던 사유의 전통을 현대적으로 재정립하는 데에 거대한 장애물이다. 서양의 개념을 우리말로 번역하는 과정에서 적당히 우리가 원래 가지고 있던 한자어를 사용하면서 서양어를 번역하였기 때문에, 그 한자어가 본래 사용되었던 사상적 맥락과 번역어로서의 한자어 사이에 미묘한 차이가 생긴다. 그 결과, 사유의 혼란이 발생하는 것은 어쩌면 당연하다. 이 문제에 대해서는 우리 모두의 진지한 반성이 있어야 하겠지만, 여기서는 정신이니 영혼이니 하는 개념들과 그러한 개념들이 중요한 위치를 차지하는 학문 영역에서 그러한 혼란은 대단히 심각한 수위에 도달해서, 도대체 사유 자체가 불가능한 지경에 이르고 있다는 점을 지적하는 것에 그칠 수밖에 없다.

　다시 도교의 문제로 돌아가자. 도교의 정과 신은 기의 양상으로서, 근본적으로 육체와 분리되지 않을 뿐만 아니라 육체와 대립되는 것이 아니다. 그러나 근대 서양의 정신은 육체와 대립되는 것으로 정의되어 있었기 때문에, 사용되는 한자어는 같아도 의미의 맥락이 다르다는 점을 잊어서는 안 될 것이다. 그리고 정신과 육체를 단절적으로 파악하지 않는 도교의 사유 체계에서, 그 둘을 이어주는 매개는 역시 기이다. 그 기의 수련을 통해 인간은 내면적 순수성과 내적인 신성함을 얻을 수 있고, 기의 본래적 힘, 즉 도와 하나되는 생명을 확보할 수 있다고 한다. 기를 순수하게 만드는 수련은 요즘식으로 말하자면, 정신적인 수양과 육체적인 수련을 동시에 아우르는 것이다.

도교적 생명관에서 정신과 육체는 분리되지 않는다. 따라서 정신이나 육체의 어느 한쪽만을 중시하는 수련은 바람직하지 않다. 정신과 육체 어느 한쪽에 치우치지 않는 수련, 그것을 도교의 내단 수행에서는 '성명쌍수性命雙修'라고 부른다. 여기서 '성性'은 정신적인 측면을 가리키며, '명命'은 육체적인 측면과 관련되어 있다. 정신과 육체를 전일적인 전체로서 수련하는 '성명쌍수'에 의해 개인의 내적 생명은 신적 경지에 이를 수 있다고 한다. 그것은 도교적 신앙 체계에서는 신체신의 활성화라는 이미지로 표현된다. 신체신의 활성화에 의해 인간은 신적 존재로 승화될 수 있다. 그러한 존재를 도교에서는 신선이라고 부르는 것이다. 신선은 스스로의 구원(자도)을 달성한 인간, 완전한 인간, 도와 하나된 인간, 순수한 기로 만들어진 인간, 따라서 세상의 때를 벗어버렸기 때문에 죽지 않는 인간이다. 이러한 자도를 바탕으로 한 도인의 실천을 통해 도교에서의 종교적 치유가 완성된다.

# 유기체적 상상력과 종교
― 서양 연금술과 도교의 비교를 위한 서론

연금술의 심리학적 의미

연금술은 우주적이며 동시에 정신적인 세계의 투사된 드라마를 실험실에서의 용어를 사용하여 보여주고 있다. 연금술의 '위대한 작품opus magnum'의 목표는 두 가지로 요약된다. 즉 인간 영혼의 구제와 우주의 구원이 그것이다. 그러나 이 작업에는 수많은 곤란과 곤경이 가득 기다리고 있다. 우선 연금술의 과정은 위험하다. 그 과정의 처음 단계에서는 연금술사는 '용dragon'과 맞닥뜨려야 한다. 그 '용'은 지하의 정령으로서 악마devil를 의미한다. 또는 연금술사들이 말하는 것처럼 그것은 '어둠blackness', 즉 '검정nigredo'이며, 여기에서 무수한 고통에 직면해야 한다. [……] 연금술적 언어로 말하자면, 물질은 그 '검정'이 사라질 때까지 고통받는다. 그리고 '공작의 꼬리털cauda pavonis'로 상징되는 '새벽aurora'이 다가오면서 새날은 밝아온다. '검정'은 이제 '흰빛leukosis', 또는 '하양albedo'으로 바뀐다. 그러나 이 하양 단계에서는 아직 진정한 생명을 살 수 없다. 이 단계는 아직 추상적인 단계, 이상적인 단계에 속하기 때문이다. 거기에 생명을 부여하기 위해서는 반드시 '피blood'가 필요하다. 연금술사들이 '빨강rubedo'이라고 불렀던 생명의 붉은빛이 있어야 한다. 존재에 대한 총체적인 경험을 통해서만 '하양'의 이상적 상태는 완전히 인간적인 양상으로 발전될 수 있다. 붉은 피에 의해서 인간은 의식의 영광스런 상태를 되살릴 수 있다. 그 분명한 의식에 의해 어둠은 완전히 사라지고 마귀devil는 자율적인 존재로서의 힘을 잃어버린다. 이제 그 어둠은 '영혼psyche'의 일부로서 재통합된다. 이제 '위대한 작품'은 완성되었으며, 인간의 영혼은 완전히 하나가 된다.[1]

칼 융C. G. Jung(1875~1961)은 연금술의 목표와 과정의 심층심리학적 의미를 위의 인용문에서 간결하게 정리하고 있다. 그는 연금술이 실험실에서 일어나는 화학적 과정을 의미하는 것만은 아니라고 말한다. 오히려 그것은 인간의 영혼과 세계의 구원에 관심을 갖는 종교적이고 정신적인 실험이다. 연금술의 근본적 관심은 물질이 아니라 인간의 정신이다. 따라서 그 작업은 정신의 총체에 주목하고, 특

---

1) Carl Gustav Jung, *C.G. Jung Speaking: Interviews an Encounters*(Princeton Univ. Press, Reprint edition, February 1, 1987), p. 228.

히 인간의 '무의식' 세계에 관심을 기울인다. 융은 연금술이 인간의 무의식을 해명하는 심층심리학이라고 해석한다. '무의식'은 일상의 경험적 인식으로는 이해하기 어려운 '심층적' 의식이다. 그것에 관심을 기울이는 일은 의식의 영역을 벗어나갈 수 있는 위험한 시도일 수 있다. 융은 그것이 위험한 작업이라고 경고한다. 융은 연금술이 인간 정신이 무의식과 대결하면서 겪는 위험과 곤경을 헤쳐 나아가는 과정을 상징적으로 표현한 것이라고 한다. 융에 따르면, 연금술의 과정은 세 가지 단계를 거쳐 보다 큰 정신의 통합을 향해 나아간다. 각 단계는 자연스런 발전의 연속적 과정으로 표현되고 있지만, 사실 발전의 다음 단계는 전 단계의 근본적인 해체를 통한 비약을 의미한다.

연금술의 '작품'에 이르는 세 단계는 검정, 하양, 빨강이라는 색깔의 이미지로 표현된다. 이 글에서는 융의 해석을 따라, 연금술의 처음 두 단계를 중심으로 연금술의 과정을 심리학적으로 해명한다. 융도 말하고 있는 것처럼, 연금술의 궁극적 목적은 '오푸스opus'를 완성하는 것이다. 그 목적에서 비추어볼 때 검정과 하양의 단계는 완성이 아니라 완성을 위한 준비에 불과하다. 그렇긴 하지만 연금술의 각 단계는 또 나름대로 그 과정 안에서는 완결된 구조를 가지고 있다. 따라서 각 단계를 독립적인 절차로 이해하고, 각 단계가 지닌 의미를 해명하는 일도 중요하다. 그런 경우에도 각 단계의 이해는 다른 단계에 대한 체계적 해명에 의해 보완되어야 한다. 그때 비로소 연금술의 전 과정에 대한 심리학적 이해가 완결될 수 있을 것이다. 여기서 나는 철저하게 융의 이해 방식에 따라 연금술의 과정을 설명해볼 것이다. 연금술을 어떻게 이해할 것인가 하는 것은 아직까지 정답이 없는 어려운 문제이다. 그렇다면 융의 이해 방식이 그것의 의미를 해명하는 유일한 해답이 될 수 없다. 사실 융의 연금술 이해를 비판하는 연구자들도 헤아릴 수 없을 정도로 많다. 그럼에도 불구하고, 융의 심리학적 해석에 의해 수천 년 동안 신비로 남아 있던 연금술이 비교적 완결된 의미 구조를 지닌 것으로 이해될 수 있게 되었다는 점을 인정하는 연구자들 역시 적지 않다.[2] 융의 해석에 의해 연금술의 신비가 너무도 분명하게 설명된다는 점에 오히려 의구심을 느끼는 사람들도 있다. 우리는 융의 이해가 유일한 해답이라는 전제를 가지고 있는 것은 아니다. 하지만 융의 연금술 이해가 서양의 연금술뿐만 아니라 중국의 연금술을 이해하는 데에도 중요한 시사점을 제공한다는 확신을 가지고 있다.[3]

---

2) B. J. T. Dobbs, *The Foundations of Newton's Alchemy: 'The Hunting of the Greene Lyon'*(Cambridge University Press, 1975) 및 Mircea Eliade, *The Forge and the Crucible*(Harper & Row, 1962). 베티 돕스의 연구는 근대 자연과학의 선구자로서의 뉴턴의 사상적 기반이 근대과학의 극복 대상이라고 여겨진 연금술적 신비 철학의 기초 위에 형성되었다는 사실을 밝힌 업적으로서 기념비적인 가치를 지닌다. 엘리아데의 저서는 융학파적 관점에서 진행된 세계종교사에서의 연금술의 중요성에 대해 정리한 종교학 방면의 대표작으로 꼽힌다. 칼 융의 심리학적 연구와는 달리 역사적 입장에서 서양의 근대 문화, 특히 르네상스와 계몽주의에서 연금술적 사유의 복류를 탐구한 대단히 중요한 연구 성과로는 Francis Yates, *Giordano Bruno and Hermetic Tradition*(Routledge, 1969)를 꼽을 수 있다. 예이츠의 저작은 위의 브루노 연구를 필두로 여럿이 있다. 그런 연구가 아직 우리 학계에 충분히 소개되지 않은 것은 우리의 서양문화 내지 사상 연구가 칸트, 헤겔로 이어지는 계몽주의적 프로젝트를 서양 정신사의 유일한 방향으로 파악하는 편견의 결과물이라고 보여진다. 그러한 편견은 동양문화의 연구에 있어서도 그대로 유지되고 있지는 않은지?
3) 연금술을 이해하기 위해서는 단계론적 접근 이외에도 일련의 연금술 상징의 축

니그레도(검정): 죽음

 연금술 과정의 첫 번째 단계는 '검정색'의 색깔 이미지로 표현된다. 연금술의 상징에서 검정 또는 어둠은 반드시 죽음과 부패의 이미지에 연결되어 있다. 죽음이나 부패 또는 어둠은 연금술의 작업에서 첫 번째 과정으로서 대단히 중요한 심리학적 의미를 지니고 있다. 연금술에 있어 죽음mortificatio과 부패putrefactio는 의미적으로 서로 겹치는 말이다. 화학적 의미의 부패는 물질의 파괴이며 변화를 나타낸다. 그러나 '죽음'은 연금술의 과정을 상징적으로 나타내는 말이면서도 화학적 의미는 상당히 약화되어 있음이 지적되어야 한다. 연금술에서의 '죽음'은 종교적, 심리학적 '죽음의 경험'을 가리킨다. 종교적인 의미에서 '죽음'은 금욕주의의 경험 속에서 전형적으로 보이는 것처럼 참회, 절제 또는 극단적인 고통을 통해 열정이나 욕망을 죽이는 것과 같은 의미로 이해될 수 있다. 한편 '부패'는 유기적인 육체가 썩어서 형체가 해체되는 것을 가리키는 화학적 용어이다. 그러한 의미의 부패 역시 무기적인 화학의 절차와는 분명 차원을 달리하는 것으로서, 중세인들의 종교적 삶에 있어서 육체의 '죽음'과 '부패'는 단순한 생명의 단절을 초월하는 심각한 종교 심리학적 경험과 연결된 강렬한 경험이었음이 틀림없다. 이러한 경험이 연금술의 과정 속에 투

을 형성하는 네 개의 상징—불, 물, 공기, 흙—의 상호 관계를 중심으로, 연금술적 사유의 상징적 의미를 이해하는 방향이 무시되어서는 안 될 것이다. 연금술의 단계론과 4원소론은 정확한 일대일 대응 관계가 있는 것은 아니지만, 서로 상징적인 연관성을 가진다고 말할 수는 있다. 나는 단계론적 관점에서는 연금술의 제1단계(검정nigredo)와 4원소 중에 불의 상징을 연결시켜 살펴볼 것이다.

사되면서 종교 구원을 향한 기도企圖와 연결되어 풍부한 상징성을 획득해갔다고 판단할 수 있다.

연금술에 있어서 '죽음'은 무엇보다도 부정적인 이미지의 과정이다. 그것은 어둠, 실패, 파괴, 부패와 관계가 있다. 그렇지만 이러한 어두운 이미지는 반대로 대단히 긍정적이고 밝은 측면—성장, 부활, 재생—으로 전환하게 된다. 연금술에서 '죽음'의 부정적 이미지는 무엇보다도 먼저 '검정'색으로 표현된다.

> 검정을 만들 수 없는 것은 하양 또한 만들어낼 수 없다. 왜냐하면 검정은 흰색의 시작이고 부패와 변화의 표식이며, 몸〔육체〕은 이미 해체되고 죽음을 맞이했다는 것을 나타내기 때문이다.[4]

> 오, 행복한 어둠의 문이여, 그것은 이 영광스런 변화로의 통로로다! 현자는 이렇게 소리친다. 누구든지 이 학문ars을 연구하는 자는 바로 이러한 비밀을 알아야 한다. 이것을 아는 자는 모든 것을 아는 자이며, 이것을 모르는 자는 모든 것을 모르는 것과 마찬가지이다. 왜냐하면 부패는 모든 새로운 형태를 생명으로 나아가게 만들기 때문이다.[5]

부패는 위대한 작용을 한다. 그것은 낡은 본성을 깨끗이 지워버

---

4) J. M. Watkins, *The Lives of the Alchemical Philosophers*(London, 1955), p. 145.
5) Atwood, *Hermetic Philosophy and Alchemy*(AMS Press, 1960), p. 126.

불에 의한 파괴
(하이델베르크대학도서관 소장)

리고, 모든 것을 새로운 본성으로 변화시키며 새로운 열매를 맺는 힘이다. 모든 살아 있는 것은 그 안에서 죽고, 모든 죽은 것은 썩어버리며, 모든 죽은 것은 그 안에서 생명을 획득한다. 부패는 썩게 만드는 소금의 정령으로부터 신랄함을 제거시키며 그것을 부드럽고 달게 만들어준다.[6]

융의 심리학에서 어둠 또는 검정색은 영혼의 어두운 부분, 즉 그림자shadow를 가리킨다. 위에서 인용한 연금술사의 텍스트에서 언급하는 '검정'의 긍정적 측면은 인격의 내면에 도사리고 있는 '그림자'의 인식에서 획득되는 긍정적 결과, 즉 인격의 통합를 의미한다고 해석될 수 있다. 심리학적으로 보자면, 빛이란 어둠을 헤치고 나타나는

---

6) Paracelsus, *Hermetic and Alchemical Writings*, book 1, p. 153.

것이기 때문이다. 연금술의 텍스트가 말하는 것처럼, "검정은 흰색의 시작blackness is the beginning of whiteness"이다.

연금술의 문헌 속에서 어둠은 시작의 상태를 나타내는 경우도 있지만, 작업의 시작을 위해 어둠을 의식적으로 만들어야 하는 경우도 있다. 어둠은 많은 경우 '무엇인가'를 죽임으로써 얻어진다. 연금술에서 죽음과 어둠은 동일한 상징의 계열에 속한다. 가장 일반적으로 연금술적 '죽이기killing'는 '용'을 죽이는 것으로 표현된다. 융이 말하는 대로, 용은 본능적 정신instinctual psyche을 인격화한 상징이며,[7] '원물질prima materia'의 동의어이기도 하다. 용을 살해한다는 상징적 이미지가 용을 죽이는 영웅 신화를 원형적 배경으로 삼고 있다는 것은 너무나 당연하다. 신화 속에서는 영웅이 용을 쳐서 죽이고 아름다운 처녀를 구출해내는 것처럼, 연금술사는 물질의 악마적 힘에 사로잡혀 있는 '영혼anima'을 구출해낸다. "용을 살해하는 것은 먼저 위험스럽고 독소를 품은 단계의 영혼Mercurius[8]을 죽이는 mortificatio 것이며, 그 영혼을 원물질의 질곡으로부터 해방시키는 것이다"[9]라고 융은 심리학적 설명을 가한다.[10] 과도한 감정의 폭발은

---

[7] C. G. Jung, CW14, para. 548. (이하 융의 인용문은 전집(CW)의 권수를 표시하고, 패러그래프 번호(para.)를 표시한다.)
[8] 메르쿠리우스는 서양 연금술의 시조.
[9] C. G. Jung, CW14, para. 168.
[10] '물질'이라는 부정적인 힘과 순수한 선의 원리인 '영혼'을 대비시키는 사유 방식은 전형적으로 영지주의gnosticism적이다. 융은 영지주의에 깊은 관심을 가지고 있었고, 연금술은 영지주의적 사유를 이어받은 서양적 신비주의 전통의 연장선상에 있다고 보았기 때문에 융의 연금술에 대한 관심은 영지주의에 대한 관심과 표리를 이룬다. 연금술과 연금술에 대한 융의 방대한 저술 중에서 특히

말할 것도 없고, 원한이나 쾌락 그리고 권력을 향한 욕망 등 인간 정신을 병들게 만드는 모든 원시적이고 유아기적인 형태의 정신적 에너지libido[11]는 '죽음'을 경험하면서 변화되어야 한다는 심리학적 해석을 이끌어낼 수 있는 것이다.

죽음과 재생

연금술에서 나타나는 또 다른 살해의 대상은 '왕king'이다. 한 연금술의 도판icon은 무장한 군인들이 왕을 죽이는 것을 그려내고 있다.[12] 그 외에도 태양sol이 살해의 대상이 될 수 있고, 사자lion가 '죽음'을 당할 수도 있다. 사자는 동물의 왕이며, 그 갈기에서 유추할 수 있는 것처럼 태양의 열기를 의미하는 상징으로 이용되기도 한다. 왕이건 태양이건 사자이건 모두 심리학적으로는 권력의 본능이거나 그 원형적 본능인 리비도에 사로잡힌 의식적 자아의 원리를 상징하는 것이라고 해석할 수 있다. 그러한 의식적 자아는 더 큰 발전을 위해 죽어야 한다. "자아 중심성은 의식의 필요한 속성이기도 하지만, 동시에 어느 정도는 의식의 죄이기도 하다"[13]고 융은 말하고 있는데,

---

    영지주의의 의미를 탐구한 저서는 *AION: Researches into the Phenomenology of the Self*(CW9)가 있다. 융은 초기에는 영지주의에 관심을 가졌으나, 후기로 가면서는 영지주의에 관한 직접적인 연구보다는 연금술의 연구를 통해 영지주의의 의미를 재발견하면서, 영지주의와 연금술의 사유를 큰 구별 없이 이해하고 있다는 인상을 준다.

11) 칼 융의 리비도 개념은 이처럼 대단히 그 범위가 넓다는 점에서 프로이트의 리비도 개념과 차이가 있다는 사실은 자주 지적되어 왔다.
12) C. G. Jung, *Psychology and Alchemy*, CW12, fig. 173, p. 336.
13) C. G. Jung, CW14, para. 364.

그의 이러한 관점이 연금술의 죽음을 설명하는 중요한 포인트로 적용될 수 있다.

> 나는 늙고 연약한 늙은이로서, 용이라고 불리기도 한다. 불꽃의 칼이 나를 고문하고, 죽음이 나의 살과 뼈를 약하게 만들었다. 나의 영혼soul과 정신spirit은 나를 떠났으며, 강력한 독에 맞아 육체에 갇힌 나는 검은 까마귀와도 같다. 그것은 죄의 대가이다. 나는 먼지에 뒤덮혀 땅 위에 쓰러져 있고, 셋은 마침내 하나가 될 것이다. 오, 영혼과 정신이여 나를 버려두고 떠나지 마라! 나는 언젠가 밝은 빛을 다시 보게 될 것이다. 온 세상을 구원할 평화의 영웅이 바로 나로부터 일어나게 될 것이다.[14]

왕은 늙은이며 용과 동일시되고 있다. 여기서 연금술적 '죽음'의 상징적 연계가 분명해진다. 강력한 정신적 원리, 또는 자아 중심적 지배의 원리는 죽음에 의해 일단 그 힘을 잃는다. 용으로 상징되는 본능적이고 원초적인 정신libido은 보다 높은 단계로의 전이를 준비하기 위해 죽음을 당하고, 고통과 어둠의 동굴 속에 던져져 있다. 종교적 상징으로서 동굴은 모태이며 생명이 태어나는 고향을 의미한다는 것은 잘 알려져 있는 사실이다. 그리고 그 동굴은 다시 재생을 준비하는 고통의 장소로 나타난다.[15] 여기서 왕이 갇혀 있는 동굴은 연

---

14) C. G. Jung, CW14, para. 733.
15) 동굴의 종교적 상징성에 대해서는 엘리아데, 『종교사개론』(이재실 옮김, 까치, 1994) 참조. 재미있는 사실은 중국의 종교 상징, 특히 연금술적 상징에서 동굴

금술사가 금속을 녹이는 도가니를 상징하기도 한다. 자궁과 도가니는 둘 다 창조의 원점이기 때문이다. 위에 인용한 글에서 늙은 왕이 당하는 시련과 고통은 새로운 탄생을 위한 준비의 과정이다. 죽음을 극복하는 새로운 탄생은 '셋이 하나가 되는 것out of the Three may come One'으로 표현되고 있다. 셋은 기독교적인 삼위를 말하는 것일 수도 있고, 육체soma와 영혼psyche 그리고 정신spiritus을 의미하는 것일 수도 있다. 어쨌든 그 셋은 궁극적으로는 '하나'이며, 마땅히 하나가 되어야 한다고 연금술사는 말한다. 심리학적 볼 때 '하나'는 인격의 통합 내지 인격의 완성, 즉 융 심리학에서 말하는 개성화individuation 과정을 의미한다. 새로운 탄생은 다시 '온 세상을 붙잡아줄 평화의 영웅hero of peace whom the whole world shall behold'으로 표현되어 있기도 하다. 영웅은 여기서 분명하게 기독교의 메시아 이미지와 연결되고 있다. 연금술의 상징에서 완성은 '지혜의 돌' 혹은 '현자의 돌philosopher's stone'로 표현되고, 인간 세상에 만연하는 분열과 대립은 평화의 구원자에 의해 종식되는 것으로 그려지고 있다. 늙은 왕의 죽음은 곧 부활과 젊어짐rejuvenation으로 이어진다.[16] 중국의 연금술에서와는 달리, 서양의 연금술에서는 부활 내지 젊어짐

은 죽음과 재생의 모티브를 전형적으로 간직하고 있다는 점이다. 『서유기』에 나타나는 동굴의 재생과 부활의 상징적 의미, 그리고 서유기의 연금술적 해석에 대해서는 일본인 학자 中野美代子, 『西遊記の秘密』(福武書店, 1984)이 대단히 흥미진진한 분석을 하고 있다.

[16] 중국 종교에서 연금술, 즉 내단과 외단을 포함하는 연단술에서 최종적 목표로 등장하는 불사는 '늙지 않음=젊어짐'의 이미지로 표현된다는 사실에서 볼 때 서양적 연금술과 중국의 연금술의 종교적 목표와 상징의 유사성을 충분히 감지할 수 있다.

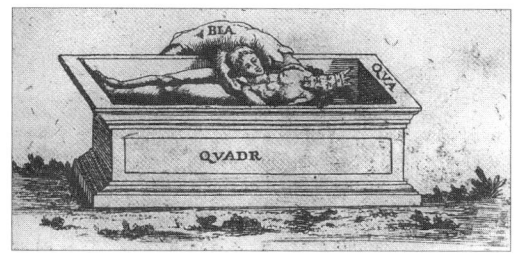

왕의 죽음과 재생을
의미하는 연금술 도상
(하이델베르크대학도서관 소장)

이라는 상징이 메시아의 도래 내지는 초월적인 신적 이미지와 연결되어 있다는 데에서 그 특징이 나타난다.

새로운 생명의 시작을 의미하는 '어린이' 또는 '영아' 역시 연금술의 죽음과 깊은 관계를 갖고 있다. 동서양의 종교적 상징에서 '어린이'는 절대적 순수를 나타내는 궁극적 지향점을 의미한다는 점에서 공통성을 보인다.[17] 그러나 어린아이의 순수는 엄밀하게 말하자면, 인격이 도달해야 할 궁극적 목표로서의 순수와는 큰 차이가 있다는 점을 주목해야 한다. 심리학적으로 말하자면, 어린아이는 왕이나 용으로 표현된 의식적 자아와는 다른 의미에서의 자아 중심적 자아의 상황을 의미한다. 그것은 유아적 자아이다. 인격의 성숙은 유아적 자아의 극복을 전제로 한 자율적 의식의 독립을 목표로 한다. 프로이트의 심리학에 의하면, 그것은 오이디푸스 콤플렉스의 극복과 통한다. 그렇다면 진정한 인격의 성장을 위해서 유아적 순수성이나 순진함은 언젠가는 극복되어야 하는 대상이다. 이 장의 처음에 인용한 글에서 융이 연금술의 발전 단계에서 하양 단계는 '추상적 단계'라고 말한 것을 기억한다면, 여기서 어린아이가 갖는 상징적 의미를 이해하기 쉬울 것이다. 이때 하양은 유아적 순수와 통하는 것이기 때문이다. 연금술의 도상에서 가끔 등장하는 갓난아이의 살해는 이러한 유아적 순수성의 극복을 나타내는 것이다. 연금술의 상징에서 유아 살해의 이미지는 바로 그러한 심리학적 성숙을 향한 고통 내지는

---

[17] 기독교에서의 어린이와 노자의 어린이, 나아가 서양 연금술의 어린이와 중국 연단술의 영아는 유사한 종교적 성취의 단계를 표현한다.

희생을 표현한다고 볼 수 있다. 초보적 정신의 유아성은 더럽혀지고 마침내는 파괴되어야 한다. 이런 경우에 '검정'은 연금술의 첫 단계가 아니라, 유아적 순수성이 연금술이 시작되기 전에 극복해야 할 대상으로 떠오르고, 그것을 파괴하는 작업이 진정한 의미의 첫 단계가 될 것이다. 그러나 연금술 문헌은 일반적으로 '검정'을 첫 단계로 서술한다. 따라서 우리는 '죽음' 앞에 놓이는 극복의 대상으로서의 '순수함(하양)'과, '죽음' 후에 보다 큰 정신으로 등장하는 '하양'을 구별해야 한다. 그리고 그 '하양'의 순수는 피의 붉음, 즉 '빨강'에 의해 완전해진다. 월경 내지 처녀성의 파괴를 의미하는 '피'는 유아적 순수의 파괴이며 동시에 성숙한 인격의 첫발자국을 의미한다. 그런 의미에서 연금술적 발전 단계는 인격의 성장을 상징적으로 표현한 것이라는 융의 이해가 설득력이 있다. 그러나 그 뒤에 이어지는 성장의 과정은 진실로 고통의 연속이다. 연금술의 단계론에서 원초적 순수가 크게 고려되고 있지 않은 이유는, 큰 전환으로 인식되는 첫 순수의 파괴가 인생 전체에서 보면 사실 큰 어려움이 아니라는 의미는 아닐까. 따라서 연금술의 상징에서 '어린이=원초적 하양'의 살해는 어둠, 검정으로 들어가는 문에 불과한 것이다.

석회화: 불과 죽음

대부분의 저자들에게 있어서 연금술의 과정은 '석회화calcinatio'에서 시작한다. '석회화'는 다른 대부분의 연금술적 이미지들과 마찬가지로, 화학적 반응의 과정을 전제로 삼고 있다. '석회화'의 화학적 과정은 고체에 강렬한 열을 가하여 거기에서 액체water를 추출하고 나머지 요소들을 날려보내는 것이다.[18] 그리고 남는 것은 미세한 분말이다. 그 '석회화' 하기의 화학적 과정은 다음과 같이 표현된다.

$$CaCO_3 (혹은\ Ca(OH)_2) \xrightarrow{가열\ heat} CaO(Calx\ viva)$$

석회(CaO)에 물을 가하면 열이 발생한다. 따라서 연금술사들은 석회가 불fire을 머금고 있다고 생각하였고, 심지어는 그것을 불 자체와 동일시하기도 하였다. 유명한 연금술의 저술『세계의 영광The Glory of the World』에서는 다음과 같이 말한다. "불을 취하여라, 혹은 선지자의 석회quicklime를 취하라, 그것은 모든 나무의 생명의 불꽃이며, 거기에서 하느님 자신께서 성스러운 사랑으로 불타고 있다."[19] 연금술에서 중심이 되는 4원소는 각각 적절한 고유의 조작을 필요로 한다. '석회화'는 분명 불의 조작과 관련된다. 그리고 '녹이기solutio'는 물의 조작, '굳히기coagulatio'는 땅 또는 흙의 조작, 마지막으로 '승화sublimatio'는 공기와 관련된다. 이 네 개의 조작이 순차적으로 완수되면, 연금술적 신비의 과정은 완결되는 것이다.

---

18) 이 과정은 중국의 연금술에서는 '비금정飛金精'이라는 은어로 표현된다. 중국 연금술의 이론에 관해서는 Nathan Sivin, *Chinese Alchemy*(Harvard U.P, 1968) 및 Joseph Needham, *Science and Civilisation of China*(V, vol 4, 1980)에 실린 N. Sivin의 논문 "The Theoretical Background of Elixir Alchemy"가 중요한 참고 문헌이다. 중국인에 의한 최고 수준의 연구는 陳國符, 『道藏源流考』(1942, 中華書局 影印本) 및 최근에 나온 孟乃昌, 『周易參同契考辨』(上海古籍出版社, 1992) 이 대단히 중요한 성과로 꼽힐 수 있을 것이다.
19) Waite, *The Hermetic Museum*. vol. 1(Red wheel/Weiser, 1991), p. 198.

연금술의 과정에서 불의 조작 또는 불과 관련된 이미지는 무엇보다도 '석회화'와 관련되는 것이다. 그리고 그러한 조작은 '불의 상징fire symbolism'이라는 풍부하면서도 복잡한 주제와 맺어져 있다. 융의 해석에 의하면 불꽃은 정신적 에너지, 즉 리비도를 상징하고 있다.[20] 연금술에서 불의 상징을 해석하는 사례를 바질 발렌타인Basil Valentine의 『열두 개의 열쇠The Twelve Keys』에 나오는 '석회화'에 대한 언급을 통해 살펴보자.

> 이 세상의 산들과 계곡에서 찾아볼 수 있는 회색빛 늑대는 굶주림에 지쳐 야생의 들판을 헤매고 있다. 그 늑대에게 왕의 몸을 던져주어라. 그리고 늑대가 그 몸을 다 삼켜버린 다음에는 늑대를 불 속에 던져 완전히 재로 만들어라. 이런 과정을 통해 왕은 자유롭게 된다. 그리고 이 과정을 두 번 반복했을 때 사자는 늑대를 이길 수 있게 된다. 이제는 그 어떤 것도 사자를 삼킬 수 없다. 이처럼 우리의 몸은 〔연금술〕 작업의 첫 단계에 적합한 상태로 만들어진다.[21]

이 구절에 대해 융은 화학적 해석을 일단 배제해야 한다고 본다. 왜냐하면 그의 관심은 화학적 과정에 투사되어 있는 상징적 이미지 fantasy images의 의미를 이해하는 것이기 때문이다. 발렌타인의 본

---

20) C. G. Jung, *Symbols of Transformation*, CW5, para. 208.
21) Waite, 같은 책, p. 325.

 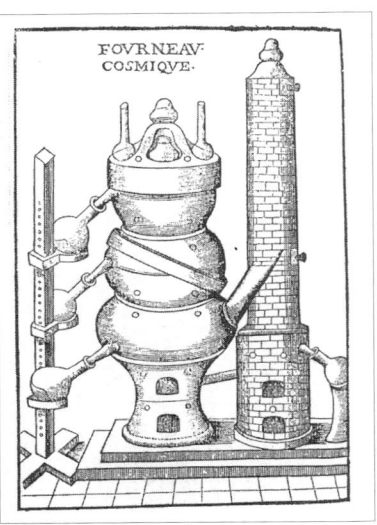

연금술에서 화학적 조작과 우주론 도식을 반영하는 그림. 여기서 화로는 우주를 상징한다.

문은 우선, 사나운 '늑대wolf'와 죽은 '왕의 몸body of the King'에 대해 말하고 있다. 죽은 왕의 몸은 연금술의 과정에서 '검은 단계 nigredo' 또는 '죽음mortificatio'의 단계를 의미하며, 새로운 생명을 위한 소멸을 상징한다. 그것은 개인 혹은 문화의 위기이며 동시에 전환을 상징하는 것이기도 한다. 심리학적으로는 인간의 의식을 지배하는 원리의 죽음, 즉 '자아'의 가장 높은 권위가 위협을 당하는 것이다. 나아가 왕의 죽음은 의식적 인격conscious personality이 해체되어 퇴행기에 들어서는 것을 의미한다고 해석된다. 이런 심리학적 퇴행의 과정은 늑대가 죽은 왕의 몸을 먹어치우는 이미지에 의해 표현된다. 즉 자아는 사나운 욕망, 굶주린 욕망에 의해 잠식되는 것이다. 여기서 늑대는 의식적 자아가 미처 조절할 수 없는 욕망, 즉 무의식의 부분 또는 본능적 요소를 상징하고 있다. 강력한 원시적 힘인 욕망은 무의식의 한층 더 파괴적 힘, 즉 불꽃에 의해 재가 되도록 태워져야만 한다. 여기서 '늑대=욕망', '욕망=불꽃'의 상징이 작용한다. 다시 말해 욕망은 욕망 자체의 증식적인 경향에 의해 그 정도가 점차 강해지며, 의식적 인격의 파괴를 불러일으킨다는 것이다. 이처럼 연금술은 의식의 퇴행과정을 극단화시켜 인격의 상징적 죽음의 경험을 내면화시키고, 그 경험을 통해 인격의 무의식적 어둠으로서의 그림자를 의식화시키는 재생의 의례적 과정을 상징으로 보여준다. 융의 심층 심리학적 해석에 따르면, 사자lion는 '낮은 단계의 태양'으로서, 남성 원리masculine principle를 동물의 상징으로 드러낸 것이다.[22] 연금술의 상징에서 태양sol, 왕king, 황금gold은 동일한 상징 계열에 속한다. 그리고 그러한 상징으로 표상된 의식을 사자가 삼키는 도상이 적지 않게 남아 있는데, 그것은 의식이 동물적 영역에까지 내려가는 것을 의미한다. 다시 말해 의식은 보다 완전하고 더 큰 의식을 획득하기 위해 무의식의 세계와 대면하는 자아의 실험이 연금술적으로 표현되고 있다고 해석되는 것이다.

다시 발렌타인의 본문에서는 인격의 세 가지 차원 혹은 단계가 설정되어 있다. 가장 아래의 단계는 '늑대'로 상징되는 기본적 본능적 욕망의 단계이며, 두 번째 단계는 '사자'로 상징되는 자아 중심적 egocentric 욕구가 강력한 힘을 발휘하는 단계, 세 번째 가장 위의 단계는 '왕'으로 상징되는 객관적인 통합적 의식의 단계이다. 그것은

---

[22] C. G. Jung, *Mysterium Coniunctionis*, CW14, para. 21. 연금술에 대한 융의 기념비적 대작은 말할 것도 없이 전집 14권인 『합일의 신비』를 꼽을 수 있다. 융 심리학의 전부가 이 대작 속에 녹아들어 있다.

하딩Esther Harding이 정리한 바 있는 '본능의 변용'의 단계와 유사하다. 융의 충실한 계승자인 하딩에 의하면, 첫 번째 단계는 '나'라고 하는 중심이 완전히 자기-성애적 욕망auto-erotic desires에 의해 지배되는 단계이며, 중심을 '오토스the autos'라고 부를 수 있다고 한다. 두 번째 단계는 '에고the ego'가 의식의 중심이 되는 단계로서, 새롭게 정립된 자아의식에 의해 본능적 충동이 조정되는 시기이다. 세 번째 단계는 '에고'의 중심성이 한 발 물러나면서 새롭게 성숙된 의식의 중심에게 그 지위를 양보하는 단계이다. 하딩은 그 새로운 중심을 '셀프the self'라고 부른다.[23]

하딩은 '오토스', '에고', '셀프'의 단계적 개념을 심리적 발달의 연속적 순서를 보여주는 것으로 사용하고 있지만, 그러한 단계는 어른의 정신 안에서 동시에 존재하며 구조적 층차를 이루고 있는 것이라고 이해할 수도 있을 것이다. 발렌타인의 본문으로 돌아가서 보면, 첫째 늑대가 왕을 먹어버리는 단계, 둘째 불꽃(또는 사자)이 늑대를 삼키는 단계, 셋째 그 불꽃에서 왕이 재생하는 세 단계는, 의식의 현실적 중심이 원초적인 '오토스'의 단계로 퇴행하며, 그 다음 '에고' 또는 인격적 원리가 강조되는 단계로 나아가고, 그리고 끝으로 보다 발전하고 성숙된 객관적 의식, 즉 '셀프'가 확립되는 단계로 이행하는 것으로 설명할 수 있다.

한편 '석회화'되어야 할 물질, 즉 태워져야 할 물질은 연금술 문헌에서 '사나운 늑대', '검은 배설물', '용', 그리고 '힘센 에티오피아

---

[23] Esther Harding, *Psychic Energy: Its Source and Goal*, pp. 23~24.

사람' 등 다양한 이름이 주어져 있다.[24] 이런 명칭들로 미루어 볼 때, '석회화'는 원초적인 그림자의 측면, 다시 말해 본능적인 욕망과 깊은 관련이 있고, 따라서 무의식의 영역을 대상으로 하는 것임을 알 수 있다. 그 과정에서 불꽃이란 이러한 본능적 욕망 자체의 좌절에서 비롯된 것이다. 좌절된 욕망이 겪어야 할 시련은 인격 발달 과정의 중요한 하나의 구성 부분이 된다.

강력한 힘을 가진 에티오피아 인, 또는 용(=악마적 힘의 상징), 또는 앞의 인용문에서 등장한 왕은 심리학적으로 볼 때 자의적으로 확장된 '자아ego'가 절대적 권위로서 군림하는 심리적 정황을 말하는 것이다. 그러나 실제로는 의식의 어두운 부분을 충분히 자기화 또는 의식화하고 있지 못하기 때문에 그 자아는 대단히 허약한 상태에 머물러 있을 수밖에 없다. 연금술적 과정으로서 '석회화'의 색깔 이미지는 '흰색'이다. 의식의 일방적 확장에 의해 가리고 숨겨진 인간 정신의 어두운 그림자는 우선 하얗게 변해야 한다. 그 단계를 거치지

---

24) C. G. Jung, *Psychology and Alchemy*, CW12, para. 484~485. 융 전집의 12권 『심리학과 연금술』은 연금술에 관한 융적 해석의 기본 틀을 보여주는 중요한 안내서이다. 연금술의 종교적 의미를 분명하게 밝히면서, 연금술을 화학의 전 단계로 이해는 서양의 과학사학자들의 이해 태도에 제동을 걸었다는 점에서, 연금술 연구의 중요한 전환점을 이루고 있다. 융의 이 글이 발표된 이후(1937)에 Ambix 등 과학사 및 과학철학 관계의 전문 학술지에는 찬반양론이 끊임없이 발표되었다. 융 저작집 중에서 연금술의 상징성에 대해 논한 포괄적인 입문서는 위의 책 외에, 전집 16권에 실린, "The Psychology of Transference"(1946)가 있다. 이 논문은 심리 치료의 실제에 있어 중요하고도 어려운 문제로 등장한 '전이'라는 현상을 연금술적으로 해명한 논문으로 결코 쉬운 내용은 아니지만, 연금술의 '아이콘'이 지닌 상징성을 체계적으로 해설한다. 연금술에 대한 융의 사상에 관한 가장 핵심적인 글이다.

않으면 도대체 의식의 완성을 향한 의식화의 작업, 즉 연금술 작업 자체가 가능하지 않기 때문이다. 따라서 위의 인용문은 '흰 석회', '눈같이 흰' 색채 이미지를 강조한다.

불꽃의 신성성

연금술에서 '불꽃', '불'의 상징은 대단히 중요하다. 엘리아데는 연금술의 신화를 이야기하는 자리에서 '불의 정복mastery of fire'이 샤머니즘이나 초기의 야금술冶金術 신화에서 매우 중요한 상징이라고 말한 바 있다.[25] 종교의 전문가로서 샤먼shaman은 불에 데지 않는 강력한 힘을 갖추고 있다. 그들은 불타는 숯을 집어삼킬 수도 있고 불꽃을 마음대로 조작할 수도 있다. 불에 데지 않는다는 것은 자아의식의 확립에 의해 자기동일성identity이 확보되어 있다는 것의 심리학적 표현이다. (도교의 신선 역시 불에 데지 않는다.) 이처럼 종교적 상징에서 '불'은 강력한 자기완성의 준비 단계로서의 의미를 지닌다. '물' 역시 그러한 상징으로 나타나지만, 불은 물보다 더 강력하다. 다음 기회에 '녹이기solutio'에서 물의 씻어내는 정화적 힘의 상징에 대해 자세히 살펴보겠지만, 우선 세례자 요한과 예수의 만남에서, 물의 세례와 불의 세례의 차이에 대해 말하는 것을 상기해보면 불의 상징적 우위에 대해 감지할 수 있다.

'석회화'에서 '불'은 태우고 희게 만드는 불이다. 그것은 검은 물

---

[25] M. Eliade, *The Forge and the Crucible*, p. 79 이하. 이 책은 『연금술사와 대장장이』(이재실 옮김, 문학동네, 2000)로 번역되었다.

불꽃의 신성성 (베이징 백운관 소장)

질, 즉 연금술의 세 단계에서 첫 단계인 '검정'을 밝은 '하양'으로 바꾸어 놓는 정화의 불꽃이다. 종교적으로 이러한 '석회화'의 정화적 불꽃에 대한 관념은 지옥 내지는 연옥purgatory의 불꽃이라는 관념과 연결되어 있다.[26]

악한 자는 사후에 불꽃의 형벌을 받는다는 사상은 고대 종교에서 보편적으로 발견되고 있다. 르 고프는 연옥의 역사를 살피면서, 문제를 고대 그리스 종교 및 소아시아, 중근동의 종교까지 확장하여 그러한 관념의 연원을 논하고 있다. 르 고프가 인용하고 있는 로마 종교사의 전문가 퀴몽Cumont은 이렇게 쓰고 있다. "사후의 형벌들 중에서 불에 의한 형벌이 가장 일반적으로 퍼져 있는 믿음이었다. 나아가 루크레우스는 「진정한 역사」에서 경건하지 못한 인간들이 사는 섬은 주위가 거대한 불꽃으로 둘러져 있으며, 거기에서 유황 불덩이가 솟

---

26) 서양 종교사, 특히 기독교에서 '연옥' 관념의 발생과 발전에 관해서는 자크 르 고프Jaque le Goff의 뛰어난 연구 『연옥의 탄생La naissance du purgatoir』 (Gallimard, 1980)을 참조할 수 있다. 문학과 지성사에서 나온 번역본이 있다.

아오르고 있다'라고 묘사하고 있다."[27] 그러한 관념은 불교에서도 발견할 수 있다. 불교에서는 여덟 지옥 중에서 가장 낮은 '아비시 avichi'가 전생에 지은 죄에 대해 '불'의 고문을 당하는 장소라고 그려내고 있다.[28]

원시 기독교의 지옥에 관한 교리는 불교에서와 같이 정교한 체계를 아직 갖추고 있지 않았다. 그러나 복음서를 통해 '악마를 위해 준비된 지옥의 영원한 불꽃eternal fire'이라는 생각을 찾아볼 수 있다.[29] 『요한계시록』은 최후의 심판이 불의 심판이라는 것을 생생하게 표현해주고 있는 훌륭한 종교적 상상력의 보고이다. 20장 13~15절 및 19장 9~11절은 그 대표적인 예로서, 최후 심판에 수반되는 불의 형벌은 곧 하느님의 분노와 동일시되어 있다. 『고린도전서』 3장 11~15절에서도 심판의 불꽃에 대해 말한다.

이처럼 고전 종교의 상상 세계에서 널리 퍼진 지옥의 불꽃은 소멸의 상징이지만 동시에 재생의 준비이기도 하다는 사실이 중요하다. 연금술에서는 불, 물, 공기, 흙의 4원소는 궁극적으로는 그 모두를 한꺼번에 감싸는 중심(퀸트에센스quintessence, 즉 일반적으로는 정화, 정수라는 의미로 쓰이지만, 제5원소를 의미한다. 따라서 '정화'라는 말은 대단히 연금술적인 의미를 간직하고 있다)을 향해 나아간다. 세상의 다양함은 단일한 종합을 향해 파괴된다. 그런 의미에서 세상의

---

27) Cumont, *After-life in Roman Paganism*(1923), p. 175.
28) Hastings, *Encyclopedia of Religion and Ethics*, vol. 11, p. 830.
29) 특히 「마태복음」에서는 인간의 윤리적 행위를 강조하면서, 초기 기독교의 지옥 사상의 원초 형태를 보여준다. 「마태복음」, 25장 41~43절.

종말이 불의 종말 또는 물의 종말(대홍수)이며, 또 그것은 첫 번째 창조에 버금가는 새로운 창조의 신화적 변형 내지는 범주로서 이해되어야 하는 이유가 여기에 있다. 이 세상이 불에 의해 끝이 날 것이라는 관념은 고대에 널리 퍼져 있었다. 스토아 학파의 종말론도 고대의 그런 보편적 관념에 근거를 두고 있었다. 그들이 헤라클리투스 Heraclitus에게서 배운 것이라고 주장하는 종말론 사상에 의하면, 우주의 순환에 있어서 각각의 사이클cosmic cycle, 즉 '우주적 원년 magnus anus'은 대화재로 끝이 난다고 한다.[30] 연금술적으로 말하자면 그것은 태움의 과정, 즉 '석회화(불)'의 과정과 대비될 수 있다.

불에 의한 최후의 심판이라는 사상은 연금술적 조작에서 금속의 순수성을 검증하기 위해 불 속에서 그것을 단련하여 불순한 요소를 제거해버리는 상징적 과정과 대응된다. 구약성서의 많은 구절에서도 이러한 연금술 내지는 야금술의 비유를 써서 야훼의 심판을 묘사한다. "그러므로 너희는 전능하신 여호와, 능력 있는 이스라엘의 하느님이 하시는 말씀을 들어라. 내가 내 원수인 너희에게 복수할 것이니 너희가 더 이상 나를 괴롭히지 못할 것이다. 내가 너희를 용광로에 넣어 불순물을 제거하고 깨끗하게 할 것이며……."[31] "내가 너를 연단煉鍛하였으나 은처럼 하지 않고 고난의 불로 시험하였노라."[32] "하느님이시여, 주는 불로 은을 연단하듯이 우리를 연단하였습니다. 우리를 이끌어 그물에 걸려들게 하시고 우리 등에 무거운 짐을 지우

---

30) Hastings, 같은 책, vol. 1, p. 198.
31) 「이사야」, 1장 24~25절.
32) 「이사야」, 48장 10절.

셨으며 원수들이 우리를 짓밟게 하셨습니다. 우리가 불과 물을 통과했으나 이제는 주께서 우리를 안전한 곳으로 이끌어내셨습니다."[33]

그리고 야훼는 제련을 거치고 거듭난 선택된 자기의 백성들에게 말한다. 그들은 연금술적인 '태우기'의 과정, 즉 석회화를 통과한 것이다.

> 이스라엘아, 너를 창조하신 여호와께서 말씀하신다. 너는 두려워하지 말아라. 내가 너를 구원하였고 내가 너를 지명하여 불렀으니 너는 내 것이니라. 네가 깊은 물을 지날 때 내가 너와 함께할 것이니, 강을 건널 때에 물이 너를 침몰시키지 못할 것이다. 네가 불 가운데로 지날 때에 타지 않을 것이며 불꽃이 너를 소멸하지 못할 것이다. 나는 너의 하느님 여호와이며 너 이스라엘을 구원하는 거룩한 자이다. 내가 너를 자유롭게 하려고 이집트와 에티오피아와 스바를 네 몸값으로 내어주었다.[34]

이와 유사한 상징적 맥락에서 15세기의 연금술사 파라셀수스 Paracelsus는 불의 종교적 의미와 비교될 수 있는 연금술적인 불의 효과에 대해 쓰고 있다.

> 불에 의해 모든 불순한 것은 파괴되고 제거된다. 불의 시련이 없다면, 물질의 검증 자체가 불가능하다. 불은 불변하며 고정적인

---

33) 「시편」, 66장 10~12절.
34) 「이사야」, 43장 1~3절.

것과, 가변적인 것과, 가변적이고 날아가버리는 것을 분리한다.[35]

칼 융이 인용하고 있는 또 다른 연금술사는 연금술적인 불과 그리스도가 이겨낸 신성한 불을 비교하면서 다음과 같이 말하고 있다. "그리스도와 마치 재처럼 죽어 누워 있는 태양의 식어버린 몸둥이를 비교하는 것은 결코 부적절한 일이 아니다. 〔……〕 그러한 불의 고통은 그리스도 자신에게도 일어났다. 그리스도께서 올리브 산 위에서 십자가에 매달려 있었을 때, 그는 신성한 분노의 불에 태워졌다. 그리고 그는 하늘에 계신 아버지의 버림을 받았다고 불평하였다."[36] 영혼을 정화시키고 분리시키는 불의 이미지는 호메로스 시대의 그리스에서도 찾을 수 있다. 고대 그리스 종교에서 죽은 자의 몸은, 그의 영혼이 몸을 떠나 하데스Hades(지옥)로 떠나기 전에, 불에 태워졌다고 로드Ewin Rohde는 말해주고 있다. "죽은 자의 영혼은 불을 통과하면서 위로를 얻게 된다.(『일리아스Ilias』, VII, 410) 왜냐하면 인간의 영혼에는 '지상'의 흔적이 남아 있기 때문에 살아 있는 사람들이 간직할 수 있는 어떤 감정들이 아직 간직되어 있기 때문이다."[37]

이와 같이 불은 항상 신 또는 신적인 힘과 연결되어 있고, 그렇기 때문에 그것은 인간의 자기 중심적인 '자아'를 능가하는 어떤 원형적인 에너지를 담고 있는 것으로 나타난다. 불은 언제나 신성한numinous 것이었다. 불의 한 변형인 번개가 신의 사자, 또는 징벌의 신으로 나

---

35) Paracelsus, *The Hermic and Alchemical Writings of Paracelsus*, ch. 1, p. 4.
36) C. G. Jung, CW14, para. 485.
37) Erwin Rohde, *Psyche*(1925), p. 18.

타나는 것도 같은 맥락에서 이해할 수 있다. 번개가 징벌적 힘 내지 치료적 힘의 상징으로서 종교 의례의 한 중요한 구성 부분이 되는 예를 우리는 도교의 '뇌신'의 의례 및 뇌법에서 발견한다. 나아가 불꽃, 번개는 거의 보편적인 종교 상징으로서 연금술의 신화, 인도의 신화 등에서도 신적 힘의 현현으로 등장한다는 사실을 확인할 수 있다.[38] 『시편』에서도 "하느님께서 자기의 천사들을 바람〔정령spirits〕으로 만드셨고, 당신의 신하들을 타는 불꽃으로 만들었다."(104장)고 시인은 노래하고 있다. 또 예수 그리스도는 불과 연결되어 나타난다. "나는 이 땅 위에 불을 던져주기 위해 왔다. 그리고 그것은 이미 타기 시작했다."[39]

　이처럼 연금술적 상상력은 수천 년에 걸쳐 인간 문화를 지탱해온 종교적 전통을 그 상상력의 원천으로 삼고 있는 대단히 종교적인 체계를 형성하고 있다. 과거의 인간은 종교를 통해 존재의 의미를 발견하였으며, 나아가 종교의 형식을 통해 새로운 의미를 창조해내면서 인간성의 역사를 연출해왔다. 종교는 인간성의 흔적을 담고 있는 인간의 역사, 바로 그것이었다. 종교의 역사는 인간성의 역사와 완전히 일치하며, 인간의 자기 발견의 역사라고 말할 수 있다. 종교적 행위와 신념을 통해 인간이 이해해온 인간 정신의 이해는 연금술적 상상력에 의해 더욱 풍부한 상징성을 획득하였다. 일견 혼란스럽고, 제멋대로인 것처럼 보이는 마술적 환상들은 오랜 종교사의 배경을 통해

---

38) 엘리아데, 『종교사개론』 참조.
39) 「누가복음」, 12장 49절.

나름대로의 적합한 논리를 갖고 있는 것임을 우리는 이해할 수 있게 되었다. 그리고 그러한 논리들은 융이 원형archetype이라고 부른 상상적 인식의 논리를 따라 전개되어온 것이었다. 융은 인간의 영혼이란 이미지를 통해서만 자기를 드러낸다고 하였다. 그렇다면 우리가 인간 정신에 접근하는 것도 이미지를 통해서만 가능하다. 원형은 상상적 이미지의 세계이다. 그리고 연금술은 그러한 원형적 이미지의 보물섬이다.

재와 죽음의 극복

'석회화'의 최종적 산물은 하얀색의 재이다. 때로 그것은 유리라고 말해지기도 한다. 따라서 연금술의 상징에서 재와 유리는 서로 겹친다. 칼 융은 연금술의 신비에 관한 대저 『신비의 합일Mysterium Coniunctionis』(CW14)에서 이렇게 말한다. '재ash'는 '유리vitrum'와 동의어이다. 그 둘은 썩지 아니하고 또 투명하다는 의미에서 영광을 입은 신체와 닮은 것으로 여겨진다."[40] 그리고 '하얀 껍질이 덮힌 대지'라고 연금술 문헌들이 말하는 것과 재는 대응되고 있다. 또 한편 '석회화'는 연금술의 네 단계, 즉 검정nigredo, 하양albedo, 노랑citrinas, 빨강rubedo 중 두 번째 단계인 하양 단계를 나타내는 것이다. 후기 연금술 문헌에서는 노랑 단계가 생략되어 연금술의 전 과정은 실제로는 3단계의 과정으로 설명되는 경우가 많다고 융은 지적한다.[41]

---

40) C. G. Jung, CW14, para. 391.
41) C. G. Jung, CW12, ch.1 참조.

'재'의 상징은 복잡하다. 무엇보다도 '재'는 실망, 비탄, 근심, 후회 등 정신적인 파탄과 연결되어 있다. 그것은 성서에서 쉽게 발견할 수 있는 이미지이다. 『욥기』에서, 하늘에서 내려온 하느님의 불에 화를 당한 욥은(1장 16절) 부스럼이 난 몸을 긁으면서 '재 속에 앉아 있다.'(2장 7~8절) 그리고 고통의 마지막 단계에서는 '먼지와 재 속에서 스스로를 저주하고 후회하는' 욥과 하느님의 대면이 이루어진다.(42장 5절) 그런 의미에서 『욥기』 전체는 연금술에서의 '석회화', 즉 '하양'의 단계를 상징적으로 묘사한 것이라고 볼 수는 없을까?

다른 한편 '재'는 연금술적 작업의 목표로서 고귀한 가치를 지닌 것이다. 칼 융은 다음과 같은 구절을 인용하고 있다. "재를 경멸하지 말아라, 왜냐하면 그것은 네 심장의 왕관이며, 그 재는 영원히 지속되는 것이기 때문이다."[42] "흰 껍질이 덮힌 대지는 재에서 추출해낸 '재'이며 승리의 왕관이고 두 번째의 몸이다."[43] '재'는 썩지 않는 '영광을 입은 몸'이며, 정화 작용을 가진 불의 시련을 견디어낸 몸이다. 그것은 동시에 '영광의 면류관'이라는 성서적 이미지와 동일시되었다. 구약성서에서 이사야는 비탄에 빠진 시온의 백성들에게 "재에게 왕관을, 비탄에게 기쁨의 기름을, 슬퍼하는 정신에게 찬양의 옷"[44]을 약속하기도 한다. 이와 같이 불에 타버린 재를 의미하는 '석회화'는 영광과 승리에 의해 대치된다.

실패의 '재'가 승리의 왕관으로 전환되는 상징으로 이용되는 것은,

---

42) C. G. Jung, CW14, para. 247.
43) C. G. Jung, CW14, para. 318, 주석 619.
44) 「이사야」, 61장 3절.

그 '재'가 연금술적으로 소금salt과 동일시된다는 사실과 밀접한 관계가 있다. 연금술에서 '소금'의 상징에 대해 융은 『신비의 합일』에서 풍부한 예를 제시하면서 상징의 현상학을 전개한다.[45] '소금'은 기본적으로는 에로스Eros를 상징하며, 고통 또는 지혜 둘 중의 한 측면을 드러내는 것으로 나타난다. 융은 '소금'의 이러한 이중적 측면에 대해 다음과 같이 쓰고 있다.

> 눈물, 슬픔, 그리고 실망은 고통스러운 것이다. 그러나 지혜wisdom는 정신적 고통을 달래주는 역할을 한다. 고통과 지혜는 선택적인 짝을 이루고 있다. 고통이 있는 곳에는 지혜가 결여되어 있으며, 지혜가 있는 곳에는 고통이 자리 잡을 수 없다. '소금'은 이런 운명적인 양자택일의 전달자로서, 여성적 본성을 띠고 있다.[46]

연금술의 과정으로서 '석회화'는 말리는 과정이다. 지혜는 눈물과 고통이 메마른 곳에서 시작된다. 정신 치료의 예를 들자면, 환자는 자기 무의식의 콤플렉스를 의식화시키기 위해 정서적 격정, 불꽃이 필요하고 그것을 다른 사람(예를 들어 의사)과 나누어 가져야 한다. 콤플렉스에 깃들어 있는 사고, 행위, 기억들은 부끄러움, 죄의식 혹은 불안을 담고 있으며 그런 부정적 요소들은 의식화되기 위해 충분히 표현되어야 한다. 무의식적 콤플렉스를 충분히 드러내기 위한 노력은 그것의 정화 작업이며, 동시에 콤플렉스를 말려버리는 불꽃에

---

45) C. G. Jung, CW14, para. 234~348.
46) C. G. Jung, CW14, para. 330.

비유될 수 있다. 물질을 태워버리는 '석회화'의 단계는 욕망이 적절한 좌절을 경험해야 성숙한 단계로 나아갈 수 있음을 암시한다. 그것을 위해서는 먼저 태워져야 할 물질이 정해져야 한다. 무의식, 다시 말하면 의식으로 인정되지 않는 욕망, 욕구, 기대 등이 존재한다는 것을 인정해야 한다. 한 연금술사는 이렇게 경고한다.

> 수많은 연금술사들은 작업의 첫 단계에서 실수를 저지르는 경우가 많다. 왜냐하면 이 '석회화'를 행해야 할 물질을 잘못 선택하기 때문이다. 〔……〕 또는 그들은 잘못된 방법을 선택한다. '석회화〔태우기〕'는 신체를 내면적으로 가열하는 것에서부터 시작되어야 한다. 이때 외부로부터의 우정 어린 따뜻한 열이 수반되어야 한다. 그러나 부적당한 방법에 의한 '태우기'는 금속의 본성을 파괴시킬 뿐이다.[47]

불을 견딜 수 있는 충분히 강한 금속이 선택되어야 한다는 것이 '태우기'의 필수적인 전제이다. 심리학적으로 말하자면, 무의식을 의식화시키기 위해 방법적으로 사용되는 좌절의 경험은 만일 그 전제로서 충분히 안정된 정신적 기반이 갖추어지지 않은 상황에서는 오히려 환자의 정신을 파멸로 이끌 수 있다. '태우기'를 견디어낼 수 있는 물질의 선택이 중요하다는 연금술사의 경고는 바로 이것을 의미하는 것이 아닐까? 그리고 '태우기'는 신체를 내면에서 가열하는

---

47) Waite, 같은 책, vol. 2, p. 256.

것에서부터 시작되어야 한다는 것은, 어떠한 정신적 변화라도 그것은 변화하고자 하는 당사자의 내면적 요구, 다시 말하자면 내적인 발전을 향한 내적인 불꽃이 무엇보다도 중요하다는 사실을 말해주고 있는 것이다. 조언이든 충고든 치료든 그런 외적인 도움은 '외부로부터의 우정 어린 따뜻한 열'로서만 의미가 있는 것이다.

'태우기'는 녹이고 제련하듯 정화하는 효과를 지닌 과정이다. 태워진 물질은 그 성질이 근본적으로 변화한다. 그렇지만 물질에 담겨 있던 영원하고 본질적인 속성은 불변인 채로 남아 있다. '태우기'를 통해 원 물질에 부가되어 있던 비본질적 요소들은 깨끗이 제거되고, 순수해진 물질은 외적인 영향에 견디는 면역과 같은 힘을 얻으면서 사물의 원형적인 모습을 드러낸다. 심리학적으로 말하자면, '자아 중심적 욕망ego-centered desire'이 제거되면서 초개인적 중심과 연관을 맺고 있는 존재의 중심이 드러날 수 있다. 융은 이러한 중심을 '자기the self'라고 부르고 있다. 그리고 도교의 연금술적 심리학에서는 도와 하나가 된 인격의 중심을 '금단'이라는 이미지로 표현하고 있다. 금단은 정신적 제련의 고통스런 과정을 거치고 나타나는 완성된 자기의 상징이다. 많은 종교 전통에서는 우주적 원리(도, 또는 궁극적 실재)와 일치하는 정신적 상태를 빛의 상징을 사용하여 표현한다. 융은 그의 세미나에서 자아 중심적 '욕망'의 변화에 대해 다음과 같이 말하고 있다.

> 욕망의 불꽃은 브라만교, 불교, 탄트리즘, 마니교, 그리고 기독교에서 모두 싸워 물리쳐야 할 요소로 생각되고 있다. 그것은 심리학에서도 매우 중요하다. 만일 여러분들이 욕망에 탐닉하고 있다

서양 연금술의 시간 관념
8장 중국의 시간을 나타내는 그림(화후도, 195쪽)과 비교해봐도 흥미롭다.

면, 욕망의 방향이 천국이든 지옥이든 상관없이, 영혼(아니마 혹은 아니무스)을 외부의 대상에게 빼앗기고 있는 것이다. 그때 영혼은 여러분들 안에 머물지 아니하고 세상 밖에 나와 있는 것과 같다. 〔……〕 그러나 여러분들은 이렇게 말할지도 모른다. '나는 그것을 욕망하고, 또 그것을 얻으려고 한다. 그러나 그것을 얻게 할 수는 없다. 만일 내가 그것을 포기하기로 결심한다면, 그것을 나는 포기할 수 있다.' 그러나 그때에는 아니마나 아니무스에게는 전혀 기회가 주어지지 않는 것이 아닌가. 〔……〕 그러나 여러분들이 자기의 아니마, 아니무스를 병 속에 가두어둘 수 있다면, 외면적으로는 자유롭게 될 수 있을지 모른다. 물론 여러분의 내면은 깊은 곤경에 처할 수도 있다. 왜냐하면 여러분 속에 머무는 악마들이 시련을 당하고 있기 때문에 여러분들도 시련을 당하는 것이다. 〔……〕 그러나 얼마 시간이 지나면 그것이 오히려 잘된 일이라는 사실을 깨닫게 될 것이다. 당신은 서서히 안정을 얻고 변화할 것이기 때문이다. 그리고 그때 당신은 그 병 속에서 하나의 돌이 자라고 있음을 알아차리게 될 것이다. 〔……〕 그리고 자기 조절 또는 절제가 하나의 습관이 되면 그것은 하나의 돌이 된다. 그리고 그러한 태도가 하나의 완성된 사건으로 이루어질 때 그 돌은 마침내 다이아몬드로 변할 것이다.[48]

여기서 융의 목소리는 마치 요기Yogi나 도사를 연상시킨다. 욕망은 타는 불꽃이다. 중국의 '욕망'론은 외부 사물과의 접촉을 욕망의 근원으로 본다. 정신의 내면에 자리를 잡지 못하고 바깥 세계로 향하는 지상적 불꽃, 즉 욕망은 인격적으로 성숙되지 못한 결과이다. 유교적 수양론은 그것을 외부의 세계와 접촉하기에 급급하여 마음의 순수성을 잃는 것〔玩物喪志〕이라고 했고, 도교 또한 동일한 관점을 공유하였다. 그러나 유교와 도교의 차이점은 유교의 수양론이 의식의 훈련에 치중한다면, 도교는 보다 무의식의 충동에 관심을 기울이고 있다는 점일 것이다. 중국의 종교는 인간이 구원을 얻기 위해서는 외부로 향한 욕망의 방향을 내면 세계로 돌려야 한다고 가르치고 있다. 왜냐하면 세상 앞에서 인간은 왜소한 존재임을 그들은 이미 꿰뚫

---

48) C. G. Jung, *The Visions Seminars*, vol. 1, p. 239.

어 보고 있었기 때문이다. 융이 말하는 바와 같이, 연금술에서는 욕망의 지상적 불꽃을 내면에서 태우라고 권유한다. 그것은 인내와 고통을 수반한다. 그리고 그것보다 더 어려운 일은 믿음이다. 그런 고통이 의미 있는 것이라는 믿음이 가장 근본적인 요청이다. 서양의 연금술사나 중국의 연금술사들은 이 점에 관해 동일한 주문을 한다. 믿음과 인내가 결여된 자기로의 여행은 공연한 헛수고로 끝날지 모른다고 그들은 경고한다. 인내를 통한 훈련, 그것은 사실 언제 끝날지 모르는 긴 여행이다. 내면으로의 여행, 영원한 시간을 거슬러 올라가는 정신의 여행, 인류 역사의 심층으로 가라앉는 하강적 침잠의 여행이다. 언제 끝이 날지 모르는 그 긴 여행을 통해, 그리고 인내의 훈련을 통해 타고 재가 되어버린 욕망은 다른 모습으로 새롭게 태어난다. 그 여행의 성공적 결과는 연금술의 '태우기'를 통해 '재'를 만들어내는 것이다. 그 재는 그러나 이번에는 지상적이지 않은 다른 모습의 빛과 불꽃을 머금고 있다. 세계의 종교들은 이러한 변화한 인격의 거듭남을 빛이나 신성한 불꽃의 이미지를 통해 표현한다. 도교의 내단 문헌에서 반복적으로 되풀이되는 '한 점 성스러운 빛[一點靈光]' 역시 불꽃의 신성함을 드러내는 심오한 상징이다.

 # 도올 김용옥과 동양학*
— 도올 김용옥은 우리에게 무엇인가?

1

가을이다. 유난히 비가 많은 여름이었다. 우울한 비 소식과 한심한 정치 소식으로 이번 여름은 유별나게 칙칙했다. 월드컵 이후 별다른 재미있는 사건이 없는 나날들이 계속되는 가운데, 느닷없이 김용옥이 달라이라마를 앞세우고 다시 나타났다. 거의 모든 신문이 김용옥과 달라이라마의 만남을 대서특필하고, 그가 가져온 '깨달음의 화두'를 소개한다. 그러나 그 필치는 이전과 사뭇 다르다. 약간의 냉랭함마저 느껴지는 듯하다. 이번 김용옥의 출현은 전혀 의외이면서 그에 대한 일반 독자들의 반응은 냉담하다. 김용옥을 거론하는 사람들

---

* 이 글은 김용옥 선생의 발빠른 변화를 따라가지 못하고 있다. 그래서 약간은 시의성이 떨어지는 느낌이 든다. 하지만 학자로서 김용옥 선생에 거는 지은이의 기대와 바람은 여전히 유효하다고 생각되어, 사족으로 덧붙인다.

의 목소리를 거의 들을 수 없다. 물론 그의 책을 단골로 구입하는 마니아들의 바람은 세상 한구석에서 불고 있겠지만. 김용옥도 이 찬바람을 느끼고 놀라고 당황하고 긴장했을 것이다.

여기서 우리는 김용옥의 사회적·학문적 의미를 다시 한번 곰곰이 되짚어볼 필요성을 느낀다. 지난 십여 년간 김용옥은 학문적 대중 스타였으며, 한국 지식인 사회에서 태풍의 눈이었다. 그리고 그는 국민의 눈과 귀가 쏠려 있던 KBS 강의(2000년 10월부터 2001년 5월까지 〈도올의 논어이야기〉)를 돌연히 중단하고 사라졌다. 그의 행동을 비난하는 사람도 많았지만, 그의 대범하고 스스럼없는 행동에서 통쾌함을 느낀 사람들도 적지 않았다. 많은 사람들이 그가 이번에는 무엇을 하고 있을까 궁금해하고, '언젠가 다시 나타나겠지……' 하는 일말의 기대를 가지고 있었다.

그런 그가 비 많은 여름이 끝날 무렵 다시 나타났다. 그는 다시 등장하기 전에 언론에 복선을 깔았다. 뒷짐을 지고 달라이라마와 나란히 걷는 장면이 신문에 등장했다. 과연 그는 예상대로 달라이라마와 함께 등장했다. 몇 년 전부터 우리 뜻있는 불자들은 달라이라마의 방한을 기다려왔다. 정부가 중국의 눈치를 보느라 이를 무한정 연기하고 있던 그 시점에서 김용옥이 등장한다. 달라이라마를 만나고 왔노라, 그에게서 배운 것은 없고 대등하게 의견을 나누었노라, 그리고 그가 알고 있는 불법의 정수를 내가 더 정확하게 알고 있기에 여기 이렇게 전하노라, 부처의 진리는 이런 것이다.

그러나 이번에는 사람들이 그의 목소리에 진지하게 귀를 기울이지 않는다. 그의 단정적인 목소리에 관심을 갖는 사람은 그렇게 많지 않은 듯하다. 왜 그런가. 불과 1,2년 사이에 우리 대중이 김용옥을 무시할 수 있을 만큼 컸다는 말인가, 이미 대중이 하산해도 될 만큼 성장했다는 뜻인가, 무엇이 문제인가. 여기서 김용옥이라는 한 인간이 우리에게 몰고왔던 지적 폭풍의 정체는 무엇인지, 그리고 그 의미는 무엇인지 다시 한번 되돌아보고 싶어진다. 한물 간 스타에 대한 조종을 울리기 위해서가 아니다. 그의 존재와 현상을 통해 우리 학문의 방향을 가늠하기 위해서, 그것은 늦었지만 필요한 일이라고 믿기 때문이다.

2

우리가 김용옥에 대해 말해야 한다면 먼저 그의 학문과 지식인으로서의 행태에 대해 말해야 할 것이다. 학문이란 무엇이고 지식인은 어떤 존재인가. 그리고 우리 사회에서는 매우 드문, 학자가 대중적 스타로 지적 돌풍을 몰고온 현상을 어떻게 이해해야 하는가. 그것은 다른 사람이 아니라 김용옥이기에 가능했던 것이니, 마땅히 '**김용옥 현상**'이라 이름 붙여야 할 것이다. 무릇 모든 사회현상은, 그 현상 자체의 수준과 가치를 떠나 차분히 분석되고 그것의 의미가 되물어져야 한다. 그 현상에서 오늘의 삶을 반성하고 내일을 설계하는 지혜를 얻어야 하기 때문이다.

김용옥은 먼저 자신이 학문의 천재이고 진정한 지식인이라는 사실을 주장하기 위해 이 땅의 학문과 지식인의 존재 자체를 부정하는 독설로 포문을 연 바 있다. '대한민국은 기자와 교수 때문에 망했다.' 그의 선언에 대해 소위 학문을 업으로 삼는 대부분의 교수들은 침묵해왔지만, 현 시점에서는 교수들 역시 겸허하게 자기를 돌아볼 의무가 있다. 사실 한국에서 교수나 지식인 행세를 하는 사람치고 자신의 학문적 성과에 대해 자신감을 가질 수 있는 사람이 얼마나 있을까? 아마 극소수일 것이다. 우리 사회가 무언가 심각하게 잘못되어 있다는 것을 부정하는 사람이 거의 없는 것처럼, 학문의 경우도 분명 무엇인가 크게 잘못되어 있다는 의구심을 가지지 않는 사람은 없다. 이런 상황에서 지식인의 대명사로 여겨지는(더 이상 그렇지 않지만) 교수들에게 그 책임을 돌리는 것은 지극히 자연스러운 일이라고 할 수 있다. 그렇다면 교수는 어떻게 해야 하는가? 모든 교수는 일단 현직을 사퇴하고 판을 다시 짜야 하는가? 할 수 있다면 그렇게라도 해야 하지만, 현실적으로 가능하지 않은 발상이다. 교수 사회의 보수성과 옹졸함을 김용옥이 모를 리 없다. 김용옥의 선언은 대학교수의 사회적 책임이 그만큼 지대하다는 사실을 말하는 과장된 수사법이라고 이해하자.

　지식인의 사회적 책임을 실천하기 위해 김용옥은 그 알량한 교수직을 미련 없이 버린 사람이다. 그의 양심선언과 사퇴의 결단은 학문의 자유와 사회의 민주화를 열망하는 지식인의 용기 있는 행동으로서 많은 사람들을 감동시켰다. 김용옥의 양심과 순수성은 그 사건으로 이미 충분한 검증을 받았다. 여기서 굳이 토를 달아서 그의 순수성을 의심하는 것은 오히려 치졸한 짓이 될 것이다. 그후 김용옥은 한의사가 되기 위해 다시 학생 신분으로 돌아간다. 하버드대학의 박사이며 고려대 교수였던 김용옥, 지칠 줄 모르는 배움의 의지를 가진 김용옥은 세계를 제패할 수 있는 이론을 완성하기 위해 학생의 신분으로 돌아간 것이라고 한다. 철학의 관념 세계와 의학의 실천 세계를 통합하는 진정한 인간에 관한 이론을 완성하기 위해, 이미 불혹의 나이에 그는 다시 한의학과 학생이 된다.

얼마나 낭만적인 지적 여정인가? 그런 지적 열정과 순수함을 가진 인물은 어렵사리 거머쥔 한의사 자격증마저도 내던지고 생명공학을 연구하기 위해 하버드대학의 연구소로 자리를 옮겼다. 하버드대학에서의 연구가 어느 정도 무르익었는지 모르지만, 그는 어느 날 갑자기 방송에 등장해 〈노자와 21세기〉(1999년 11월 26일부터 2000년 2월 26일까지 EBS를 통해 방송)라는 거창한 제목의 강좌를 통해 김용옥 열풍을 일으킨다. 누구도 흉내낼 수 없는 독설과 과장된 몸짓으로 대중 스타로서의 입지를 확고히 다졌다. 이런 김용옥의 행적은 분명 보통 사람이 따라갈 수 있는 것이 아니다. 그는 분명 어떤 면에서 천재다. 천재의 재기와 치기를 골고루 갖춘 그는, 천재들이 늘상 가지는 지독한 열등감까지도 겸비하였다는 점에서 전형적인 천재 유형에 속한다. 그의 독설과 콤플렉스를 귀엽게 보아주지 못할 것도 없다. 이미 상당수의 고정 팬을 확보하였고, 이제는 전 국민적 스타로 떠오른 그가 대학교수를 비난하는 이유는 지식인의 사회적 책임을 방기하는 이름뿐인 지식인 집단에 대한 분노라고 진지하게 받아들이지 못할 바도 아니다.

김용옥이 방송을 타기 전부터 그의 지식을 사랑하고 그의 카리스마를 추종하는 사람들은 있었다. 그가 책을 내면 기본 독자가 2~3만 명이라는 '소문'을 들은 적이 있다. 그런 그가 방송을 타기 시작하면서 대중 스타로 '뜨게' 되었다. 그 결과 그는 천재로 인정받았고, 성공했다. 이 사실에 대해 아무런 이의가 있을 수 없다. 그가 성공했다는 것은 축하할 일이지 비판할 일이 아니다. 이 글을 통해 그의 성공을 시기하거나 그의 천재성에 흠집을 내려는 의도는 전혀 없다. 다만 '실사구

시'의 관점에서 그의 학문적 천재성의 진상을 더듬어보고, 김용옥에 대한 나의 바람을 피력하는 반성적 의도에서 출발하는 것이다. 만약 그의 명성과 실제가 일치하지 않는다면, 그런 허명虛名이 전파된 이유를 검토하고 우리 학문의 나아가야 할 길이 무엇인지를 성찰하는 계기를 만들어야 한다. 그리고 그가 진정 천재라면 그의 천재성으로 인해 우리가 얻은 것과 얻어야 할 것은 무엇인가를 반성해야 한다.

3

나는 김용옥이 단순히 대중의 환호를 받는 스타이기보다는 진정한 천재이자 학문적 대가가 되기를 기원하는 많은 사람들 중의 하나이다. 무기력해지고 생기를 잃은 우리 학인學人들과 학계의 자존심을 회복하기 위해서라도 그는 정말 대가가 되어야 한다. 그러나 이러한 바람이 아무리 절실하다 해도 그의 학문이 대가의 것으로 될 만한 조건이 결여된 것이라면, 우리는 과감하게 김용옥을 잊어야 한다.

누구나 알고 있듯이 김용옥은 자칭 타칭 세계 제일이라는 하버드 대학의 박사학위와 한의사라는, 녹록지 않은 문화 자본은 물론 대중 스타로서 사회 자본까지 넉넉하게 갖춘 특이한 인물이다. 그런데 그의 문제는 학자로서의 자격과 위상을 결정하는 문화 자본의 '내실'이 의외로 빈약하다는 데 있다. 요즘 유행어를 빌리자면, 그의 학자적 명성에는 '거품'이 적지 않게 들어 있다는 말이다. 학문적인 천재성은 기행이라든가 양심 선언의 순수성, 혹은 얼마나 대중을 사로잡았는가 하는 기준으로는 평가할 수 없는 것이다. 만일 우리가 그런 기준들을 동원하여 김용옥은 천재라고 말한다면 오히려 김용옥 본인이 분명 크게 화를 낼 것이다. 김용옥이 학자들에게 분노하고 교수를 비난하는 이유는, 자기를 평가해주어야 할 교수들이 자기의 학문적 업적에 대해 무지하거나 혹은 그의 학자적 실력을 무시한다고 생각하기 때문이다. 그의 분노는 학자들의 침묵에 의해 촉발되는 측면이 없지 않다. 그가 분노하는 대로, 한국의 학자들은 그의 대작을 이해할 수 있는 능력이 부족하거나 그게 아니면 고의로 그의 업적을 사장시키려 하는 것일까? 반드시 그렇지만은 않은 것 같다.

김용옥은 이 땅에서 학문하는 사람들을 이끄는 선도자가 되고 싶어한다. 그는 이 시대의 진정한 대가가 되고 싶어하는, 학문적 열정이 강한 사람이다. 그는 한국에서 최고라고 알려진 서울대를 졸업하지는 않았다. 그 대신 그는 대만대학, 동경대학, 하버드대학을 거침으로써 서울대를 졸업하지 않은 콤플렉스를 극복하기 위해 분투했다고 한다. 나는 서울대 졸업생의 자질이 특별히 대단한 것은 아니라고 믿지만, 어린 시절의 김용옥은 자신이 서울대를 다니지 않은 사실에 대해 끊임없이 번뇌했던 것 같다. 그는 그 번뇌를 숨김없이 드러낸다. 아니 그는 오히려 그 사실을 자랑한다. 그리고 그는 시시한 서울대가 아니라 더 높은 동경대와 하버드를 나왔다는 사실로 자신의 숨겨진 콤플렉스를 보상한다. 그런데 정말 김용옥을 학벌로 비난하는 사람이 있는가? 서울대를 나왔다는 사실이 학자로서의 수준을 보증해줄 수 없는 것처럼, 하버드 박사라는 것이 학문의 수준을 즉각적으로 보증하는 표지가 될 수 없다는 것을 그는 모르는 것 같다. 그의 콤플렉스를 천재의 치기 어린 어리광 정도로 받아들이지 못할 건 없다. 그러나 우리는 그의 학문적 업적이 정말 천재적인가, 그는 진정 '대가'라는 호칭에 걸맞은 학문적 성과를 이룩해내었는가를 묻는 진지함과 인내심 정도는 갖추어야 한다.

이 질문을 앞에 놓고 나는 주저하지 않을 수 없다. 김용옥은 분명 나의 학문적 선구자이며 정신적 선배이다. 직접 나를 이끌어준 스승은 아니지만, 내가 사숙한 스승이다. 나뿐만 아니라 젊은 한국의 동양학자(중국학자)치고 김용옥의 영향권에서 자유로운 사람이 있을까? 1982년, 그 빵빵한 하버드의 박사학위를 걸머지고 귀국한 이래 김용옥이 토해낸 말들은 당시 어린 학생이었던 나를 포함해 미래의 동양학도들에게는 한마디로 사자후였고, 미래를 계시하는 예언이었다. 우리는 그의 글을 성경처럼 읽었고, 그의 목소리와 몸짓에 이끌려 그를 흉내내고 그가 언급한 책을 읽어야 한다는 사명감에 사로잡혔다. 그의 글을 읽으며 '청출어람' 하리라는 순수한 경쟁심을 가지지 않았던 사람이 있을까? 분명 그 당시 김용옥의 지적 열정은 우리에게 마력으로 다가왔다. 그는 신이 내린 사람이었다. 그는 단순한 학자가 아니라 큰무당이었다. 당시 그가 토해낸 『동양학 어떻게 할 것인가』(1986)와 『절차탁마대기만성』(1987)는 지금 다시 읽어도 전율을 느끼게 하는 힘을 지니고 있다.

그러나 그 이후 김용옥은 그 지적 열정을 하나의 방향으로 집중 발전시키지 못했다는 아쉬움을 남긴다. 학자로서 그는 수많은 연구 계획 이외에 어떤 체계적인 저작도 남기기 않았다. 못한 것이 아니라 안 했을 가능성은 있다. 대가를 꿈꾸는 그의 사상적 포부가 너무 컸기 때문에 차분히 진행해야 하는 학문적 작업을 이차적인 것으로 미루어놓았을 수 있다. 그가 남긴 엄청난 양의 글은 그가 작은 학문에 시간을 빼앗길 정도로 한가한 사람이 아니었다는 것을 웅변으로 보여준다. 혹자는 "그러면 됐지"라고 말할지도 모른다.

그러나 그렇지는 않다. 학자는 학문을 통해 세상을 바꾸는 사람이다. 학문은 근본적 변혁을 추구하는 작업이다. 학문이 가져오는 변화는 느리지만 강력하다. 김용옥은 그 느림을 참을 수 없는 사람일지도 모른다. 그리고 보통 학자들의 학문 방식으로는 이 사회가 꿈쩍도 하지 않으리라는 사실을 직감적으로 깨달았는지도 모른다. 그래서 그는 자신의 언변과 독설을 마음껏 발휘하여 다양한 분야에서 돌풍을 일으켰다. 그것만으로도 그는 피라미 학자가 범접할 수 없는 대단한 존재이다. 그러나 그 돌풍이 학문적 체계의 수립으로 이어지지 않았다는 것은 여전히 남는 아쉬움이다.

학자는 단순히 지식을 수집 정리하여 잡스러운 지식의 양을 뽐내는 지식 수집가가 아니다. 학자는 체계를 만드는 사람이다. 학문은 체계를 생명으로 삼는다. 체계가 굳건히 수립되어 다른 사람의 삶과 학문을 이끌어주는 나침반 역할을 하는 학자를 우리는 대가라고 부른다. 대가는 시대를 만드는 사람이다. 학문의 각 영역마다 대가가 있을 수 있다. 각 영역에서 대가는 그 시대가 나아가는 방향을 선취하여 후학들이 사유하는 틀을 제공하는 사람이다. 대가는 혼란의 시대를 돌파하여 새 시대의 여명을 보여주는 사람이어야 한다. 대가가 작업하는 영역이 아무리 편벽하게 보일지라도 그 영역에서 대가는 그 시대가 요구하는 사유의 틀을 제공하고 방향을 제시하는 사람이다. 그 대가가 반드시 천재인 것은 아니다. 반대로 천재가 반드시 대가인 것은 아니다. 지적 열정이 뛰어난 후학들은 대가의 학문을 흉내

내면서 그를 뛰어넘고 싶은 강렬한 경쟁심을 불태운다. 그런 경쟁의 결과 새로운 대가가 나타나고, 낡은 대가의 시대는 막을 내린다. 그렇다고 해서 그의 존재 의의가 부정되는 것은 아니다. 학문의 역사는 대가의 출현과 몰락의 역사이다. 대가는 그가 제시한 학문의 체계에 의해서만 판가름되어야 한다.

4

김용옥은 박사학위 논문에서 명말 청초의 사상가 왕부지王夫之를 주제로 삼았다. 그 논문은 김용옥 자신이 주장하는 것만큼 큰 성공작은 아닌 듯하다. 박사학위 논문은 출판이 되기 전의 상태에서는 초고에 불과하다. 따라서 박사학위 논문을 하나 썼다고 해서 대가연하는 것 자체가 심각한 치기의 표현이다. 하버드대학의 학위이건 동경대학의 학위이건 그 자체가 학자의 학문적 능력을 보증하지는 못한다. 그리고 한국에 있는 대학의 논문이라고 해서 반드시 그 학문적 질이 떨어지는 것도 아니다. 학문의 질과 대학의 등급을 단순히 동일시하는 것은 유치한 간판주의를 벗어나지 못했기 때문이다. 미국의 경우를 예로 들면, 학위 논문을 통과한 논문 중에서 우수한 논문들은 위원회의 심사를 거쳐 몇 년간의 수정과 보완을 위한 각고의 시간을 거친 후에 정식으로 출판된다. 물론 명성이 높은 대학의 학위 논문이 출판으로 이어질 확률이 높은 것은 사실이다. 대학의 서열과 명성은 바로 그런 기준을 통해 확립되는 것이기 때문이다. 그런데 김용옥의 논문은 그런 출판의 절차를 거치지 않았다. 귀국했으니 시간이 없어서 그럴 수는 있다고 하자. 그러나 귀국 후 김용옥이 자신의 학위 논문을 다듬어 한글로 출판하거나, 그중 일부분이라도 정식 논문이나 저술의 형식으로 발표한 적은 없는 것으로 안다. 엄밀하게 말하자면, 김용옥의 지적 탐구의 출발점을 이루는 작업은 우리 학문의 일부로 편입된 적이 없는 것이다.

그렇다고 해서 그가 실력이 없다고 단언하는 태도 역시 내용과 형식을 단순히 환치하는 오류에 빠지기 쉽다. 그는 방법론 논문으로 이미 우리 학계를 강타한 바가 있기 때문에 그의 실력을 쉬이 부정할 수는 없다. 그러나 방법론은 어디까지나 방법론이다. 방법론의 제시가 곧 학문적 성과가 될 수는 없다. 방법론은 체계를 수립하기 위한 하나의 청사진이다. 그러나 청사진의 제시가 곧 학문의 수립은 아니다. 청사진에 근거한 굳건한 학적 성과가 만들어져야 한다. 그때에 비로소 학자의 임무가 완성된다.

우리가 학문에서 좌절하는 이유가 단지 어떻게 해야 할지 그 방법을 몰라서만은 아니다. 학문의 밭을 일구어본 사람이라면 누구나 그런 체험을 가지고 있다. 더구나 동양학의 방법론이란 자연과학에서와 같은 구체적인 실험의 절차에 관한 논의가 아니라, 하나의 선언 혹은 포부를 드러낸 것에 그치고 마는 경우가 허다하다는 사실을 잊어서는 안 된다. 어떤 의미에서는 인문 사회 분야의 서양학은 대부분이 외국 대가의 이론 내지 방법론을 소개하는 데에 머무르는 경우가 많다. 예를 들어 부르디외의 사회학 이론을 소개하는 경우 그가 무엇을 생각했고, 프랑스 사회를 분석하는 데 어떤 틀을 가지고 있었고, 어떤 개념들을 구사했고, 그 개념의 내포는 무엇이며, 그에 대한 비판자들의 견해는 어떠하다를 서술하는 것이 고작이다.

부르디외의 이론이나 방법론을 배우는 것이 의미가 없다는 것은 아니다. 그 방법과 사유의 내용을 배움으로써 그것을 응용하여 우리 사회를 더 잘 설명해낼 수 있는 가능성이 없지 않기 때문이다. 그러나 그 방법론의 자극이 우리 사회를 구체적으로 분석하는 데에 응용되고, 그 과정에서 그 방법론의 한계를 발견하여 새로운 틀을 만드는 것으로 이어지지 않는다면, 그 수준은 아직 완전하다고는 할 수 없다. 제시된 방법론과 현실(자료)을 대비시키면서 방법론의 응용 가능성을 타진하고, 그 한계를 지적하여 현실(자료)을 더 잘 설명해낼 수 있는 새로운 방법을 수립하는 데로 나아가야 한다.

김용옥의 방법은 그런 점에서 구체적인 탐구의 여정과 현실 설명력을 가진 엄밀한 의미의 방법이라고 말할 수 없다. 나아가 그는 자료의 해독에 관한 구체적인 이론을 제시하지도 않는다. 그가 강조하는 해석학적 독법은 물론 중요한 제안이지만, 그것이 그의 독창적인 이론이라고 볼 수는 없다. 완전 번역을 강조하는 그의 제안 또한 중요한 자극임에는 틀림없다. 그러나 완전 번역의 제안은 방법의 제기라고 보기도 어려울 뿐 아니라 그것의 의미가 여전히 모호하다. 어느 수준이 되면 완전한 것이고, 어느 시대의 어떤 세대를 기준으로, 그리고 누구를 기준으로 잡을 것인가? 따라서 그의 제언이 담고 있는 의도, 즉 우리가 이해할 수 있는 방식으로 현대적인 의미 내용을 가진 살아 있는 학문을 하자는 그 의도에는 충분히 공감할 수는 있다. 그러나 그것을 놓고 학문적 방법론의 체계화라고 볼 수는 없다.

그리고 김용옥이 제시한 '기氣 철학'은 어떤가? 김용옥의 기 철학은 왕부지의 사유에 담긴 우주론 모델과 한의학에서 제시하는 미시적인 몸에 관한 이론을 종합하는 차원에서 한발 더 나아가 현대 생물학적 연구 성과의 종합을 지향하는 것이라 할 수 있다. 중국의 전통적인 유기체론적 사유를 현대 과학의 성과와 접목시켜 거대한 우주-인간학을 완성하겠다는 그의 꿈이 이루어지기를 기대하지 않는 사람이 있을까. 그러나 여기서 하나의 의구심이 머리를 드는 이유는 무엇인가?

기는 중국적 사유를 관통하는 핵심 개념이다. 기는 미시적인 세계에서 출발하여 우주라는 초거시적인 세계를 일관된 체계로 묶어주기 위해 제시된 하나의 상징 기호라고 말할 수 있다. 하나의 기호로서 기 개념은 현실을 설명하는 설명력과 의미 전달력을 가지고 있지만, 존재한다 혹은 존재하지 않는다는 실체적 판단을 전제하는 개념은 아니다. 중국 사상의 역사에서 특히 기가 사유의 중심으로 떠오르는 것은 송대 이후의 일이다. 송대 이전부터 기라고 불리는 상징 기호를 구사하면서 세상에 존재하는 것과 그 존재하는 것의 원리를 해명하고자 하는 이론이 존재했지만, 송대 이후에 들어와서 기는 이理와 짝 개념을 형성하면서 중국적 사유의 보편적 지평 위에 등장한다.

김용옥이 공부한 왕부지의 사상은 이러한 송대 이후의 사상적 맥락 속에 위치한다. 전근대 말기에 와서 기를 특별히 중요시하는 사유가 등장하는 이유는 주자학의 관념론적 원리주의에 대한 저항이라는 시대적 요청이 있었기 때문이다. 주자학에서 완성되는 이기 철학은 구체적인 현실에 앞서는 보편적 원리를 전제한다. 그런 점에서 그것은 대단히 관념론적인 방향으로 나아갈 소지를 가지고 있었으며, 현실의 구체적 일상성을 외면하는 방향으로 흐를 가능성이 농후했다. 그 가능성은 송대 이후 사상사에서 현실로 나타났다. 그 결과 명청 이후에는 주자학의 관념론적 원리주의를 비판하는 일군의 사상가들이 등장하여, 보편적 이리 개념보다는 구체적 현실에 밀착한 설명력을 지닌 기를 중시하는 사유를 전개하였다. 그들이 전개한 사상을 일반적으로 실학이라고 부른다면, 그 실학적 사유는 구체적인 일상성을 중시하는 지향을 지니고 있었고, 이론적으로는 기를 중시하는 경향을 지닐 수밖에 없었다.

앞에서도 말한 것처럼, '기'는 객관적으로 실증할 수 있는 실체가 아니다. 기는 사물을 구성하는 '무엇'이라고 여겨지고 있지만, 사실 그것은 실체를 지칭하는 일반 명사가 아니라, 존재의 실체성을 드러내기 위해 사용된 순수 개념 혹은 기호에 불과하다. 우리는 기가 무엇인지 실증적으로 알 수 없다. 다만 기를 중시하는 사상의 의도를 이해할 수 있을 따름이다. 실학자들의 사상과 그들의 학문성과를 통해 알 수 있는 것처럼, 기를 중시하는 태도는 이 중심의 사유가 초래하기 쉬운 거대 담론의 유혹을 벗어나 현실을 중시하는 미시적 탐구로 관심을 돌리는 데에 그 특징이 있다. 기의 철학은 이처럼, 사물을 구성하는 기의 세밀한 '결'(사람/사회/자연/우주)을 구체적이고 즉물적으로 분석하는 것을 목표로 삼는다.

그러나 김용옥이 제창하는 '기 철학'은 상당히 거대한 담론 형식을 가지고 있다. 기의 사유가 지닌 사상사적 맥락을 벗어나, 이리 중심적 사유의 거대담론으로 회귀하는 경향을 강하게 보이는 것이다. 그렇다면 김용옥은 그 기를 마치 이리와 다를 바 없는 어떤 형이상학적 근본 원리로 보는 것은 아닌가? 그가 말하는 기는 실제로는 이리와 전혀 다를 바가 없는 보편적 근본원리가 아닌가? 결국 기 중심의 사유에 담긴 '즉물적' 구체화의 정신이 매몰되고 이 중심적 사유의 관념주의와 보편주의로 회귀하는 것은 아닌가? 물론 기를 중시하는 사상이 미시적 탐구를 통해 거시적 안목을 확보하는 것을 포기해야 한다고 주장하는 것은 아니다. 하지만 미시적 탐구를 결여한 '기철학'은 자칫 환원주의에 빠짐으로써, 기의 사유가 일구어낸 성과를 오히려 부정하는 방향으로 나아갈 위험이 있다는 사실은 잊어서는 안 된다.

5

혹자는 이렇게 말한다. "우리 학계의 풍토에서 김용옥 같은 사람 하나쯤 있어도 좋지 않느냐"라고. 아니 더욱 많은 김용옥이 나타나도 좋다. 글머리에서 밝힌 것처럼, 김용옥의 성공을 시샘하려는 의도는 조금도 없다. 그러나 분명히 할 점은, 그는 여러 가지 면에서 천재적 인간이지만 이 시대의 학문을 선도할 수 있는 대가는 아닐 수도 있다는 사실이다. 학문, 특히 사유에 관한 학문은 자기가 존재하는 지평을 확인하면서 타인의 생각을 비판하고 자기를 성찰하는 작업이다. 그 비판과 성찰이 파괴적인 방향으로 작용하여 서로를 상쇄시키는 것이 아니라, 비판과 성찰을 통해 상생하는 길을 모색하는 지적 작업이 학문이고 철학이다. 그런 의미에서 학문은 상호적 해체인 동시에 새로운 수립이고 지평의 융합을 향한 진행형이다.

김용옥은 스스로 대가의 반열에 들었다고 생각하기 때문에, 자신에게 모아지는 비판을 견디지 못한다. 따라서 그는 비판에 대응할 줄 모른다. 그의 대답은 '지가 뭘 알아'식의 야유 또는 육두문자로 흐르고 만다. 그는 철학자임을 공언하지만, 철학하는 자세, 즉 반성하고 성찰하는 자세를 결여하고 있는 것이 아닌가 하는 의구심을 갖게 만든다. 철학은 종착역이 없는 사유의 실험이다. 철학은 완성이 없는 학문이고, 완전한 결론이 없는 학문이다. 철학의 결론 없음을 견딜 수 없는 사람은 철학할 수 없다. 철학함은 항상 새로이 묻고 새로이 답해야 하는 의심과 회의의 과정이다. 철학자가 자신의 사유를 인간 사유의 결론이라고 생각하는 순간 그 사유는 타락하기 시작한다. 그런 의미에서 철학은 끊임없이 움직이는 변증법적인 운동을 본질로 삼는다.

변증법은 대화의 기술이다. 치열하게 토론하고 인간의 근원적 한계에 도달했음을 느낄 때, 겸허하게 그 한계를 인정하면서 허허 웃으며 서로 손을 잡아야 한다. 김용옥이 움직일 수 없는 학문의 천재, 대가라 하더라도 그의 주장이 곧 누구도 부정할 수 없는 진리라는 것을 의미하지는 않는다. 아니 그가 대가라면 그는 진정으로 후학들의 도전과 비판을 흔쾌히 받아들이며 그들과 토론하고 일깨워야 한다. 미국 유명 대학이라는 학벌의 권위에 의존하거나, 저술의 양에 의존하거나, 유명세에 의존하여 자신의 옳음을 강변하는 모든 시도는 결코 철학적이지 못하다.

한편 김용옥의 대중적 성공은 우리 사회의 심각한 결핍을 반증하는 것으로 읽을 수 있는 면이 있다. 그 결핍은 김용옥이 비난하는 것처럼, 지식인들의 무책임 때문에 발생하는 것일 수도 있다. 김용옥은 대학교수들의 권위주의적 글쓰기와 게으름을 질타한다. 그의 비판이 전적으로 옳다고는 할 수 없겠지만, 상당 부분 공감할 수 있는 면이 있다. 우리 인문학의 위기는 반드시 경제적 위기의 탓으로 돌릴 수 없는 점이 있다. 우리 학문, 특히 인문학이 위기에 처하게 된 책임은 무엇보다도 학자들 자신에게 있다. 김용옥의 성공은 그러한 우리 시대의 위기를 돌파하는 하나의 중요한 가능성을 보여준 '사건'이었다. 철학적 담론이 그렇게 폭넓은 대중의 관심을 이끌어낼 수도 있다는 가능성! 그것은 우리 대중의 지적 수준이 상당한 정도로 고양될 수 있음을 말해준다. 그러나 그 방식은 독선과 아집에 바탕한 대중 동원식이어서는 곤란하다.

대중은 학문적 지적 세계와 소통하기를 원한다. 그들에게 다가오는 지적 담론을 갈망한다. 그러나 오히려 학자들이 그 소통을 거부한다. 권위주의 때문인지, 두려움 때문인지, 무능함 때문인지 분명히 알 수는 없다. 김용옥은 그 소통의 결여를 학자들의 무능력 탓이라고 생각한다. 그의 진단이 옳다면 김용옥은 오히려 희생자다. 학자들의 무능력 때문에 초래된 학문과 대중의 소통 결핍을 극복하기 위해 김용옥은 십자가를 진 것이다. 자기 학문의 체계를 수립해야 할 김용옥은 자기를 희생하여 대중 앞에 나섰다. 그리고 그의 천재적인 재변과 열정에 대중은 환호하고 그의 담론 속에서 지식의 참된 모델을 발견한다. 김용옥은 그 환호에 영합하기 위해 과도한 자기 현시의 욕구를 참지 못하고 학문의 대가를 자처하는 오만을 범하고 만 것이다.

학문이 대중과 소통을 상실한 대가는 처참하다. 대중이 학문의 아름다운 세계를 느끼지 못하기 때문에, 학문과 사회의 상호 피드백이 발생하지 않는다. 사회의 무관심과 냉담함 때문에, 더 이상 인재와 자본이 학문의 세계로 흘러들지 않는다. 학자가 반드시 재변가이거나 소통의 테크닉을 몸에 지니고 있어야 하는 것은 아니다. 학문하는 것의 가치가 인정되고, 그 지식이 진정으로 사회에 생기를 불어넣는

윤활유가 된다는 믿음이 있을 때, 누가 시키지 않아도 학문은 활성화될 수 있다. 그리고 모든 학문하는 사람이 다 대가가 되는 것은 아니다. 일부 학자는 대가의 학문을 대중과 소통시키는 것을 전문으로 삼는 학문 소통 전문가로 활동할 수 있다. 마치 수준 높은 바둑 기사와 바둑 해설자가 공존하면서 바둑의 심오한 세계를 대중에게 확산시키는 것처럼, 대가를 지향하는 진짜 학자와 학문 해설자는 공존하면서 학문의 심오한 세계를 대중이 이해할 수 있는 방식으로 풀어내고, 대중의 지적 수준을 향상시키고, 다시 그 대중으로부터 학문의 후속 세대를 충원하는 순환의 고리가 만들어질 수 있다. 그렇게 해서 학문의 수준이 높아지고 사회의 수준이 향상된다.

김용옥을 '에듀테이너(edutainer[education + entertainer를 의미하는 신조어])'라고 부르는 사람이 있다. 학문을 대중에게 소개하고, 학문과 대중을 소통시키는 것을 전문으로 삼는 학문 해설자라는 의미일 것이다. 김용옥의 최근 행보는 분명 '에듀테이너'로서의 길을 걸었고, 그 방면에서 상당한 성공을 거두었다. 그러나 김용옥은 그 자리에 머물러서는 안 된다. 학문적 소통 결핍의 심각성을 누구보다도 아프게 여기는 그의 지사적志士的 열정이 그를 학문 해설자의 자리로 이끌었다면, 그것은 역설적으로 우리 학문의 크나큰 손실이다. 더구나 아직 대가로서 성숙한 학문적 기틀을 완성하지 못한 김용옥이 대가연하는 몸짓과 재변으로 대중에게 다가가는 것은 본인과 대중, 학문 모두에게 불행이다.

소통의 부족이 극복해야 할 우리 학문의 시급한 과제라 하더라도, 그것이 학문성의 포기를 통해 이루어져서는 안 된다. 학문성이 망각

될 때 학문의 존립 근거가 사라지고, 학문은 뿌리를 잃고 사회 속에서 설자리를 영원히 잃어버리고 말 것이다. 그 결과 사회도 근거를 잃고 만다. 내가 보기에 우리 학문의 진정한 문제는 단순한 소통의 부족에 있지 않다. 오히려 너무 많은 학문 해설자가 있는 것이 문제가 될 정도이다. 국적도 뿌리도 없는 온갖 종류의 개설서가 판을 친다. 온갖 종류의 설익은 대중 교양서가 난무한다. 교양이란 미명하에 피상적인 지적 담론이 반복 재생산되고 있다. 실증되지 않는 문화적 감상주의나 거대담론이 매스컴을 활보한다. 문제는 그러한 소통 과잉을 제대로 치유하고 대중주의의 피상성을 뿌리에서 교정하는 대가의 목소리가 존재하지 않는다는 것이다. 산처럼 바위처럼 굳건히 버티고 서서 대중주의의 천박함을 꾸짖는 진정한 학문이 없다.

소통의 부족을 극복하는 것은 사실 그다지 어려운 과제는 아니다. 아무리 뛰어난 스포츠 해설자가 있어도 좋은 경기가 없다면 해설자의 해설이 빛을 발휘하지 못하는 것처럼, 요점은 경기 그 자체의 질의 향상이고, 학문 그 자체의 발전이다. 학문은 하루아침에 이루어지지 않는다. "젊음은 쉽사리 지나가버리지만 학문을 이루기는 어렵다〔少年易老學難成〕"는 주희의 한탄은 결코 과장이 아니다. 학문을 성취하기 위해서는 오랜 세월에 걸친 탐구와 인내가 필요하다. 학문의 무게와 두려움 앞에서 전율해본 학자는 자신이 이 학문의 거대한 바다에 무력하게 던져져 있다는 사실 그 자체, 자신의 존재 자체가 너무도 힘겨운 부담이다. 그 두려움 때문에 감히 누굴 가르칠 생각을 하기가 쉽지 않다. 맹자도 말하지 않았는가? "학자의 병은 누구를 가르치고 싶어 하는 데에 있다"고. 학문과 대중의 소통은 꽉 찬 저수지에서 물이 흘러넘치듯 그렇게 이루어져야 한다. 메마른 샘의 바닥을 혼신의 힘을 다해 긁어보아야 나오는 것은 구정물 이상 무엇이 있겠는가?

6

학문의 토대는 한번 무너지면 회복이 불가능하다. 우리의 현안 문제는 이미 소통의 부족이 아니다. 소통의 회복이 곧 학문의 회복이라고 주장한다면, 그것은 본질을 호도하는 엄살이다. 교육이 무너지고, 학문이 무너지고, 학문적 열정과 정신이 무너진 상황에서 소통의 회복만을 기한다고 무엇이 달라지겠는가? 궁극적으로 도대체 무엇을 소통할 수 있겠는가? 우리 사회의 심각한 지적 공백은 오히려 학문의 회복을 통해 극복되어야 한다. 학문의 회복만이 소통의 부족 문제를 해결하는 유일한 방안이다.

학문이 굳건해지고 그 안전한 세계에서 세상 물정을 모르는 조금은 아둔한 듯한 학자들이 체계를 수립하려고 힘쓰는 그 모습은 아름답다 못해 눈물겹다. 그들의 치열한 사유와 고민을 거치면서 수립된 다양한 지적 세계의 무거움이 저널리즘이나 김용옥과 같은 재능 있는 해설자들에 의해 대중들에게 소개되고 또 그들의 호기심을 충족시킬 때, 학문 세계와 대중적 관심 사이의 소통이 가능해질 것이다. 그리고 학문의 세계를 이해하는 대중들 가운데서 학문의 세계에 도전하려는 지적 열정을 가진 젊은이들이 충원될 것이다. 그러나 우리 현실은 저널리즘의 과잉으로 학문이 오히려 빈사 상태에 처해 있다. 대학 교육을 책임지는 교수와 강사는 단순한 지식 노동자, 강의 전문가 내지 브로커들이 기획자로 전락했다. 장기간에 걸친 심각한 주제의 탐구는 애초에 건방짐으로 치부되어 설자리를 잃었다. 학자는 사라지고 지식 브로커들이 그 자리를 채운다.

　김용옥은 천재까지는 아니라 하더라도 몇 안 되는 이 시대의 기재임에 틀림없다. 그는 지금까지의 행적으로 대중과의 소통이라는 측면에서 분명 커다란 업적을 이루어냈다. 그리고 이제는 기자라는 직함을 가지고 대중의 세계 속에 깊이 뛰어들었다. 그러나 학문의 대가가 되기 위해 그가 앞으로 가야 할 길은 너무도 멀다. 마치 근대 중국의 리앙치차오梁啓超가 저널리즘의 길에서 학문의 세계로 들어가 위대한 업적을 남겼던 것과 같은 쾌거를 김용옥에게 기대하는 후학의 진심 어린 바람이 망상일까?

　우리는 김용옥이 에듀테이너나 기자로서 인생을 마감하기를 원하지 않는다. 그건 우리 사회 전체로서 너무도 크나큰 손실이다. 단순한 지식의 차원에서라면 이제 우리는 진저리나도록 넘치는 교양적 지식을 가지고 있다. 그가 아니더라도 교양적 지식을 전파할 수 있는 더 세련된 해설자가 얼마든지 포진하고 있다. 훌륭한 학자를 기르는 데는 3세대가 필요하지만, 단순한 학문 해설자를 기르는 데는 3년이면 충분하다. 김용옥이 등장하여 돌풍을 일으키고 딱 3년이 지났다. 그리고 이 시점에서 말이지만, 우리는 대중들이 김용옥에게 환호한 이유를 이렇게 생각할 수도 있을 것 같다. '값비싼 등록금을 받는 대학이 최소한 저 정도 지식이 흘러넘치는 장소가 되어야 하는 것 아니냐', '그래, 우리 자식이 다니는 대학의 선생이 저 정도는 되어야 하는 것 아닌가.' 지식이 관건이 되는 위기의 시대에, 우리 국민은 대학이 아름다운 지식이 꽃피는 장소이기를 기대했다. 그리고 그 기대는 지금도 완전히 사라지지 않고 있다.

　이 시점에서 우리는 여전히 김용옥에 대한 기대를 접지 않는다. 우리처럼 평범한 학인은, 잠시 불타고 사라질 대중적 소통의 천재 김용옥이 아니라 우리의 사유를 이끌고 미래의 방향을 제시하는 대가를 원한다. 그래서 정신적으로 지적으로 방황하는 우리 사회를 올바른 방향으로 이끌어 지적 청사진을 제시해주기를 소망한다. 그것은 김용옥 본인의 진실한 바람이기도 할 것이다. 그가 대학 사회를 질타하는 이유는 아마도 조용히 체계 수립에 몰두할 수 있는 장을 마련해주지 않으려는 대학의 닫혀 있음에 그가 갑갑함을 느끼기 때문일지도 모른다. 그리고 자신의 재기와 통찰력이 더 큰 체계의 수립으로 이어지지 못할지도 모른다는 불안함과 안타까움 때문일지도 모른다. 아니면 도피일 수도 있다. 만일 도피하는 것이 아니라면, 중요한 시점에서 나는 이렇게 부탁하고 싶다. 도올 김용옥 선생님, 깊은 바다와 같은 고요함으로 대지를 삼킬 듯한 침묵으로 버티고 서서, 이 시대를 이끌 학문적 대작을 남기는 데 몰두해주십시오. 우리 학문의 등불이 되어주십시오, 라고.